Kate Sedley, geb. 1926 in Bristol, arbeitete zunächst im öffentlichen Dienst, bis ihre Begeisterung für das Mittelalter sie bewog, ihren Beruf aufzugeben und historische Romane zu schreiben. Kate Sedley ist verheiratet, hat zwei Kinder und eine Enkeltochter.

Ihr erster Kriminalroman «Die letzte Rast» erschien im September 1994 im Rowohlt Taschenbuch Verlag (rororo Nr. 13437); weitere Abenteuer von Roger Chapman werden folgen.

Kate Sedley

Gefährliche Botschaft

Ein historischer Kriminalroman

Deutsch von
Helmut Mennicken

Rowohlt

Die Originalausgabe erschien 1992
unter dem Titel «The Plymouth Cloak»
bei Harper Collins, London

Umschlaggestaltung Walter Hellmann
Foto: (Ausschnitt aus dem «Bildnis einer jungen Dame»
von Petrus Christus. Berlin: Staatliche Museen,
Gemäldegalerie Dahlem)

Deutsche Erstausgabe
Veröffentlicht im Rowohlt Taschenbuch Verlag GmbH,
Reinbek bei Hamburg, Januar 1995
Copyright © 1995 by Rowohlt Taschenbuch Verlag GmbH,
Reinbek bei Hamburg
«The Plymouth Cloak» Copyright © 1992 by Kate Sedley
Alle deutschen Rechte vorbehalten
Foto der Autorin auf Seite 2 © by David Grossman
«Die Rosenkriege 1455–1485» (s. Seite 243) aus: *Kurt Kluxen,
Geschichte Englands.* Kröners Taschenbuchausgabe 374.
Copyright © by Alfred Kröner Verlag,
Stuttgart. 4. Auflage 1991
Karte (s. Seite 254) mit freundlicher Genehmigung
des Callwey Verlages, München,
aus: *Paul Murray Kendall, Richard III., 1957*
Gesetzt aus der Bembo (Monotype Lasercomp), LibroSatz, Kriftel
Druck und Bindung Clausen & Bosse, Leck
Printed in Germany
1090-ISBN 3 499 13537 x

Inhalt

Prolog

Irgendwo in meinem Hinterkopf dämmerte mir, daß ich immer noch schlief. Ich spürte den harten Steinboden, auf dem ich lag, und spürte, daß das Stroh, das ich zu einem Kopfkissen gebündelt hatte, mich an der einen Wange kitzelte, während die grobe, graue Decke der Barmherzigen Brüder vom Heiligen Kreuz gegen meine andere Wange scheuerte. Zugleich war mein Traum sehr wirklich: Ich spürte den Wind, der über mir die Zweige der Bäume bog und miteinander verwob, über mein Gesicht streichen, ich fühlte den unebenen Weg unter meinen Füßen, ich hörte das Rascheln irgendeines kleinen Waldtieres, das sich hastig durch das Gewirr von Sträuchern und Büschen davonmachte, die den Pfad säumten.

Ebenfalls war mir bewußt, daß ich mich fürchtete, obwohl ich nicht genau zu sagen wußte, wovor. Meine Beklommenheit verwandelte sich in Angst, als ich langsam vorwärts tappte, wobei meine Stiefel auf dem weichen, feuchtschweren Erdboden kein Geräusch verursachten, bis auf das gelegentliche Knacken eines Zweigs. Wenn ich den Blick vom Boden löste und nach oben schaute, konnte ich den zunehmenden Mond sehen, der kühl und erhaben zwischen den Wolken dahinzog. Unten auf der Erde, dort wo das Ufer steil abfiel und die Büsche sich lichteten, sah ich ab und an das Wasser schimmern. Ein- oder zweimal hielt ich inne und drehte mich um, als würde ich auf etwas oder jemanden horchen, und in diesen Augenblicken trat ich neben meinen Körper und wurde zu einem Späher hinter einem Baum. Doch bald darauf war ich wieder ich selbst, nahm alles mit eigenen Augen wahr und strengte mein Gehör an, damit mir auch nicht das kleinste Geräusch entging. Deutlich spürte ich, wie mir der Schweiß die Schulterblätter hinunterrann.

Langsam stieg ich hinab, verhielt an jeder Krümmung und Biegung des Pfades, durchforschte die Dunkelheit vor mir, suchte nach etwas und fürchtete dennoch, es zu finden. Eine Eule flog auf und glitt lautlos von einem Aussichtspunkt zum nächsten. Diese plötzliche Bewegung überraschte mich, ich erstarrte, mein Atem ging kurz und schnell, das Herz klopfte mir bis zum Halse. Dann ging ich behutsam weiter, wobei ich mir darüber klar wurde, daß mein Abstieg bald beendet war und ich mich auf gleicher Höhe mit dem Fluß befand. Denn als der Pfad breiter wurde und die Bäume zurückwichen, vermochte ich das breite Band des Wassers zu sehen, das sich bis ans andere Ufer hinzog und im Mondschein silbern schimmernd dahineilte.

Vorsichtig bewegte ich mich vorwärts. Das hohe Gras, das meine Uferseite säumte, reichte mir fast bis zum Oberschenkel. In den Bäumen hinter mir schrie eine Eule. Plötzlich stieß ich mit der linken Stiefelspitze gegen etwas, gegen einen größeren Gegenstand, der halb im Gras verborgen lag. Mir sträubten sich die Nackenhaare, und ich ahnte, daß ich über genau das gestolpert war, was zu entdecken ich so gefürchtet hatte. Just in dem Augenblick, da der Mond wieder einmal hinter den Wolken hervortrat, sah ich zu Boden und machte die Umrisse eines menschlichen Körpers aus. Ob es sich um den Körper eines Mannes oder den einer Frau, den eines jungen oder alten Menschen handelte, vermochte ich nicht zu erkennen. Durch den zähen Nebel meines Traums hindurch wurde mir dennoch klar, daß ich es bereits wußte. Ich hielt inne, überwand meine Beklommenheit und sah genauer hin.

Der Körper lag mit dem Gesicht nach unten. Ich streckte meine Hand aus und berührte den Hinterkopf, zuckte jedoch zurück. Die klebrige Flüssigkeit konnte nur Blut sein. Der Hinterkopf war zertrümmert worden, und dieser Mensch – wer immer es gewesen sein mochte – war jetzt tot.

Meine Umgebung löste sich in nichts auf, und ich lag schweißgebadet und verängstigt auf dem Flur des Armenhauses im Hospiz zum Heiligen Kreuz in Winchester, wo ich für eine Nacht Zuflucht gefunden hatte.

Es war ein schöner Morgen, die Herbstsonne verströmte ihre Wärme gleich einer Kristallschale, die überläuft – ein Strom von Licht und Farbe. Die Leute waren früh unterwegs und emsig; sie nutzten das gute Wetter aus, denn wer wußte schon zu sagen, ob es nicht die letzte Schönwetterperiode des Jahres sein würde. Denn als ich die Stadt Exeter aus der Ferne erblickte, war bereits der letzte Septembertag im Jahr des Herrn 1473 angebrochen.

Bisher war das Jahr beunruhigend verlaufen. Während ich mein Hausiererbündel mit mir herumschleppte und meinem Handel entlang der Südküste Englands, mit einem Abstecher nach London, nachging, verbreiteten sich in den Städten und Dörfern, die ich bereist hatte, Gerüchte von einer bevorstehenden Invasion. Es hatte den Anschein, als würden die exilierten Lancasters sich zu Wort melden und zwei Jahre nach ihrer Niederlage in Tewkesbury wieder Mut fassen. Man hätte meinen können, daß mit dem Tod von König Heinrich und dessen Sohn die Ursache ihrer Feindseligkeit beseitigt war. Ihre Loyalität jedoch hatten sie auf den jungen Henry Tudor übertragen, der mit seinem Onkel Jasper nunmehr als Gast des Herzogs François an dessen Hof in der Bretagne lebte. Für die meisten Menschen war Henry eher eine Witzfigur und sein Anspruch auf den englischen Thron nicht ernst zu nehmen, stammte er doch von der Bastardlinie des John von Gaunt ab. Es unterstrich deutlicher als alles andere die Verzweiflung, mit der die verbliebenen Anhänger des Hauses Lancaster einen neuen Anführer suchten. Trotzdem gab es auch genug Gegner von König Eduard, alte wie neue Feinde, die sich jenseits des Kanals gesammelt hatten und nichts anderes im Schilde führten, als Unruhe zu stiften.

Als ihr Anführer galt John de Vere, der Graf von Oxford, ein Mann, der sich voll und ganz der Sache des Hauses Lancaster verschrieben hatte. Den einschmeichelnden Einflüsterungen von König Eduard, seinen Überredungskünsten und Bestechungsversuchen hatte er widerstanden und sein Mäntelchen nicht gewendet. Da man von ihm etwas erwartete, das in seinen Augen einem Verrat gleichkam, hatte er es vorgezogen, ins Exil zu gehen und ein angenehmes Leben und eine Stellung bei Hofe gegen ein karges Dasein einzutauschen. Seine Loyalität dem Hause Lancaster gegenüber war nie ins Wanken geraten, wofür ich ihn nur bewundern konnte. Doch es zirkulierten andere Namen von Personen, denen nachgesagt wurde, daß sie in die gegenwärtigen Unruhen verwickelt seien; Personen, die König Eduard viel zu verdanken hatten, von seiner Freigebigkeit lebten und bei ihm in hohem Ansehen standen.

Einer der Namen, die man sich gegen Ende des Winters und zu Beginn des Frühlings in den Wirtshäusern und Tavernen an der Südküste am häufigsten zuflüsterte, war derjenige von George Neville, dem Erzbischof von York, dessen älterer Bruder, der mächtige Earl von Warwick, zwei Jahre zuvor im Kampf gegen König Eduard während der Schlacht von Barnet Field gefallen war. Seine Beteiligung an einem Komplott schien dem König zur Genüge bewiesen, als Neville im April verhaftet und in der Festung von Hammes außerhalb von Calais festgesetzt wurde. Zwei Wochen darauf wurden die von dem Grafen von Oxford angeführten Truppen, die an der Küste von Essex anlandeten, heftig zurückgeschlagen.

Der andere Name, der im gleichen Atemzug mit den Wörtern «Verrat» und «Niedertracht» am häufigsten fiel, war derjenige des Herzogs George von Clarence, dem Bruder des Königs.

An diesem herrlichen Morgen näherte ich mich der Stadt Exeter durch das westliche Stadttor. Nachdem meine Route mich von Honiton nach Crediton kreuz und quer übers Land geführt hatte, beschloß ich, mich nach Südosten zu wenden und in der Stadt mein Glück zu versuchen. In den vergangenen Wochen waren meine Einnahmen spärlich gewesen, da die Menschen, besonders die Frauen, wegen des ständigen Geredes von einer Invasion beunruhigt waren. Schon des öfteren in meinem Leben war mir aufgefallen, daß die Menschen in bewegten oder unsicheren Zeiten ihr Geld lieber horten als ausgeben, so als würde das Gefühl der Münzen in ihrer Hand oder der Gedanke daran, daß sie in Krügen oder in einer Grube in der Erde gut aufgehoben waren, Trost spenden – als wäre Geld ein Bollwerk, ein Talisman gegen jegliches Mißgeschick. Zumindest neigen die Leute auf dem Lande zu einem solchen Verhalten, Stadtbewohner hingegen sind im allgemeinen nicht ganz so umsichtig. Als ich daher den Fluß Exe überquerte, in dessen Wasser die Sonnenstrahlen spielten, hoffte ich auf steigende Einnahmen.

Meine Stimmung hob sich, als ich die belebten Straßen mit den vielen Menschen sah, die ihren Geschäften nachgingen, als hätten sie nie von einer drohenden Invasion gehört, als würden der Graf von Oxford und seine Flotte nicht gerade jetzt im Ärmelkanal patrouillieren. In Exeter war ich früher schon einmal gewesen, und daher wußte ich, daß sich die Kathedrale St. Peter in der Stadtmitte befand. Daher ging ich die alte Römerstraße entlang, die Hauptstraße von Exeter, und schlug dann einen Weg in der Nähe der Kirche St. Mar-

tin ein. Als ich mich nach einem Ort umsah, an dem ich
meine Waren ausbreiten und feilbieten konnte, vernahm ich
die Gesänge zum dritten Tagesgottesdienst in der Kathedrale,
was mich wie stets an die Zeit erinnerte, als auch ich an
solchen Gottesdiensten teilnahm. Ich hatte allerdings vorgezogen, noch vor Ablegen der letzten Gelübde als Benedikti-
nermönch ins weltliche Leben zurückzukehren. Sogar jetzt
noch, viele Jahre später, plagen mich Gewissensbisse, daß ich
meiner verstorbenen Mutter ihren sehnlichen Wunsch nicht
erfüllt hatte. Ich tröstete mich mit dem Gedanken, daß –
hätte ich mich anders entschieden – zwei kaltblütige Mörder
vielleicht nie entdeckt und vor Gericht gestellt worden wären. Ich hatte den Eindruck, daß ich durch diese Tat, unter
großer Gefahr für meine persönliche Unversehrtheit, meinen
Frieden mit Gott geschlossen und meine Schuld ihm gegenüber abgetragen hatte. Doch hin und wieder befiel mich das
unangenehme Gefühl, daß Gott vielleicht andere Vorstellun-
gen und mit mir noch etwas im Sinne hatte.

Diese Vorahnung war mir an jenem Morgen besonders
gegenwärtig, als ich vor dem Annivellars-Haus ausruhte und
die Umgebung in Augenschein nahm. Dabei fiel mir auf, daß
das Hinundher in den Straßen emsiger war als üblich und
einige der Vorübergehenden mehr eitle Selbstgefälligkeit zur
Schau stellten, als selbst einer solch blühenden und geschäf-
tigen Stadt wie Exeter eigen ist. Dann bemerkte ich Männer,
welche die blau-braune Livree der Gefolgsleute von König
Eduard und seinem jüngsten Bruder, dem Herzog von Gloucester, trugen. Da der König selbst noch weitaus mehr Pomp
und Prunk gezeigt hätte, als hier zu erkennen war, schloß ich,
daß es sich um das Gefolge meines Herrn, des Herzogs von
Gloucester, handeln müsse. Als ich zuletzt von ihm gehört
hatte, hieß es, er stelle seine in Yorkshire ausgehobenen Soldaten zu einer Truppe zusammen, um sie nach Südengland zu

führen, vermutlich als zusätzliches Bollwerk gegen eine Invasion. Doch weshalb, so fragte ich mich, hielt er sich an diesem herrlichen Septembermorgen in Exeter auf?

Meine Neugier wurde auf eine weit überraschendere Weise befriedigt, als ich mir hätte träumen lassen. Da es nirgends auf dem Platz eine Stelle gab, an der ich den Inhalt meines Bündels bequem ausbreiten konnte, würde mir wohl keine andere Wahl bleiben, als an die Türen zu klopfen und in jedem Hause bei der Hausfrau vorzusprechen. Es bestand ja immerhin die Möglichkeit, daß ich auf meiner Geschäftsreise den einen oder anderen Luxusgegenstand angekauft hatte, der selbst in den Läden und an den Marktständen in Exeter nicht ohne weiteres zu finden war. Doch erst einmal wollte ich mir einen Humpen Ale genehmigen, und während ich ihn trank, konnte ich etwas von dem Klatsch am Ort aufschnappen. Deshalb ging ich auf die Bevys-Taverne zu, die sich gegenüber der Kathedrale an das Annivellars-Haus anschmiegte. Ich befand mich schon an der offenen Tür, als mich jemand nicht gerade sanft am linken Arm packte und eine atemlose Stimme mir ins Ohr raunte: «Roger Chapman, du kommst mit mir. Und zwar sofort. Zum Herzog von Gloucester. Mein Herr sucht dringend einen Mann, dem er vertrauen kann.»

Wer sich die Mühe gemacht hat, meine Erinnerungen bis hierher zu lesen, mag sich erinnern, daß es mir während meines ersten Abenteuers – auf das ich bereits zu sprechen kam – eher zufällig gelungen war, Seiner Gnaden, dem Herzog von Gloucester, einen wichtigen Dienst zu erweisen. Zum Dank dafür sollte ich offenbar nun dazu gezwungen werden, ihm auch weiterhin zu Diensten zu sein. Mir blieb nichts anderes übrig, als dieser Bitte nachzukommen, auch wenn es mich Zeit kostete, in der ich doch meinen Lebensunterhalt verdienen mußte. Wahrscheinlich war es damals unvernünftig von mir gewesen, auf mein besseres Ich zu hören. Doch nun war es einmal geschehen, ändern konnte ich jetzt nichts mehr.

Den Mann, der mich angesprochen hatte, erkannte ich sogleich. Er hieß Timothy Plummer, und einst hatte ich ihn in Cheapside, London, aus den Fängen eines aufdringlichen Pastetenverkäufers befreit, der unbedingt seine Ware an den Mann hatte bringen wollen. Diese Begegnung hatte später zu einem Treffen mit seinem Herrn, dem Herzog von Glouces- ter, und zu allen folgenden Ereignissen geführt. Jetzt starrte ich ihn ein bißchen dumm an, so als wollte ich mich verge- wissern, daß er aus Fleisch und Blut war.

«Woher wußtest du, daß ich in Exeter bin?» fragte ich. «Ich bin gerade erst angekommen.»

«Ich habe dich gesehen, als du die Brücke am westlichen Stadttor überquert hast, und sofort Seine Gnaden verstän- digt. Was willst du?» fügte er unwirsch hinzu. «Der Herzog möchte dich sprechen. Da bleibt dir nichts anderes übrig, als sofort mit mir zu kommen.»

«Soviel habe ich schon begriffen», antwortete ich bissig. «Ich wollte mir gerade ein Ale in Bevys Taverne gönnen. Ich nehme an, Seine Gnaden kann nicht warten?»

Timothy Plummer richtete sich zwar zu seiner vollen Grö- ße auf, reichte mir jedoch immer noch kaum bis an die Schulter, was ihn sehr verstimmte. Aber daran war ich ge- wöhnt. Meine Größe und meine Kraft sind meinen Mitmen- schen mein ganzes Leben lang ein Ärgernis gewesen. (Allerdings bin ich inzwischen nicht mehr so groß wie in meiner Jugend. Mit zunehmendem Alter sind meine Kno- chen krumm, und ich bin kleiner geworden – allerdings nur körperlich und nicht geistig, wie mir meine Kinder ver- sichern.)

«Ich kann nicht warten», erwiderte er würdevoll.

«Gefrühstückt habe ich nämlich schon vor vielen Stunden», sagte ich murrend. «Und auch nur ein paar Gerstenfladen mit Honig, die eine Bäuerin mir freundlicherweise spendiert hat.»

Der kleine Mann zuckte die Achseln. «Dafür kann ich nichts.» Er schüttelte den Kopf. «Komm schon. Seine Gnaden logiert im Palast des Bischofs, verläßt jedoch heute nachmittag Exeter. Wir haben keine Zeit zu verlieren.»

Ich nahm hin, daß er seinen Namen mit dem des Herzogs in Verbindung brachte, und trottete widerstandslos hinter ihm her. Er stolzierte voneweg, und seine blau-braune Livree und die Insignien mit dem weißen Eber bahnten ihm auf wundersame Weise eine Gasse durch die dichte Menschenmenge. Die Leute drehten sich nach uns um, und ein Anflug von Mitgefühl mischte sich in ihre Blicke. Offensichtlich nahmen sie an, ich hätte irgendeine Missetat begangen und würde zum Verhör abgeführt. Dieser Umstand, dazu mein geschwind größer werdender Durst und mein knurrender Magen, verdarb mir gründlich die Stimmung. Wenn ich vor den Herzog geführt wurde, erwartete man allerdings von mir, daß ich mich höflich äußerte, ganz zu schweigen davon, daß ich die gebotene Ehrerbietung an den Tag legte. Ich würde allerdings nur einen Mann meines Alters von einundzwanzig Sommern sehen, der so jung und verwundbar war, wie ich mich selbst fühlte.

Der Bischofspalast in Exeter, ein Gebäude aus rotem Sandstein, befindet sich im Windschatten der Kathedrale und hebt sich deutlich von dem fahlen Mauerwerk des Kirchenbaus ab. Als ich hinter Timothy Plummer eintrat, war von Bischof John Bothe weit und breit nichts zu sehen. Dagegen fielen das geschäftige Kommen und Gehen sowie das Stimmengewirr seiner Diener und der des Herzogs auf, deren

allgemeines Verhalten und verächtlicher Gesichtsausdruck –
insbesondere wenn sie beliebten, ihre Blicke auf mir ruhen zu
lassen – ein Maßstab für ihre Selbstherrlichkeit war. Diese
stand in einem vollkommenen Gegensatz zum höflichen
Auftreten und dem freundlichen Blick des Herzogs.

Als ich eintrat, erhob er sich von einem holzgeschnitzten
Lehnstuhl, der neben einem kleinen, stark qualmenden Kaminfeuer stand, und kam mir entgegen, um mich zu begrüßen. Er muß meine mißmutige Miene bemerkt haben, denn
seine Augen blitzten auf, und sein Tonfall war entschuldi-
gend, als er sagte: «Roger, der Hausierer! Welch ein Vergnügen, dich wiederzusehen, obwohl ich befürchte, daß du nicht
ebenso denkst. Ich habe dich von deinem Gewerbe fortge-
rissen, und du wirst meine Vermessenheit verwünschen.»

«Nein, überhaupt nicht, Ihro Gnaden», stammelte ich, da es
mich verwirrte, daß er meine Gedanken so trefflich erraten
hatte. «Es ist nur so . . . daß ich seit dem frühen Morgen nichts
mehr gegessen oder getrunken habe und . . .» Meine Stimme
erstarb, als ich bemerkte, daß ich mehr gesagt hatte, als meine
Absicht gewesen war.

Er lächelte, wodurch sich seine Gesichtszüge aufhellten
und seine für gewöhnlich finstere Miene verschwand. «Und
dein gewaltiger Körper verlangt wohl nach regelmäßiger
Nahrungszufuhr, nicht wahr?» Er wandte sich an Timothy
Plummer. «Hole etwas zu essen für unseren Freund hier! Was
immer du in den Küchen Seiner Lordschaft findest!» Er lachte
plötzlich auf. «Und wenn man weiß, wie peinlich genau unsere Bischöfe um das leibliche Wohl besorgt sind, so dürfte es
dort reichlich und in großer Auswahl zu essen geben.» Nachdem Timothy Plummer, der über diesen untergeordneten
Auftrag alles andere als beglückt war, sich auf den Weg gemacht hatte, setzte sich der Herzog wieder auf seinen Stuhl
beim Kaminfeuer und gab mir durch einen Wink zu ver-

stehen, ich solle mir einen der an der Wand lehnenden Hocker heranholen und mich ihm gegenübersetzen. Nachdem ich Platz genommen hatte, sahen wir einander an und schwiegen eine kurze Weile.

Ich hatte vergessen, wie klein und zierlich er aussah. Die langen Haare fielen ihm wie ein Vorhang bis auf die Schultern herab. Sein Mund war schmallippig und lebhaft, und zwischen der Oberlippe und den breiten Nasenlöchern der charakteristischen geraden Plantagenet-Nase verlief eine tiefe Furche. Er hatte dunkle Ränder unter den Augen, als bekäme er zuwenig Schlaf. Verglichen mit seinen beiden wirklich gutaussehenden großen, blonden älteren Brüder war sein Kinn etwas zu lang und zu breit geraten. Noch zu seinen Lebzeiten konnte man oft hören, er sei der attraktivste der drei Brüder, und mir ist bekannt, daß die Frauen ihn für einen schönen Mann hielten. (Dies heute zu erwähnen kommt zwar einem Verrat gleich, doch ich werde die Wahrheit erzählen, ohne mich um die Folgen zu kümmern.)

Wenn Richard von Gloucester auch von zierlicher Gestalt war, so verfügte er doch über einen eisernen Willen, eine Eigenschaft, welche durch die – trotz aller Widrigkeiten und Versuchungen – unerschütterliche Loyalität zu seinem Bruder, König Eduard, unterstrichen wurde. Im Gegensatz zu seinem anderen Bruder, George von Clarence, geriet seine Treue nie ins Wanken, selbst dann nicht, als er deshalb die Hoffnung aufgeben mußte, die Frau zu heiraten, die er liebte. Dieser Verzicht gehörte glücklicherweise der Vergangenheit an; er und seine Cousine, Lady Anne Neville, waren seit nunmehr achtzehn Monaten Mann und Frau. Und zu dieser Zusammenführung hatte ich meinen bescheidenen Anteil beigetragen.

Derselbe Gedanke muß ihm durch den Kopf geschossen sein, denn plötzlich grinste er, was selten vorkam, und beugte sich nach vorn, wobei er seine Ellbogen auf den Knien abstützte. Einen kurzen Augenblick lang waren wir nicht mehr Herzog und der geringste der Gemeinen, sondern Freunde – zwei junge Männer, die am selben Tag geboren worden waren – das behauptete wenigstens meine Mutter immer –, vereint durch das Band der Jugend und durch ein gemeinsam bestandenes Abenteuer. Plötzlich streckte er den Arm aus und ergriff meine Hand.

«Ich verdanke dir eine Menge, Roger Chapman, und anstatt dich zu belohnen, bin ich gerade dabei, erneut deine Hilfe in Anspruch zu nehmen. Doch ich verspreche dir, daß du nicht ohne Belohnung bleiben sollst. Für deinen Einnahmeverlust in den kommenden Tagen, in denen du dich nach Plymouth begeben wirst, will ich dich mehr als entschädigen, und ebenfalls für die Tage, die du für die Rückreise benötigst.» Mein Kiefer muß vor Erstaunen heruntergeklappt sein, denn just in diesem Augenblick war ein Dienstbote mit einem beladenen Tablett eingetreten, und der Herzog lachte. «Tu dich erst gütlich an Speis und Trank, und dann erzähle ich dir, aus welchem Grund ich deine Dienste benötige.» Den Boten, der seine Last auf einem Tisch nahe beim Fenster abgestellt hatte, entließ er durch ein kurzes Nikken. «Rück jetzt mit deinem Hocker näher und lang zu. Ich bin mir sicher, ein guter Esser wie du kann das alles wegputzen.»

Der Anblick des Essens verdrängte vorübergehend sämtliche anderen Gedanken aus meinem Kopf. In der Viertelstunde darauf arbeitete ich mich unerschütterlich durch eine Platte mit gekochtem Rind- und Lammbraten, einen Teller mit eingelegten Heringen, durch Weizenfladen und mit Safran bestreute Speckscheiben sowie einen halben Laib Brot. Alles spülte ich mit drei oder vier Schalen eines ausgezeichnetes Ales hinunter, das ich mir aus einem großen Krug links auf dem Tisch einschenkte. Als ich die letzten Essensreste aus meinem Gebiß entfernt und die Schale bis auf den letzten Tropfen geleert hatte, blickte ich auf und stellte fest, daß der Herzog mich mit unverhohlenem Vergnügen ansah. Einen Augenblick lang war ich verlegen, bis ich entschied, daß Offenheit meine beste Waffe war.

«Ich muß mich bei Euer Gnaden entschuldigen, wenn meine Tischmanieren nicht denen entsprechen, die Ihr gewöhnt seid. Aber ich habe selten das Glück, von so guten, oder auch so reichlich aufgetragenen Speisen wie jenen zu kosten. Vermutlich habe ich mich hinreißen lassen. Ich versichere Euch, daß ich nicht immer esse wie ein Schwein am Trog.»

Er mußte lauthals lachen. «Das hast du nicht», sagte er. «Es war mir ein Vergnügen, jemandem zuzusehen, dem es so gut schmeckt wie dir.» Seine Miene wurde ernster. «Nur allzu leicht vergißt man, daß nicht alle Menschen jeden Tag genug zu essen haben. Rücke jetzt mit deinem Hocker hierher, damit wir reden können.» Als ich nähergekommen war, fuhr er fort: «Was macht dein Gewerbe? Hast du dich nicht entschlossen, deine Arbeit zu wechseln?»

Ich schüttelte den Kopf. «Ich ziehe gern durch die Gegend. Zwischen vier Wänden fühle ich mich stets eingeschlossen und unwohl. Deshalb habe ich ja auch das Kloster Glastonbury verlassen. Aber ich habe Eurer Hoheit eigentlich noch nicht für das Angebot von vor zwei Jahren gedankt, mich in Euren Haushalt aufzunehmen. Ich habe versucht, Eurem Boten die Gründe für meine Ablehnung so gut wie möglich zu erklären.»

Der Herzog neigte den Kopf. «Er hat die Botschaft pflichtgetreu übermittelt. Ich habe es zwar bedauert, die Gründe jedoch verstanden.» Sein Blick wanderte zum Kaminfeuer, von dem inzwischen nur eine Spur grauer Asche zurückgeblieben war. «Auch ich mag es nicht, mich wie in einem

Käfig eingesperrt zu fühlen. Nach Westminster gehe ich nur, wenn ich muß, und wenn ich dort bin, träume ich stets von den Mooren in Yorkshire.» Er seufzte. «Du und ich, wir sind vom selben Schlag, so will mir scheinen. Ein Grund mehr dafür, daß ich dir trauen kann. Das habe ich von jenem Augenblick an gewußt, als ich dich zum erstenmal zu Gesicht bekam. Bei einigen Menschen kann ich das instinktiv erkennen. Andere dagegen» – er sagte das mit einem bitteren Unterton – «werde ich nie verstehen.» Ich vermutete, daß er damit seinen Bruder George meinte, schwieg jedoch. Ein Kommentar stand mir nicht zu. Nach einer weiteren Pause fuhr er fort: «So! Jetzt zum Geschäft. Du mußt dich natürlich fragen, warum ich dich habe herholen lassen, und ich bin im Begriff, so schnell wie möglich nach Nottingham abzureisen.» Er drehte sich auf seinem Stuhl so, daß er mir gerade in die Augen blicken konnte, und ich widmete ihm meine ungeteilte Aufmerksamkeit.

2

Etwa zehn Sekunden lang herrschte Schweigen, bevor der Herzog etwas sagte. Als er wieder sprach, klang seine Stimme schneidender und eindringlicher.

«Du kannst dir denken, daß das, was ich dir jetzt sage, streng geheim ist und ich dir blind vertraue.» Er lächelte bitter. «Bis zu dem Augenblick, da Timothy Plummer meinem Sekretär gegenüber erwähnte, er habe dich am Morgen in Exeter gesehen, war ich mit meiner Weisheit am Ende. Ich wußte nicht, was ich tun und wen ich beauftragen sollte.» Er zuckte die Achseln. «In diesen Zeiten ist es nicht leicht, jemandem Vertrauen zu schenken.» Und ich wußte, daß er abermals seinen Bruder George meinte, und dazu womöglich noch jenen anderen George, seinen Vetter, den Erzbischof von York, der inzwischen in Schloß Hammes eingekerkert war.

Rasch warf ich ein: «Euer Gnaden brauchen sich nicht zu fürchten. Mir könnt Ihr blind vertrauen.»

«Wäre ich davon nicht überzeugt, so würde ich nicht mit dir reden. Dich hat der Zufall hergeführt, doch mir kommt es wie die Antwort auf ein Stoßgebet vor. Wer weiß? Vielleicht ist es genau das.»

Vermutlich hatte er sogar recht. Gott forderte die zweite Hälfte meiner Schuld ein, die noch ausstand, weil ich die Gelegenheit ausgeschlagen hatte, einer seiner Priester zu werden. Ich beschloß, einen lebhaften Dialog mit dem Allmächtigen zu führen und ihn bei Gelegenheit zu fragen, wie lange die Buße noch andauern sollte, doch hier war weder die Zeit noch der Ort dazu. Statt dessen lächelte ich, wenngleich mit knirschenden Zähnen, und murmelte: «Gottes Wege sind unergründlich, Hoheit.»

Ich hatte den Eindruck, der Herzog blicke mich ein wenig mißtrauisch an, bevor er fortfuhr: «Dir werden sicher die Gerüchte über eine Invasion zu Ohren gekommen sein, die bereits den ganzen Frühling und Sommer über im Land kursieren. Du wirst wissen, daß man sich von Herzog François erzählt, er unterstütze Henry Tudors Anspruch auf den englischen Thron und sei bereit, ein Kontingent bretonischer Schiffe und Matrosen zu entsenden, um diesem Anspruch Nachdruck zu verleihen. Sogar jetzt, da wir uns unterhalten, kreuzt der Graf von Oxford im Ärmelkanal und wartet nur auf eine günstige Gelegenheit zum Angriff, irgendwo an unserer Küste.» Er senkte den Blick und begann mit seinen Ringen zu spielen, wobei er einen der Ringe wiederholt von seinem Daumen zog und sogleich wieder aufsteckte. «Ebenso wird dir bekannt sein, daß . . . daß gewissen Personen, die dem König und mir sehr nahestehen, an diesem Verrat beteiligt waren. Kurz gesagt, mein Bruder und mein Vetter.»

Hier entstand eine etwas längere Pause, dann hob er den Blick und fuhr fort: «Der König und ich sind allerdings keinesfalls von Herzog François' Beteiligung an diesem Vorgang überzeugt. Keiner unserer Kundschafter, weder in Brest noch in St.-Malo, hat uns gemeldet, er habe irgend etwas beobachtet, was nach einer Invasionsflotte aussehe. Dennoch haben wir uns entschlossen, einen Kurier mit einem Schreiben an den Herzog in die Bretagne zu entsenden.» Wieder zuckte er die Achseln. «Sein Inhalt ist weder für dich noch für den ausgewählten Kurier von Bedeutung. Nur soviel sei gesagt, daß gewisse Zusicherungen verlangt und Zusagen gemacht wurden. Doch ist es unbedingt notwendig, daß das Schreiben sicher an seinen Bestimmungsort gelangt.» Er stützte die Ellbogen auf und sah mich über seine verschränkten Hände hinweg regungslos an. «Du fragst dich gewiß, welche Rolle du dabei spielen sollst. Ich will es dir erklären.»

Tatsächlich hatte ich mich dies gefragt und einige wenige Schrecksekunden lang befürchtet, daß man mich zum Kurier bestimmen würde. Doch nach einigem Überlegen zerstreute sich meine Besorgnis. Für diese Mission bedurfte es eines Mannes, der sich in der Bretagne gut auskannte und dem der Herzog bekannt war. Dies traf auf mich nicht zu, da ich zu diesem Zeitpunkt noch nie zuvor das Land verlassen hatte und nichts von dem Leben jenseits des Meeres wußte. Ich murmelte irgend etwas Unverständliches und hoffte, daß Herzog Richard es für einen Ausdruck der Begeisterung halten würde.

Er fuhr fort: «Der für diesen äußerst wichtigen Botengang von Seiner Gnaden, dem König, ausgewählte Mann ist einer, den wir kennen und auch früher schon eingesetzt haben.» Er löste seine Hände aus der Verklammerung, erhob sich jählings, ging zum heruntergebrannten Kaminfeuer und starrte in die erloschene Glut. Nach einer Weile sagte er mir rauher Stimme: «Sein Name ist Philip Underdown, und ich traue ihm nicht ganz. Er hat eine zwielichtige Vergangenheit und daher auch viele Feinde. Mein Bruder hält mich für zu anspruchsvoll, doch ich zöge es vor, wenn wir Männer solcher Art gar nicht erst dingen würden. Man kann es sich eben nicht immer aussuchen, und diese Aufgabe setzt eine gewisse Verschlagenheit voraus, die unter redlichen Männern nicht zu finden ist.» Er hob den Kopf und wandte sich erneut mir zu. «Wie ich soeben erwähnte, gibt es viele Menschen, die Philip Underdown übel gesonnen sind, und deine Aufgabe ist es, dafür zu sorgen, daß er sicher nach Plymouth gelangt und an Bord des Schiffes geht, das ihn in die Bretagne bringen soll.»

«Aber . . . aber warum schicken Euer Gnaden keine bewaffnete Eskorte mit ihm?» fragte ich stotternd. «Bestimmt können Eure Soldaten ihn besser schützen, als ich es vermag!»

Der Herzog lächelte schwach, als er zu seinem Lehnstuhl zurückkehrte, ein Lächeln, das sich über meine Naivität freundlich lustig machte. «Um damit jedem feindlichen Kundschafter zu signalisieren, daß ein Kurier des Königs in wichtiger Mission zum bretonischen Hof unterwegs ist? Unser Vorhaben würde sofort erraten, Herzog François würde vorgewarnt und gegen uns und unsere Vorschläge eingenommen werden, noch bevor unser Kurier einen Fuß auf bretonischen Boden gesetzt hätte. Dafür wird König Ludwig von Frankreich selbst sorgen, falls Jasper Tudor und seine Anhänger dies nicht erledigen. Nein, der König zieht es vor, daß sein Schreiben geheim bleibt, bis es in die Hände von Herzog François gelangt ist, damit er dessen Inhalt ohne Vorurteile und Umwege zur Kenntnis nehmen kann. Daher wünsche ich, daß Philip Underdown mit Begleitschutz loszieht, bis er sich sicher an Bord der *Falk* befindet, die übermorgen im Hafen von Plymouth auf ihn wartet. Damit ist dein Auftrag beendet, und du kannst hierher zurückkehren, um dein Bündel in Empfang zu nehmen. Bis dahin wird man es für dich aufheben. Noch heute nachmittag verlaßt ihr beide die Stadt, übernachtet in der Abtei Buckfast und zieht morgen in aller Herrgottsfrühe weiter, damit ihr ohne allzu große Eile vor Abenddämmerung in Plymouth eintrefft.» Ein jäher Gedanke durchfuhr ihn, und mit einer gewissen Besorgnis fragte er: «Du kannst doch reiten?»

Durch eine energische Verneinung seiner Frage hätte ich Gelegenheit gehabt, mich dieser Aufgabe zu entziehen, der ich mit Bestürzung und Abneigung entgegensah. Doch meine Ehrlichkeit, zusammen mit dem Empfinden, daß Gott mich aus irgendeinem besonderen Grund für diese Mission ausgewählt hatte, zwang mich zur Wahrheit: «Ein bißchen. Als Junge bin ich auf Ackergäulen geritten, mal mit, mal ohne Erlaubnis der Bauern.»

Der Herzog lachte. «In diesem Fall müssen wir für dich ein zahmes Reittier für die Reise finden und hoffen, daß der Ritt sich nicht als zu schmerzvoll erweist.» Er stand auf, ging zur Tür und öffnete sie, sprach einige Minuten mit jemandem, der vor der Tür stand, kam zurück und setzte sich wieder. «Nun, willst du mich noch etwas fragen?»

Mir lagen Dutzende von Fragen auf der Zunge, doch die brennendste war: Wer genau setzte Philip Underdown zu? Der Herzog sah sich außerstande, mir eine befriedigende Antwort darauf zu geben.

«Vielleicht niemand, vielleicht gibt es auch verschiedene Gefahrenquellen, wie ich bereits angedeutet habe. Es muß viele Menschen aus seiner Vergangenheit geben, die ihm an die Gurgel wollen, und es wäre naiv anzunehmen, daß seine Arbeit für meinen Bruder und mich während der vergangenen Jahre vollständig unbemerkt geblieben wäre. Wir selbst sind uns im klaren über die Identität einer Anzahl fremder Spione, auch derjenigen des Hauses Lancaster, die in unserem Land tätig sind. Einige sind verhaftet worden, andere lassen wir weiter ihren Verrichtungen nachgehen. Auf diese Weise können wir unsere Feinde mit gezielten Falschinformationen verwirren.» Er lächelte betrübt. «An deiner Miene kann ich erkennen, daß dir diese Welt aus Intrige und Verstellung fremd ist. Ich wünschte nur, ich hätte dir deine Unschuld gelassen, doch leider brauche ich dich. Ich habe nach Philip Underdown geschickt, er dürfte bald hier sein, sobald meine Leute ihn aus der Taverne geholt haben, in der er sich zur Zeit aufhält.» Es entstand wiederum eine Pause, und mir schien, daß dem Herzog irgend etwas durch den Kopf ging, was sehr wichtig war. Doch als er wieder sprach, sagte er nur: «Du behauptest, daß du als Junge Ackerpferde geritten hast. Wer war denn so wohlhabend, daß er sich statt der üblichen Ochsen Pferde leisten konnte?»

«Der Bischof von Bath und Wells», antwortete ich und wagte ein verschwörerisches Grinsen. Seine frühere Bemerkung über den Lebensstandard der Bischöfe ermutigte mich zu der Annahme, daß er meinen ironischen Einwurf schätzen werde. Statt dessen schien meine Bemerkung ihn zu weiteren Überlegungen anzuregen, und einige Augenblicke lang herrschte absolutes Schweigen. Schließlich suchte sein Blick den meinen. Mit einem langen dünnen Finger rieb er über einen Nasenflügel.

«Ich will aufrichtig zu dir sein, auch wenn es mir sehr gegen den Strich geht. Womöglich gibt es eine andere Gefahrenquelle für Philip Underdown. Vor kurzem war er in Gesellschaft meines Bruders, des Herzogs von Clarence, der . . . der ihn verdächtigt, ein Agent der Tudors zu sein. Du siehst, zu welchem Doppelspiel wir uns genötigt sehen!» Er tat einen Seufzer, der aus den Tiefen seiner Brust kam. Es war mir zumindest klargeworden, daß er an seinem älteren Bruder hing, ungeachtet dessen persönlicher Feindschaft, Treulosigkeit und Falschheit. Herzog Richard fuhr fort: «Was ich dir nunmehr sagen werde, ist ausschließlich für deine Ohren bestimmt. Kein Wort zu irgendwem darüber! Doch angesichts der Umstände ist es nur recht und billig, daß ich es dir gegenüber erwähne, da ich Philip Underdowns Sicherheit in deine Hände lege. Mein Bruder George hütet ein Geheimnis, wenn man so sagen darf, denn er ist nicht in der Lage, es vollkommen für sich zu behalten. Andeutungen, Anspielungen und vielsagende Bemerkungen machen allen Interessierten klar, daß er etwas weiß, was sie nicht wissen. Ich habe ihm erklärt, daß ich nicht erfahren möchte, was er weiß oder zu wissen glaubt. Doch ich ahne wohl, daß es sich um etwas handelt, das die Familie der Königin ins Zwielicht bringt. Nun sind die Woodvilles sehr mächtig, wie du wissen wirst, und ihre Spitzel und Spione sind überall. Ganz sicherlich gehört wenigstens einer zum Haushalt des Herzogs von Clarence, aber er ist sich keiner Gefahr bewußt und glaubt selbst, daß er als Bruder des Königs vor den Vergeltungsakten der Woodvilles sicher sei. Und vielleicht ist er es im Augenblick auch. Doch dies gilt nicht für andere Personen, und ich befürchte, daß er seine Kenntnisse oder seinen Verdacht Philip Underdown, einem mutmaßlichen Agenten der Tudors, mitgeteilt hat. Wenn dies der Fall ist, so wird die Familie der Königin davon erfahren und gleichfalls versuchen, ihm nach dem Leben zu trachten. Dies ist nur eine Vermutung meinerseits, doch ich teile sie dir mit, damit du noch mehr auf der Hut bist.»

Ich verdaute diese Information und kam zu dem Schluß, daß in den Gefahren, die von dieser Seite drohten, der eigentliche Grund für des Herzogs Besorgnis um die Sicherheit seines Kuriers lag. Ich war drauf und dran, ihn zu fragen, warum er Philip Underdown nicht geradeheraus fragte, ob der Herzog von Clarence ihm irgendeine gefährliche Information anvertraut habe. Dann ging mir auf, daß er darauf keine ehrliche Antwort erhalten würde. Ein Mann, der offenbar mit allen Wassern gewaschen war, würde sich nicht davon abhalten lassen, ein doppeltes Spiel zu treiben. Ich seufzte. Mir wurde klar, daß ich mein Gewerbe aufgeben und statt dessen diese zwielichtige Gestalt würde beschützen müssen. Die beiden nächsten Tage standen mir wahrhaftig bevor.

Die Tür ging auf, und Timothy Plummer erschien wieder. Er warf mir einen kurzen, neugierigen Blick zu, bevor er sich vor dem Herzog verbeugte und meldete: «Master Philip Underdown.»

Dem Mann, der den Raum betrat, schenkte ich meine ganze Aufmerksamkeit, obwohl er mich lediglich mit einem schnellen Blick seiner dunklen Augen bedachte. Sie waren von jenem tiefen Braun, das fast schwarz und so intensiv ist, daß ihr Ausdruck davon verschleiert wird und die Gedanken dahinter schwer zu erkennen sind. Sein dichtes, lockiges Haar auf dem wohlgeformten Schädel war ebenfalls dunkel. Er war groß und kräftig gebaut, ganz von jenem Schlag, der beim Kämpfen seinen Mann stehen konnte. Mehr und mehr erschien mir meine Rolle als Schutzengel überflüssig, bis ich mir vergegenwärtigte, daß niemand gegen eine Gefahr angehen und zugleich seinen Rücken zu sichern vermochte. Ich stand auf und arbeitete mich zum vollen Ausmaß meiner erheblichen Länge hoch.

Zwischen uns beiden erschien der Herzog wie ein Zwerg, obwohl ich es, merkwürdig genug, in diesem Moment nicht bemerkte. Nach wie vor beherrschte seine Person den Raum, auch schienen ihm selbst seine fehlenden Zentimeter nicht weiter aufzufallen.

«Philip», sagte er gelassen. «das ist Roger Chapman, ein alter Freund von mir. Er reitet mir dir nach Plymouth und bringt dich sicher an Bord der *Falcon.* Sollten irgendwelche Schwierigkeiten auftreten, so kann er dir aus der Patsche helfen.»

Bei meiner Vorstellung hatte Philip Underdown die dichten Augenbrauen gehoben, und seine spöttische Miene wurde eine Spur ernsthafter, als er meine Größe und meine Fähigkeiten als Kämpfer abschätzte. In trockenem Ton fragte er mich: «Weißt du mit Schwert und Dolch meisterhaft umzugehen?»

Das Blut stieg mir ins Gesicht. Zu jener Zeit errötete ich beim geringsten Anlaß, und angesichts meiner hellen Haut war es mir nicht möglich, diesen Sachverhalt zu verheimlichen. Trotzdem antwortete ich ihm fest: «Die Kunst des Fechtens habe ich nie gelernt, dafür weiß ich mit einem Knüppel sachverständig umzugehen. Das muß man, wenn man über Land zieht. Mein Knüppel befindet sich in meinem Bündel, und ich würde mich glücklich schätzen, dir eine kleine Vorführung zu geben.»

«Nicht in meiner Anwesenheit, Roger», sagte der Herzog tadelnd. «Doch wir beide glauben dir aufs Wort. Ist ein solch solider Knüppel in diesem Teil des Landes nicht als ‹Umhang von Plymouth› bekannt?»

«Das stimmt, Euer Gnaden. Es heißt, ein Reisender, der von auswärts nach Plymouth komme, schneide sich als erstes einen Ast vom nächstbesten Baum, wegen der vielen Gauner und Beutelschneider und Gesetzlosen, die ihn auf dem Weg durch das Dartmoor überfallen könnten.»

Der Herzog lachte. «Ein prächtiger Kommentar über den Zustand unserer öffentlichen Straßen in Devon. Die alte Bezeichnung für Devon lautet Dyvnaint – Land der dunklen Täler. Es hat den Anschein, als gebe es diese dunklen Täler nach wie vor und als würden Verbrecher sie gut nutzen. Bei Gelegenheit muß ich mit meinem Bruder, dem König, darüber sprechen. Fürs erste nehme ich an, daß dein Umhang von Plymouth dich ausreichend beschützt.»

«Wenn man ihn geschickt einsetzt, kann er einem Kerl den Schädel zertrümmern oder die Knochen brechen. Was das betrifft, so brauchen Euer Gnaden sich keine Sorgen zu machen. Ich kann gut auf mich aufpassen.»

«Gut, ich denke, das war dann alles. Wie ich bereits erwähnt habe, Roger, bleibt dein Bündel bis zu deiner Rückkehr hier. Ihr beide nehmt eure Mahlzeit in der Küche des Bischofs ein und reist noch heute nachmittag bis zur Abtei Buckfast, wo ihr für die Nacht Unterkunft findet. Morgen, am Freitag, eilt ihr dann nach Plymouth weiter, und während der Flut am Samstag wird die *Falcon* in Sutton Pool warten, um dich, Philip, an Bord zu nehmen und nach St.-Malo zu bringen.» Der Herzog wandte sich an mich. «Ich möchte einen Augenblick allein mit Philip reden. Warte im Vorzimmer auf ihn. Gott sei mit dir, Roger. Erneut stehe ich in deiner Schuld.»

Ich verbeugte mich, verließ den Raum und schloß die Tür leise hinter mir. An einem Tisch im Vorraum saß ein junger Mann, der sich mit dem Ordnen von Papieren beschäftigte. Bei meinem Besuch von Schloß Baynard in London zwei Jahre zuvor hatte ich ihn als Sekretär des Herzogs kennengelernt, sein Name war John Kendall. Er blickte zu mir auf und machte mit dem Kopf eine Bewegung zu der Bank an der Wand hin, bevor er sich wieder über seine Arbeit beugte. Er trug Reisekleider und war bereit, seinen Herrn noch am Nachmittag auf der ersten Etappe seiner Reise nach Norden zu begleiten. Gern hätte ich mich mit ihm unterhalten, einige der Zweifel und Befürchtungen, die mir im Kopf herumschwirrten, mit ihm besprochen, und die unerwartete Wendung meines Schicksals diskutiert. Doch da er offensichtlich nicht gestört zu werden wünschte, setzte ich mich stumm hin, starrte meine Füße an und blickte nur auf, wenn die Tür nach draußen geöffnet wurde.

Zuerst dachte ich, die Silhouette eines Kindes hebe sich vom regen Treiben auf dem Flur hinter ihm ab. Dann entdeckte ich, daß es ein Mann war, ein Zwerg in der blaubraunen Livree des Herzogs von Gloucester. Er war nicht einmal einen Meter groß und bewegte sich mit der Unbeholfenheit seinesgleichen, die Folge eines zu schweren Körpers auf zu kurz geratenen Beinen. In seinen Augen lag jener traurige, verlorene Blick, den ich seitdem auch in den Augen anderer Zwerge wiedererkannt habe, Ausdruck einer mit Empörung vermischten Verwirrung über den grausamen

Streich, den die Natur ihnen gespielt hatte und der sie zur Zielscheibe des Gespötts ihrer Mitmenschen machte.

Zu jenem Zeitpunkt war dies allerdings der erste Zwerg, den ich aus nächster Nähe sah, obwohl ich einen oder zwei schon von weitem gesehen hatte. Damals galt es bei den Reichen und Wohlhabenden als vornehm, sich der Dienste wenigstens eines Liliputaners im Haushalt zu versichern, ihn zu verwöhnen und zu hätscheln oder je nach Laune und Willkür zu treten und zu quälen. Diese kleinen Männer dienten als Pagen, Schleppenträger und gelegentlich als Hofnarren. In manchen Häusern wurden sie kaum besser als Haushunde behandelt.

John Kendall hob den Kopf und sagte irritiert: «Jetzt nicht, Paolo! Seine Gnaden ist beschäftigt.»

Der Zwerg stieß einen Schwall italienischer Wörter hervor. Der Sekretär zügelte ersichtlich seinen Ärger und antwortete höflich in derselben Sprache. Ich glaube kaum, daß der Herzog wissentlich einen unfreundlichen Umgang seiner Diener untereinander zugelassen hätte. Diejenigen, die ich kennengelernt habe, waren ihm sämtlich treu ergeben. Der kleine Mann zuckte die Achseln und wandte sich zum Gehen, als die Tür zum inneren Raum geöffnet wurde und Herzog Richard heraustrat, dicht hinter ihm Philip Underdown. John Kendall und ich sprangen sofort auf. Als ich eine Verbeugung andeutete, konnte ich einen Blick in Paolos Gesicht werfen.

Mit einem zugleich haßerfüllten und ängstlichen Ausdruck sah er nicht etwa den Herzog an, sondern den Mann hinter ihm. Wie ich bemerkte, blickte Philip Underdown ihn mit einem leichten Anflug von Spott an und sah dann fort, als wäre der Zwerg keines größeren Interesses oder Ansehens würdig als eine jener späten Herbstfliegen, die durch ein offenes Fenster hereingeflogen waren und nun träge im Raum herumschwirrten.

Als der Herzog den Zwerg erblickte, runzelte er die Stirn, und John Kendall beeilte sich zu erklären: «Paolo wollte wissen, ob Euer Gnaden wünscht, daß er mit der Vorausgesellschaft heute nachmittag abreist, oder ob er warten und morgen mit den übrigen Gepäckwagen folgen soll.»

Herzog Richard lächelte dem kleinen Mann liebevoll zu. «Warte lieber, Paolo! Du würdest es zu anstrengend finden, wenn du heute mit uns kämst.» Durch ein Kopfnicken gab er ihm zu verstehen, daß er entlassen war, dann wandte er sich erneut mir zu, indem er mir die ausgestreckte Hand hinhielt. «Wenn du zurückkommst, werde ich nicht hier sein, Roger Chapman, doch sei meines Dankes gewiß, jetzt und immerdar. Noch einmal, Gott sei mit dir! Ich muß jetzt gehen. Ich habe Bischof Bothe versprochen, um elf Uhr mit ihm zu speisen. Deshalb lasse ich dich und Master Underdown allein, damit ihr euch kennenlernt.»

3

John Kendall folgte seinem Herrn und verließ das Zimmer, der Zwerg ging hinterdrein. Philip Underdown und ich standen uns gegenüber wie zwei mißtrauische Tiere, die sich ihres Reviers nicht sicher sind. Jeder nahm übel, daß der eine dem anderen aufgebürdet worden war, doch in dieser Lage blieb uns keine andere Wahl, und wir waren gezwungen, gute Miene zum bösen Spiel zu machen.

Philip Underdown sprach aus, was ich dachte. «Ich kann nicht gerade behaupten, daß ich mich über deine Gesellschaft freue. Soweit ich zu erkennen vermag, wirst du dich eher als Hindernis denn als Hilfe erweisen. Alleine käme ich zehnmal besser zurecht. Nur Gott weiß, welche Grille der Herzog sich in den Kopf gesetzt hat! Aber er hat dich mir aufgedrängt, und nun kann ich daran nichts mehr ändern, obwohl ich dir ruhig verraten will, daß ich nichts unversucht gelassen habe, als ich mit ihm allein da drin war.» Er machte eine Kopfbewegung zum inneren Raum hin. «Aber er hat darauf bestanden, daß du mit mir nach Plymouth reist, so daß ich mich in den nächsten Tagen mit dir abfinden muß. Bist du bereit, schon wieder zu essen? Seiner Gnaden zufolge waren es die Überreste deines Frühstücks, die ich auf dem Tisch gesehen habe.»

«Essen kann ich jederzeit», antwortete ich mit vorgeblicher Fröhlichkeit, denn mir war alles andere als fröhlich zumute. Ich freute mich auf Philip Underdowns Gesellschaft ebensowenig wie er sich auf die meine. «Seiner Gnaden zufolge erwartet man uns in der Küche des Bischofs. Machen wir uns auf den Weg?»

Nachdem wir schließlich am Ende eines der langen Tische in der äußersten Spülküche Platz genommen hatten, umgeben von lautem Stimmengewirr und Wirbel, was allein der Tatsache zuzuschreiben war, daß der Bruder des Königs mit dem Bischof speiste, entschloß ich mich, den herzoglichen Ratschlag zu befolgen und meinen Reisegefährten kennenzulernen. Wenn ich über seine Vergangenheit besser Bescheid wußte, konnte mir dies womöglich später von Nutzen sein. Als man zwei große Schüsseln mit Rinderbraten vor uns hingestellt hatte, sagte ich: «Der Zwerg Paolo schien dich nicht allzu sehr zu mögen. Daraus schließe ich, daß ihr euch schon vorher begegnet seid.»

Philip Underdown ließ ein Lachen vernehmen, dem jegliche Wärme fehlte, und tunkte einen Kanten Brot in die dampfende Fleischbrühe. «Oh, wir sind uns schon begegnet. Vor allem ihm habe ich es zu verdanken, daß es zu dieser Anstellung kam.» Er sah meinen verständnislosen Blick und lachte erneut. «Mein Bruder und ich waren Händler. Wir kauften und verkauften alles, was wir billig bekommen und mit Gewinn abstoßen konnten. Wir fingen klein an und rakkerten uns ab, bis wir ein Schiff unser eigen nannten. Danach erweiterte sich unser Geschäft – Irland, Italien, Frankreich, die Bretagne. So gelangte ich zu einem kleinen Vermögen – und brachte es mit Trinken, Spielen und natürlich Weibern durch.» Ein raubtierhaftes Lächeln entblößte kurzzeitig seine Zähne. «Vor zwei Jahren dann, auf unserer letzten Heimfahrt aus Italien, wurden wir vor der Küste Korsikas von Piraten überfallen. Dabei mußte mein Bruder daran glauben, und das Schiff wurde übel zugerichtet. Ich konnte mich bis an diese Küste und den Kanal hoch nach London durchschlagen, doch ich wußte, daß die alte *Speedwell* nie mehr zur See fahren würde. Deshalb zahlte ich die Mannschaft aus und machte mich daran, die Ladung so schnell und einträglich wie möglich zu verscherbeln, in der Gewißheit, daß ich wieder von vorne anfangen mußte.»

Ein Küchenjunge, der uns bedienen sollte und mehr als erfreut war, daß er eine kurze Verschnaufpause lang die fettigen Töpfe und Pfannen nicht abzuwaschen brauchte, stellte zwei Humpen Ale vor uns hin, wobei es ihm gelang, das meiste von der Flüssigkeit auf den Tisch zu schwappen. Bevor wir uns beschweren konnten, hatte er sich dünngemacht. Ich starrte seinem davoneilenden Rücken nach, ohne ihn eigentlich zu sehen. «Was hat das alles aber mit dem Zwerg zu schaffen?» wollte ich wissen.

Philip Underdown saugte an seinen Zähnen. «Er war ein Teil unserer Ladung.»

Es dauerte einen Augenblick oder auch zwei, bevor seine Worte mir ins Bewußtsein drangen, dann rief ich entsetzt aus: «Sklavenhändler bist du gewesen!» Ich wußte nun, weshalb mir sein Akzent so vertraut vorkam. Er stammte aus Bristol, und die Menschen aus dieser Stadt waren jahrhundertelang in den Sklavenhandel verwickelt und handelten zumeist mit ihren Nachbarn in Südirland. Es gibt eine in meinem Teil der Welt oft wiederholte Geschichte, daß einst vor vielen, vielen Jahren König Johann darüber Klage führte, daß es in Dublin weniger Iren als Leute aus Bristol gebe. Diese Menschen waren von ihren eigenen Familien als Dienstboten verkauft worden.

Mein Gefährte sah mich mit kalter Belustigung an. «Ich habe mit solch unglücklichen Gestalten wie Paolo gehandelt. Die Eltern wie auch die Verwandten dieser Geschöpfe wollten sie nur allzu gerne loswerden, und die meisten von ihnen waren sehr arm und dem Hungertod nahe. Schon ein paar

Shilling konnten ihr Überleben sichern. Die Liliputaner selbst landeten zumeist gut gekleidet und genährt in irgendeinem vornehmen Haushalt. Was wäre aus Paolo geworden, wenn ich ihn in Italien gelassen hätte? Die eigenen Leute hätten sich über ihn lustig gemacht, ihn verlacht und ausgestoßen. Als ich ihn traf, lebte er zusammen mit den Schweinen seines Vaters im Schweinekoben.»

Bei diesem Gesprächsthema fühlte ich mich unwohl. Mein Instinkt sagte mir, daß der Menschenhandel von Übel war, doch zugleich erkannte ich, daß er im Endergebnis zuweilen vorteilhaft sein konnte. Ich brachte das einzige Gegenargument vor, das mir in diesem Augenblick spontan einfiel: «Aber Paolo haßt dich.»

Philip Underdown lächelte verächtlich und sagte undeutlich, während er auf seinem Fleisch herumkaute: «Natürlich haßt er mich. Alle haßten sie mich und meinen Bruder. Diese Geschöpfe waren unsere Handelsware. Wir hatten keine Zeit, sie während unserer Seereisen zu bemuttern, die voller Gefahren steckten, gleich ob wir von der heimischen Küste aus in See stachen oder dorthin zurückkehrten. Ein gewisses Quantum an – wie soll ich sagen? – Härte war unvermeidlich.»

Fassungslos über die Gefühllosigkeit, die ihn so freimütig reden ließ, und seine vollkommene Gleichgültigkeit dem gegenüber, was die Menschen von ihm halten mochten, starrte ich ihn an. Nichts jedoch, was ich hätte sagen oder tun können, hätte ihn berührt, daher war jeder Protest sinnlos. Ich fragte: «Weshalb waren dazu denn die Seereisen nötig? Hast du nicht erwähnt, daß es solche Knirpse in jedem Land gibt?»

Er zuckte die Achseln und nahm den letzten Fleischhappen von seinem Teller. «Ein Gemeinplatz! Es ist besser, sie in einem fremden Land zu verkaufen, wo sie nicht ausreißen und nach Hause laufen können, wenn es ihnen einfällt. Deshalb schlugen wir englische Zwerge in Italien und Frankreich los, und französische und italienische Zwerge hier. Einmal gab es eine Zeitlang in Italien eine große Nachfrage nach englischen Zwergen. Kein vornehmer Haushalt kam ohne einen Zwerg aus.»

«Ich staune, daß du so viele aufgetrieben hast.»

Wieder zuckte Philip Underdown seine breiten Achseln. «Es gibt immer Mittel und Wege, wenn man sich zu helfen weiß. Ich hatte das Glück, daß ich Paolo an den Haushalt des Herzogs von Gloucester verkauft habe. Irgendwie erfuhr der Herzog von meiner Geschichte und meinen Verhältnissen und empfahl mich bei König Eduard als Kurier, da ich viel in der Fremde herumgekommen bin und gut auf mich aufpassen kann. Wodurch es für mich noch viel ärgerlicher wird, daß ich dich für eine einfache Zweitagesreise von Exeter nach Plymouth an der Hacke habe. Für wen hält man mich? Etwa für ein hilfloses Kind?»

«Man will auf Nummer Sicher gehen. Der Brief, den du befördern sollst, muß sehr wichtig sein.»

«Alle Briefe sind wichtig», erwiderte er aufgebracht. «Weshalb sollte es bei diesem anders sein?»

Ich überlegte, ob ich den Herzog von Clarence zur Sprache bringen sollte, entschied schließlich jedoch dagegen. Ich hatte das Gefühl, daß ich eine ausweichende Antwort erhalten würde, außerdem hatte ich ihm für den Augenblick genug Fragen gestellt. Vor uns lagen zwei Tage und zwei Nächte, während deren ich noch mehr würde entdecken können. Ich schwenkte die Beine über die Bank und stand auf. «Ich bin bereit, wenn du soweit bist.»

Er nickte, wischte mit seinem Handrücken den Mund ab und erhob sich. «Unsere Pferde warten in den Stallungen des Bischofs auf uns. Ich bringe dich hin.»

«Zuerst muß ich noch meinen Knüppel holen. Er befindet sich in meinem Bündel in der Eingangshalle.»

Ich holte ihn heraus sowie auch mein Rasierzeug und ein kurzes Messer mit schwarzem Griff, das ich gewöhnlich zum Essen benutzte, legte Rasierzeug und Messer auf ein vierekkiges Stück eines starken, dicht gewebten Wolltuchs, das ich zufällig bei mir trug, und verknotete es an den Enden. Dann folgte ich meinem Gefährten aus dem Palast heraus zu den etwa hundert Meter entfernten Stallungen.

Philip Underdowns Reittier war ein großer, grauscheckiger Gaul, der prächtig aussah und mit klugen Augen in meine Richtung sah, aber – wie ich bemerkte – kein freudiges Wiehern von sich gab, als sein Meister sich ihm näherte. Ich sollte ein kastanienbraunes und stämmiges Pferd satteln. Meine wenigen Siebensachen paßten in die Satteltasche, dagegen bereitete es mir, wie ich vorausgesehen hatte, einige Mühe, meinen Knüppel unterzubringen. Letzten Endes sah ich, wenn auch widerstrebend, ein, daß ich ihn um einige Zentimeter kürzen mußte, damit ich ihn quer über den Sattelzwiesel legen konnte.

«So ist er einfacher zu handhaben, denke ich», meinte Philip Underdown. «Du kannst besser zum Schlag ausholen. Nicht so unhandlich. Mit einem solchen Knüppel kann jedermann umgehen.»

«Von der Kunst, den Knüppelstock zu führen, hast du offenbar nicht die geringste Ahnung», entgegnete ich bissig und baute mein Selbstbewußtsein wieder auf, das bei meinem unbeholfenen Aufsteigen aufs Pferd Schaden genommen hatte. Meine Bemühungen hatten sowohl den Jungen als auch den Stallburschen mit dem Pickelgesicht, die uns zur Hand gingen, sehr belustigt. «Machen wir uns auf den Weg! Vor der Abenddämmerung wollen wir in Buckfast sein.»

Noch bevor die Sonne am Himmel sehr viel tiefer gesunken war, hatten wir die belebten Straßen von Exeter hinter uns gelassen und trabten mit stetigem Tempo nach Süden. Ein früher Herbstschleier hüllte die Täler ein und lag wie Gaze über den Hügeln. Der Pfad, den wir benutzten, war einsam, hier und da standen Ginsterbüsche, deren goldgelbe Blüten mit spitzen schwarzen Dornen versehen waren. Smaragdgrünes Moos ließ erkennen, wo das Regenwasser sich in den Höhlen und Senken des Bodens aus Granitgestein angesammelt hatte. Nur der plötzliche Ruf eines Raben störte die Stille.

Um die Mitte des Nachmittags verließen wir den Pfad, stiegen ab und ließen die Pferde frei laufen, damit sie sich am verkümmerten Gras labten. Philip Underdown und ich setzten uns so hin, daß wir unseren Rücken bequem an einen Felsbrocken lehnen konnten, drehten das Gesicht zur Sonne und hielten unsere Knochen in die letzte Wärme des Tages. Diese Ruhepause hatte ich bitter nötig, obwohl ich mich eher hätte foltern lassen, als daß ich es zugegeben hätte. Doch in Wahrheit kam es mir so vor, als würde jeder Muskel und jede Sehne an Schenkeln und Gesäß mit rotglühenden Zangen auseinandergerissen. Arme und Schultern schmerzten nach der Anstrengung, selbst ein so friedliches Reittier wie das meine zu führen. Ich lehnte meinen Kopf an den Stein, schloß kurz die Augen und sah rote und orangenfarbene Sonnen unter den Augenlidern kreisen. Ich war dankbar dafür, daß mein Gefährte mit seinen eigenen Gedanken beschäftigt zu sein und nicht geneigt schien, sich über meine Beschwerden zu mokieren.

Ich weiß nicht, was mich jäh aus meinem Halbschlaf riß und nach vornüber schleuderte, wobei sich mein Rücken straff anspannte und ich meine Hände fest neben mich auf den Boden drückte. Vielleicht war es ein Zusammenwirken aller Sinne, etwa wie bei einem Tier, das Gefahr wittert. Ich ließ die Augen flink von links nach rechts wandern, um die Quelle meiner Furcht auszumachen. Am Horizont, dort wo sich das Moor steil aufwärts ausdehnte, standen zwei riesige Granitfelsen, nichts Ungewöhnliches in diesem Teil der Welt. Und zwischen den beiden Felsen war die Gestalt eines Mannes zu sehen, die sich deutlich gegen die Strahlen der untergehenden Sonne abhob.

Ich muß laut geflucht haben, denn Philip Underdown, der mit halb geschlossenen Augen neben mir saß, war sogleich auf den Füßen. Seine Finger umklammerten bereits den Griff des Dolches, der in seinem Gürtel steckte. «Was gibt es?» fragte er.

«Ein Mann», flüsterte ich. «Da oben! Zwischen den beiden Granitfelsen.»

Ich zeigte in die entsprechende Richtung, doch als wir beide hinblickten, war nichts mehr zu sehen, lediglich die verwischten Konturen in der Ferne, die Sonnenstrahlen auf den Granitblöcken und der öde, stumme Pfad.

Philip lachte rauh auf. «Du siehst Gespenster.»

«Da war aber jemand», protestierte ich. «Ich habe ihn so deutlich gesehen, wie ich dich sehe.» Ich griff nach meinem Knüppel und stand auf. «Warte hier. Ich sehe mal nach.»

«Und mich läßt du allein?» fragte er spottend. «Befolgst du so die Anweisungen des Herzogs? Die Feen könnten mich wegzaubern, während du fort bist.»

An diesem Spiel konnten mehrere teilnehmen. «Wenn du ängstlich bist», erwiderte ich kühl, «stell dich mit dem Rücken zum Fels, damit dich niemand von hinterrücks übertölpeln kann. Falls du mich brauchen solltest, so rufe einfach. Ich bin ja nicht weit weg.»

Er fluchte. «Ich komme mit.»

«Na klar doch, wenn es dich nervös macht, allein zu bleiben.»

Ich wartete seine Antwort nicht ab, sondern machte mich zu den Granitfelsen auf, indem ich den steilen Hang hinauflief und für eine Weile meine Wehwehchen vergaß. Als ich oben angekommen und zwischen den beiden Felsen war, hielt ich inne und sah mich sorgfältig um, konnte jedoch nichts Verdächtiges ausmachen. Ich schlich um die beiden Brocken herum und rechnete jeden Moment damit, Auge in Auge einem gedungenen Mörder gegenüberzustehen, doch es war niemand da. Ich wandte mich um und blickte zu Philip Underdown, der noch immer neben den Pferden stand. Er zuckte die Achseln und breitete die Arme aus, wodurch er mir zu verstehen gab, daß auch er keine Seele gesehen hatte. Langsam fragte ich mich, ob der Vorfall wirklich nur meiner lebhaften Phantasie zuzuschreiben war.

Dann vernahm ich in der Ferne den dumpfen Hufschlag eines Pferdes, kaum mehr als ein schwaches Vibrieren des Bodens. Ich schnellte herum und kniff die Augen zusammen, während ich gegen die Sonne spähte. Es fiel mir schwer, irgend etwas zu erkennen, doch glaubte ich, eine Bewegung ausmachen zu können. Darauf schob sich eine kleine Wolke einige Sekunden lang vor die Sonne, und nun konnte ich deutlich einen Reiter erkennen, der in Richtung Süden auf die Abtei Buckfast zu galoppierte. Ich fluchte vor mich hin und beschimpfte mich wegen meiner langsamen Reaktion, der dieser Mann sein Entkommen verdankte. Schließlich kehrte ich zu Philip Underdown zurück.

«Es war wirklich jemand da. Ich habe gesehen, wie er in der Ferne weggeritten ist. Ich hätte schneller auf den Beinen sein müssen.»

Philip zuckte die Achseln. «Er hätte dich kommen sehen. Du hättest ihn doch nicht gegriffen. Und nichts spricht dagegen, daß er ein vollkommen unschuldiger Reisender ist, der ebenso wie wir gerastet hat.»

«Weshalb ist er dann auf den Hügel gestiegen? Er hätte sich kaum soviel Mühe gemacht, nur um sich dort auszuruhen. Nein, er hat uns ausspioniert. Für mich steht fest, daß er uns in einiger Entfernung gefolgt ist, seit wir Exeter verlassen haben.»

«Wie hat er uns dann überholt, ohne daß wir es bemerkt haben?»

«In diesem Moor muß es Dutzende von Wegen geben, die man, wenn man sich auskennt, benutzen kann, ohne daß man gesehen wird. Vermutlich konnte er uns überholen, wann immer er wollte. Ich glaube, wir reiten jetzt besser weiter. Noch vor dem Abend müssen wir die sichere Abtei erreichen, und zu dieser Jahreszeit wird es bereits früh dunkel. Sollte sich ein weiterer Fremder in der Abtei aufhalten, müssen wir auf der Hut sein.»

«Ich glaube kaum, daß es zu dieser Jahreszeit viele Besucher gibt.» Philip stieg auf sein Pferd und setzte sich bequem in seinen Sattel. «Wie du gesagt hast, werden die Tage jetzt kürzer, und nur Reisende halten sich noch auf den Straßen im Dartmoor auf.»

Während ich mich abmühte, mein Pferd zu besteigen, das weiterhin friedlich graste und vollkommen unbeteiligt auf meine hilflosen Versuche reagierte, kam mir in den Sinn, daß der Zwischenfall meinen Gefährten mehr mitgenommen haben könnte, als er erkennen ließ. Sein spöttelnder, höhnischer Ton war verflogen. Statt dessen war eine Nervosität herauszuhören, die auf innere Anspannung hindeutete. Philips Besorgnis nahm zu, wenngleich er einen gegenteiligen Eindruck zu vermitteln suchte. Ich wünschte mir, dieser Zustand mögte von langer Dauer sein. Die Verantwortung für seine Sicherheit würde dann nicht vollständig auf meinen Schultern lasten. Ich betete darum, daß wir das Gästehaus der Abtei in der Nacht für uns allein haben würden.

Doch mein Gebet wurde nicht erhört. Schon während wir über die Buckfastbrücke zogen, sahen wir, daß es in der näheren Umgebung der Abtei von Menschen nur so wimmelte. Als wir durch die Straßen des Dorfes ritten, zügelte ich mein Pferd und sprach eine Frau an, die in einem der Häuser aus einem Fenster im oberen Stockwerk herausschaute.

«Was ist denn hier los? Wir haben damit gerechnet, in der Abtei Herberge zu finden, doch es sieht ganz danach aus, als würde daraus nichts.»

«Ihr seid wohl Fremde, was?» Der schnarrende Zungenschlag aus Devon war überdeutlich herauszuhören. «Gestern war das Fest des heiligen Michael, und die Abtei besitzt die Genehmigung, an diesem und den beiden vorangehenden Tagen am Brent-Tor Jahrmarkt abzuhalten. Viele der Leute, die zum Jahrmarkt gekommen sind, halten sich noch hier auf, um sich von der Wirkung des Mosts aus der Abtei zu erholen. Ein starkes Gebräu, mein Lieber, was du schnell feststellen kannst, nachdem du davon gekostet hast. Obwohl ein großer Kerl wie du eine Menge vertragen müßte.» Ihr kecker Blick wanderte von mir zu Philip Underdown. «Und das gilt auch für dich, mein Hübscher.»

Er lachte. Die Sorgen und die Anspannung der letzten Stunden fielen so leicht von ihm ab, wie die Schlange ihre Haut abstreift. Er richtete sich auf seinen Steigbügeln auf, langte nach oben, ergriff eine Hand der Frau und zog sie so zu sich herunter, daß er ihr einen schallenden Kuß auf die Wange pflanzen konnte. Sie lachte ebenfalls und erwiderte seinen Kuß doppelt und dreifach.

Als wir uns einen Weg durch die Menschenmenge bahnten, bemerkte ich: «War sie nicht etwas zu alt für dich? Sie hatte schon ziemlich viele Falten im Gesicht, und was ich von ihrem Haar unter der Haube habe sehen können, war teilweise grau.»

Philip drehte sich grinsend nach mir um. «Wenn du mich besser kenntest – was der Himmel verhüten möge! –, so wüßtest du, daß ich Frauen jeden Alters liebe. Nur senile oder äußerst häßliche Frauen stoßen mich ab. Gleich ob dünn, dick, groß, klein, jung, alt – ich lege sie alle aufs Kreuz, wenn sie mich ranlassen. Und die meisten lassen mich.»

Das bezweifelte ich nicht. Er gehörte zu jener Sorte Mann, die sich nimmt, was sie haben will, und rücksichtslos entschlossen ist, sich durchzusetzen. Menschliches Leben und Würde galten ihm wenig, wie er bereits bewiesen hatte. Ich hielt den Mund und drängte mein Pferd zur Pforte der Abtei, wo einer der Laienbrüder seinen Dienst versah.

«Wir reisen im Auftrag des Königs», sagte ich. «Mein Freund hier zeigt dir unser Beglaubigungsschreiben. Wir suchen Herberge für eine Nacht.»

«Du und ein halbes Dutzend anderer», sagte er brummend, doch er ließ uns herein, ohne nach irgendeinem Ausweispapier zu fragen. «Am besten sprecht Ihr mit Pater Abbot, wenn ihr die seid, für die ihr euch ausgebt. Wartet hier! Ich gehe und sehe nach, ob er frei ist. Das Gästehaus ist belegt, doch er wird euch anderweitig unterbringen. Vermutlich in seinem eigenen Quartier.»

Während er geschäftig davoneilte, stiegen Philip und ich ab. Als ich mich bückte, um meine Satteltasche zu lösen, wurde ich das Gefühl nicht los, daß jemand mich beobachtete. Doch als ich mich umsah, schien jedermann konzentriert seiner Beschäftigung nachzugehen. Dennoch hielt dieses Empfinden an, und mein Unbehagen kehrte zurück.

4

Der Abt John Kyng war ein freundlicher und zuvorkommender Mann. Wenigstens kam er mir so vor, und ich kann mich nicht erinnern, irgend jemanden schlecht über ihn sprechen gehört zu haben, wenngleich ich annehme, daß einige ihn nicht mochten. Zu dieser Zeit, im Jahr des Herrn 1473, war er bereits seit neun Jahren Abt in Buckfast und sollte es für ein weiteres Vierteljahrhundert bleiben. Als hervorragender Gelehrter war er zuvor Aufseher am St. Bernard's College in Oxford gewesen und hatte mehrere theologische Abhandlungen verfaßt, die in Rom wohlwollend aufgenommen worden waren.

Als Philip und ich seine Zelle betraten, stand er auf, um uns zu begrüßen, wobei die weiße Zisterzienserkutte locker an seiner hageren Gestalt herunterfiel. «Ich weiß, daß Ihr im Auftrag des Königs unterwegs seid und ein Bett für eine Nacht braucht.»

Philip starrte mich an. «Pater, das sollte nicht weiter bekannt werden. Bei seinem Wunsch, uns eine Unterkunft zu sichern, ist mein Gefährte übereifrig gewesen.»

Ich tat Philip den Gefallen zu erröten. Tatsächlich hatte ich meine Zunge nicht im Zaum halten können und alle Vorsichtsmaßregeln außer acht gelassen. Selbstverständlich wäre es besser gewesen, wir hätten uns unter die Schar der anderen Reisenden und Jahrmarktbesucher gemischt, die die Abtei mit ihren Unterkunftswünschen belagerten, und die Aufmerksamkeit nicht in solcher Weise auf uns gezogen.

Der Abt, der meine Verlegenheit spürte, lächelte mir beruhigend zu. «Der Laienbruder, der Euch zu mir geführt hat, hat seinen Arbeitsdienst in der Abtei heute abend beendet und kehrt bei der ersten Morgendämmerung auf seinen Bauernhof zurück. Er ist äußerst vertrauenswürdig und zudem verschwiegen. Ihr braucht also nicht zu befürchten, daß er weitererzählt, was Ihr ihm gesagt habt. Was alle anderen angeht, so soll gelten, daß Ihr mir eine Botschaft von Bischof Bothe überbracht habt, und deshalb wird es auch nicht weiter auffallen, daß ich Euch ein Bett für die Nacht reserviere. Die Krankenabteilung ist zur Zeit nicht belegt. Ich werde mit dem Bruder Samariter sprechen, damit Ihr dort schlafen könnt. Doch scheint es mir angeraten, daß Ihr zusammen mit den anderen Gästen speist. Dadurch wird es möglich, jeglichen Verdacht zu zerstreuen, der durch Eure Vorzugsbehandlung aufgekommen sein könnte. Es besteht also kein Grund zur Sorge.»

«Dein Verdienst war es nicht», zischte Philip mir ins Ohr, als wir zum Refektorium unterwegs waren, wo die Mönche damit begonnen hatten, das Abendessen auszuteilen. «Hab ich's doch gewußt, daß ich ohne dich besser zu Rande käme!»

Darauf reagierte ich nicht. Einerseits, weil es nichts gab, wofür ich mich hätte entschuldigen können – ich hatte mich einfach nur gedankenlos verhalten und mir ansonsten nichts zuschulden kommen lassen –, und andererseits, weil es mich immer wieder irritierte, daß sich nicht alle Geistlichen dem Gebot zur reinen Wahrheit verpflichtet fühlten. Sie beugen sich der Zweckmäßigkeit weitaus häufiger, als sie zuzugeben bereit sind. Ich nehme an, in jenen Tagen war ich noch grün hinter den Ohren, weil ich etwas anderes erwartete. Wir schlossen uns der Schlange an, die für eine Schale Brühe, eine

Scheibe Schwarzbrot und ein Stück hellen Ziegenkäse anstand, und setzten uns damit an einen der langen Holztische, die auf Böcken standen. Zu meiner Erleichterung schien sich niemand für uns zu interessieren oder eine anzügliche Bemerkung darüber zu machen, daß der Abt uns empfangen hatte. Damals, wie seitdem immer wieder, erkannte ich, daß die Menschen im allgemeinen viel zu sehr mit ihren eigenen Sorgen beschäftigt sind, als daß sie bewußt wahrnehmen, was in ihrer nächsten Umgebung vor sich geht.

Mein Gefährte murrte verdrießlich über das miserable Mahl und verfluchte, daß der Herzog uns zum Reiseantritt noch am Nachmittag gedrängt und uns nicht erlaubt hatte, bis zum nächsten Morgengrauen zu warten. «Wenn wir den ganzen Tag galoppiert wären, hätten wir ebensogut vor dem Abend in Plymouth ankommen können.»

«Das könnte ich gar nicht», entgegnete ich. «Und vielleicht dachte Seine Gnaden, daß wir außerhalb von Exeter sicherer seien. Übrigens ist diese Brühe ganz in Ordnung. Sie schmeckt ausgezeichnet.»

Wir löffelten eine Fischsuppe, was kaum verwundert, wenn der Fluß Dart so nahe liegt und sich reichlich Süßwasserfische in seinem Gewässer tummeln. Die Mönche konnten jeden Tag mit ihren Angelruten am Ufer Fische fangen.

Philip Underdown schnaubte, unterließ aber jede weitere Bemerkung und beschränkte sich darauf, das Essen so schnell wie möglich in den Mund zu stopfen. Seine schlechte Laune nahm zu. Meine Anwesenheit schien ihm eine ständige Quelle des Ärgers zu sein. Ich beschloß, im weiteren Verlauf des Essens so wenig wie möglich zu reden, und begnügte mich damit, die anderen Tischgenossen um mich herum anzusehen. Die meisten von ihnen waren Jahrmarktbesucher, wie die Frau aus dem Dorf uns gesagt hatte, die noch vom Vortage hängengeblieben waren und sich von ihrem Rausch erholten. Morgen würden sie sich in alle Windrichtungen auf den Heimweg machen, in die verschiedenen Gegenden des Moors, sogar bis nach Exeter oder Plymouth, um den weniger Glücklichen, die zu Hause geblieben waren, davon zu berichten, welch schöne Zeit sie erlebt hatten. Die trunkene Benommenheit vom Tage, das Kopfbrummen und die getrübte Sicht waren dann längst vergessen. Es gab allerdings ein paar andere *bona fide* Reisende wie uns: zwei Bettelmönche – nach ihrer grauen Kutte zu urteilen, handelte es sich um Franziskaner – und einen solide gekleideten Mann mittleren Alters, der an einem Tischende in unserer Nähe saß, nicht mit seinen Nachbarn redete und seine Augen starr auf seinen Teller gerichtet hielt. Ich sah ihn lange und genau an, doch ich konnte nicht herausfinden, ob es sich um den Mann handelte, den ich zuvor am Nachmittag im Moor gesehen hatte. Einmal, als spürte er meinen musternden Blick, wandte er mir den Kopf halb zu, doch seine Miene blieb ausdruckslos. Falls er sich für mich und meinen Gefährten interessierte, ließ er davon jedenfalls nichts erkennen.

Wir hatten unsere Mahlzeit fast beendet, als hinter uns jemand einen plötzlichen Tumult verursachte, als er fluchend und unbeholfen auf seine Füße zu kommen versuchte. Einen Augenblick darauf senkte sich seine Hand auf Philip Underdowns Schulter, und eine rauhe Stimme sagte: «Dachte ich mir doch, daß du's bist!»

Philip, gerade damit beschäftigt, seine Schale mit seinem letzten Stück Brot auszuwischen, drehte sich ruckartig herum und blickte hoch. Der Mann, der vor ihm stand, war klein und stämmig, hatte sandfarbene Haare und Wimpern, einen etwas rötlicheren und zottigen Bart und ein wettergegerbtes Gesicht, in dem seine strahlend blauen Augen herausstachen. Seine Jacke aus grober Wolle war geflickt und schmutzig und an einigen Stellen so verschlissen, daß es weiß unter der braunen Farbe hervorleuchtete. Ein Streifen schmuddeligen Leinens, den er sich um den Hals gebunden hatte, diente ihm als Hemd, und seine Hand, mit der er sich an der Schulter meines Gefährten festklammerte, war mit Schwielen und Narben übersät. Seine Miene war so grimmig, daß ich zusammenzuckte, doch Philip Underdown setzte nach einem einzigen kurzen Blick in aller Ruhe seine Mahlzeit fort.

«Was willst du von mir?» fragte er.

«Du weißt verdammt genau, was ich will!» Der Mann neigte den Kopf, bis er mit Philips Kopf auf gleicher Höhe war. Ich konnte seinen säuerlichen Atem riechen. «Ich will, was mir zusteht.»

«Vor zwei Jahren hast du bekommen, was dir zusteht. Ich habe dich ausbezahlt, Silas Bywater, genau wie alle anderen auch.»

«Du hast uns mehr versprochen. Wenn wir deinen verrotteten Kahn sicher in den Hafen bugsieren, hast du uns gesagt, dann bekämen alle Mann an Bord je zwei Goldmünzen. Einen Schilling haben wir aber nur bekommen.»

«Seid froh, daß ihr noch so viel gekriegt habt.» Philip sprach grob, seine Nerven lagen bloß. «Wie hätte ich euch mehr geben können, da ich den Pott noch nicht verkauft hatte?» Ihm war sichtlich daran gelegen, seinen unwillkommenen Bekannten loszuwerden. Beide zogen nämlich bereits die Aufmerksamkeit an den Nachbartischen auf sich. Köpfe hoben sich, die Menschen wollten besser sehen, was vor sich ging. Er versuchte, die Hand von seiner Schulter abzustreifen, jedoch vergebens. «Laß mich in Ruhe!»

Der Mann, der als Silas Bywater angeredet worden war, zischte: «Du hast uns ein Datum, eine Uhrzeit und einen Treffpunkt angegeben, um uns unseren Anteil am Erlös auszuhändigen, hast dich aber nicht blicken lassen. Die anderen armen Teufel haben beschlossen, das beste aus ihrer schlechten Lage zu machen, und sind nach Plymouth heimgekehrt. Einige von ihnen glaubten, du hättest die Ladung nicht losschlagen können, doch ich wußte es besser. Ich blieb noch eine Weile in London und erkundigte mich. Und es war genauso, wie ich es mir gedacht hatte. Einen hübschen Gewinn hast du herausgeschlagen. Du selbst warst ganz schön erfolgreich, und dann hast du dich dünnegemacht. Du hattest nie vor, mich und die restliche Mannschaft der *Speedwell* auszuzahlen, oder etwa nicht, du verdammter Lügenbastard?»

Einer der Laienbrüder war auf die lauten Stimmen aufmerksam geworden und eilte quer durch das Refektorium. Sein rundes Gesicht war vor Aufregung rot angelaufen, und er machte einen nervösen Eindruck. «Bitte hört sofort mit diesem Gezänk auf», sagte er. «Bedenkt, daß Ihr Euch in einem Gotteshaus befindet.»

«Dann schafft mir diesen Idioten vom Hals», knurrte Philip. «Schließlich habe ich den Streit nicht gesucht. Ich möchte nur allein sein.»

«Ich gehe erst, wenn ich bekommen habe, was mir zusteht», beharrte Silas Bywater. «Zwei Jahre lang habe ich von dieser Begegnung geträumt, und jetzt treffe ich ihn zufällig hier. Und dabei wäre ich fast nicht zum Jahrmarkt gekommen! Tu nicht so, als wärst du arm! Du siehst wohlhabend genug aus!»

«Ich hab's dir schon gesagt!» schnaubte Philip, der allmählich die Geduld verlor. «Du bekommst nichts von mir, niemals! Schleich dich lieber zu der Hundehütte zurück, aus der du herausgekrochen bist, und laß mich in Frieden!»

Ich beschloß, es sei jetzt an der Zeit, etwas zu unternehmen. Der kleine Mönch fuchtelte aufgeregt herum, doch nichts rührte sich. Seine Mitbrüder hielten sich entweder in

ihren Zellen auf, um sich auf die Komplet, das Tagesschluß-
gebet, vorzubereiten, oder waren mit den zugeteilten Aufgaben beschäftigt, und kein anderer schien geneigt, sich
einzumischen. Ich schwang die Beine über die Bank und
erhob mich langsam, wobei ich mich zu meiner vollen Größe
emporreckte. Dann schnappte ich mir Silas Bywaters Hand
von der Schulter meines Gefährten, umklammerte sein anderes Handgelenk und wirbelte ihn zu mir herum.

«Laß meinen Freund in Ruhe», sagte ich in ruhigem Ton,
«oder du bekommst es mit mir zu tun.»

Er stieß wütende Flüche aus und versuchte sich zu befreien,
doch in meiner Jugend besaß ich gewaltige Kraft in den Händen. So sehr er sich auch wand und drehte, ich konnte ihn
ohne große Schwierigkeiten umklammert halten. Schließlich mußte er sich geschlagen geben und starrte mich völlig
außer Atem an. Philip hatte sich ebenfalls erhoben und stand
mit einer so verächtlichen Miene neben mir, daß ich nicht
überrascht war, als mein Gefangener seine letzten Kräfte auf-
bot, um sich aus meiner Umklammerung zu lösen. Als
Objekt solcher Verachtung hätte ich an seiner Stelle auch mit
den Fäusten um mich schlagen wollen. Ich verstärkte meinen
Griff, bis ich einen seiner Knochen knacken hörte. Silas schrie
vor Schmerzen auf, und da ließ ich ihn los. Er sank auf eine
Bank nieder, hielt sein verletztes Handgelenk und stieß eine
Flut von Verwünschungen aus. Der kleine Mönch preßte vor
Entsetzen beide Hände auf die Ohren.

Ich wandte mich Philip Underdown zu. «Laß uns hier
verschwinden. Wir ziehen zuviel Aufmerksamkeit auf uns.
Und morgen müssen wir früh aufstehen. Es ist also Zeit,
schlafen zu gehen.»

Er nickte, und ich nahm mein Messer mit dem schweren
Griff vom Tisch und holte mein Bündel und meinen Knüppel
unter der Bank hervor, wohin ich sie vor der Mahlzeit ab-

gelegt hatte. Schweigend, doch mit dem unangenehmen Gefühl, daß jedermanns Augen uns folgten, gingen wir auf den Ausgang des Refektoriums zu. Als wir an der Tür angekommen waren, schrie Silas Bywater: «Glaub ja nicht, daß du zum letztenmal von mir gehört hast, Käpt'n Underdown! Vergiß nicht, daß ich Sachen über dich weiß, von denen du bestimmt nicht möchtest, daß sie weiterverbreitet werden! Ich kriege dich noch, du Höllenhund!»

Es war bereits dunkel geworden, und die Glocken der Klosterkirche riefen zum letzten Gottesdienst. Gerne hätte ich mich den Mönchen zur Andacht angeschlossen, doch ich wagte nicht, meinen Gefährten allein zu lassen, und mein Instinkt verriet mir, daß Philip Underdown kein frommer Mann war. Natürlich glaubte er an Himmel und Hölle, wie wir alle, doch ich vermutete, daß er erst *in extremis* ernsthaft über den Zustand seiner Seele nachzudenken bereit war.

«Weißt du, wie wir zur Krankenabteilung kommen?» fragte ich.

Er schüttelte den Kopf. «Nein, aber wir können uns ja erkundigen.»

Einer der Laienbrüder, der sich zur Komplet verspätet hatte, kam aus der Dunkelheit auf uns zugeflattert. Auf unsere Frage hin deutete er auf einen Bau, der etwas abseits von den andern stand, und bestätigte, daß zur Zeit keines der Betten belegt war, da Schmerzen, Frösteln und Wechselfieber im Herbst von der Dorfgemeinschaft bisher noch keinen Tribut gefordert hatten. Wir dankten ihm, und ich ging über den Hof voraus. Die Tür zur Krankenabteilung knarrte leise, als ich sie öffnete und hineinspähte.

Drinnen war es sehr dunkel, und das einzige, was ich sofort ausmachen konnte, war das Kreuzfenster am anderen Ende. Doch als meine Augen sich an die Dunkelheit gewöhnt hatten, konnte ich die Umrisse eines Holzgestells ausmachen, das an der Wand rechts vom Eingang stand. Nur wenige Augenblicke dauerte es, bis meine vorwärtstastenden Finger auf das stießen, was wir suchten, auf ein Binsenlicht nämlich. Ganz in der Nähe stand eine Zunderbüchse. Es gelang mir, den Feuerstein gegen das Eisen zu schlagen, und der Zunder flammte auf. Ich zündete das Binsenlicht an und hielt es in die Höhe. Sein flackernder, unsteter Schein beleuchtete schwach die beiden einander gegenüberliegenden Bettreihen, die den ganzen Raum füllten. Wie ich nur allzu gut wußte, bestand in den Klöstern das einzige Zugeständnis an Krankheit aus einem dünnen Strohsack in einem Holzrahmen.

Philip Underdown näherte sich einem Bett und begann, eine der strohgefüllten Matratzen mit abschätziger Miene zu prüfen. Allerdings gab er keinen Kommentar ab. Vermutlich dachte er daran, daß wir zumindest allein untergebracht waren und eine Bettstelle in der Krankenabteilung immer noch dem Fußboden im Gästehaus der Abtei mit allen Gerüchen und Geräuschen unserer Tischgenossen vorzuziehen war. Er zog Wams und Schuhe aus, erleichterte sich in einer Ecke des Raums, überprüfte den Inhalt seines Lederbeutels, den er am Gürtel trug, und warf sich auf eins der Betten – dies alles, ohne auch nur ein einziges Wort zu verlieren. Ich tat es ihm nach, doch bevor ich mich hinlegte, richtete ich es so ein, daß mein Messer und mein Knüppel in Reichweite lagen, und schleifte das Holzgestell bis vor die Tür, die sich nach innen öffnete.

Mein Gefährte lachte spöttisch. «Sag bloß, du hast vor diesem Windbeutel Silas Bywater Angst, wie? Er blufft nur, ich kenne ihn nicht anders. Er wird mir nichts antun, dafür sorge ich schon. Wahrscheinlich wird er's nicht mal versuchen.»

«Darauf will ich es nicht ankommen lassen», erwiderte ich, während ich meine Gestalt in das enge Gehege des Bettes zu zwingen versuchte. «Der Herzog verläßt sich darauf, daß ich dich sicher bis Plymouth begleite, und falls eben möglich, habe ich nicht die Absicht, dieses Vertrauen zu enttäuschen.» Ich hatte das Binsenlicht ausgeblasen, doch ich brauchte seinen fahlen Schein nicht, um das Hohnlächeln auf Philip Underdowns Gesicht zu sehen. Ich kannte ihn inzwischen gut genug, um zu wissen, daß er Gefühle wie Loyalität und Freundschaft gering achtete. Was er tat, tat er nur des Geldes wegen und aus keinem anderen Grunde. Rasch fügte ich hinzu: «Du kennst dich also in dieser Gegend gut aus. In Plymouth und Umgebung, meine ich.»

«Wie kommst du darauf?»

«Durch Silas Bywater. Du hast ihn und die übrige Mannschaft der *Speedwell* hier angeheuert. Oder habe ich ihn mißverstanden?»

Es entstand eine kleine Pause, bevor er antwortete: «Nein, mein Bruder und ich betrieben unseren Handel von Plymouth, aber auch von Bristol und London aus. Jedesmal heuerten wir eine neue Mannschaft an, denn es dauerte Monate, vielleicht sogar ein Jahr und länger, bis wir für die nächste Seefahrt eine komplette Ladung beisammen hatten. Zwerge brachten das meiste Geld ein, und wie du richtig gefolgert hast, waren sie nicht immer leicht zu finden. Manchmal mußten wir das Land bis an die schottische Grenze hoch im Norden durchkämmen. Es wäre unpraktisch gewesen, eine ständige Mannschaft zu unterhalten, die die ganze Zeit über nur herumfaulenzte.»

«Und wenn du in Frankreich oder Italien warst? Da mußte die Mannschaft doch auch faulenzen.»

«Diese Fahrten dauerten nicht so lange, höchstens ein paar Wochen. Was wir mitgebracht hatten, verkauften wir, und von diesem Erlös kauften wir neue Waren zum Beladen des Schiffs. Wenn wir jemanden wie Paolo fanden, schätzten wir uns glücklich, aber die Nachfrage nach Zwergen war in unserem Land nie so groß wie in den fremden Ländern, etwa in Italien. Aber das habe ich dir bereits erzählt, Gott weiß warum! Du sollst mich hier beschützen, nicht aber deine Nase in meine Angelegenheiten stecken. Deshalb hältst du jetzt endlich den Mund und schläfst.»

Auf seiner Pritsche wälzte er sich auf die Seite, wobei er mir seine Kehrseite zuwandte. Ich verschränkte die Hände unter dem Kopf und starrte die schwach beleuchtete Decke an. Philip Underdown mochte ich nicht, und irgend etwas an seiner Person rief bei mir ein Unwohlsein hervor. Inzwischen war ich sehr müde geworden. Für mich war es nämlich ein langer Tag geworden, seitdem ich am Morgen im Schutz irgendeines Bauernhofs vor den Toren von Exeter aufgewacht war. Der Tag war nicht wie erwartet verlaufen, sondern hatte mich vielmehr in Gesellschaft dieses unangenehmen Mannes auf den Weg nach Plymouth geführt. Ich ließ einen Arm an der Seite meiner Bettstatt hinuntergleiten, und meine Finger schlossen sich beruhigend um das Heft des Messers, das neben meinem Knüppel auf dem Fußboden lag. Meine Sinne schwanden, und auch ich drehte mich auf die Seite, wobei ich versuchte, meine langen Glieder so gut wie möglich unterzubringen und mit meiner Schulter eine Kuhle in die Matratze zu drücken. Ich wollte gerade einschlummern, als meine Augen, die ich nur ganz kurz geöffnet hatte, mir mitteilten, daß es am anderen Ende der Krankenabteilung noch eine weitere Tür gab. Vermutlich stand dort ebenfalls ein Holzgestell mit einem Binsenlicht und einer Zunderbüchse drauf, und ich wußte, daß ich hätte aufstehen, mich umsehen und diese Tür ebenfalls verbarrikadieren müssen. Doch mein Körper verweigerte mir den Dienst, als ich ihn zum Aufstehen zwingen wollte. Noch immer schmerzte jede Sehne meiner Arme und Beine und lechzte nach Ruhe.

Wenn ich mein Reittier, das inzwischen in den Stallungen der Abtei gefüttert und getränkt worden war und nun schlief, morgen früh gestärkt besteigen wollte, so mußte ich jetzt schlafen. Meine Augen schlossen sich gehorsam, und wiederum bewegte ich mich auf den Rand der Bewußtlosigkeit zu. Philip Underdown schnarchte bereits.

Ich weiß nicht, was mich geweckt hatte, doch plötzlich waren meine Augen weit offen. Es war mir nicht möglich abzuschätzen, wie lange ich geschlafen hatte. Jedenfalls mußte es lange genug gewesen sein, daß ich mich auf die andere Seite gewälzt hatte und auf Philip Underdown blickte. Irgend jemand, ein Mann, stand über Philips schlafender Gestalt. Er hielt ein Messer in seiner erhobenen rechten Hand. Selbst in der Dunkelheit vermochte ich den fahlen Widerschein auf der Klinge zu erkennen.

Ich fuhr aus dem Bett hoch, noch bevor ich mir bewußt geworden war, was ich tat. Mit dem rechten Arm hielt ich ihn im Würgegriff, mein linkes Knie stieß ich ihm in den Rücken. Er gab einen erstickten Schrei von sich und ließ das Messer auf den Steinfußboden fallen. Das scheppernde Geräusch weckte Philip auf, der jählings aufrecht in seinem Bett saß und nach seinem Dolch griff. Bevor er mir jedoch zu Hilfe kommen konnte, schlug der Mann, den ich würgte, plötzlich mit dem rechten Bein nach hinten aus und traf mich dabei, mehr zufällig als gezielt, mitten in mein Geschlechtsteil, wodurch ich unwillkürlich meinen Griff lockerte. Während ich mich vor Schmerzen krümmte, arbeitete er sich frei, wich Philip Underdown aus, der nach ihm griff, und flüchtete durch die offene Tür am anderen Ende der Krankenabteilung. Einen Moment später fiel die schwere Tür dröhnend zu, und wir waren allein.

5

Hätte ich Philip Underdown nicht zurückgehalten, so wäre er dem Mann nachgejagt. Draußen war es noch dunkel, und es gab wenig Hoffnung, jemanden aufzuspüren, der einen solchen Vorsprung besaß. Es hätte nur dazu geführt, daß wir die Mönche aufgestört, die anderen Schläfer geweckt und so die Aufmerksamkeit auf uns gezogen hätten. Er gab widerwillig nach, zündete das Binsenlicht an, stellte es auf den Boden zwischen unsere Betten, setzte sich auf den Rand seiner Pritsche und sah mich an. Nach einer Weile zuckte er leicht zusammen, hob das zu Boden gefallene Messer auf und wendete es in seinen Händen hin und her. Er fragte mich nicht einmal, wie ich mich fühlte, obwohl ihm nicht entgangen sein konnte, daß ich unter Schmerzen litt.

«Wer war das?» fragte er. «Etwa diese miese Pestbeule Silas Bywater?»

Ich streckte mich in voller Länge auf meiner Matratze aus und stützte mich auf meine Ellbogen. «Sein Gesicht habe ich nicht besonders deutlich gesehen, aber trotzdem glaube ich das nicht. Irgendwie war er größer und schlanker, eher so gebaut wie der Mann, der uns gestern abend beim Essen beobachtet hat. Vielleicht hat der Herzog doch recht, und dir droht Gefahr von ... von Leuten, die verhindern wollen, daß das Schreiben, das du beförderst, in die Hände von Herzog François gelangt.» Ich zögerte, dann fügte ich hinzu:

«Und vielleicht gibt es noch andere, die dich aus unterschiedlichen Gründen lieber tot als lebendig sähen.»

Anscheinend völlig ungerührt zuckte er die Achseln, knurrte jedoch: «Es sieht ganz so aus, als hätte der zahme Haushund von Königsbruder doch richtig damit gelegen, dich als meinen Hüter zu verpflichten.» Er streckte sich und gähnte. «Ich bin müde. Ich seh mal nach, ob es mir gelingt, auch die andere Tür zu verbarrikadieren. Dann können wir endlich ruhig bis zum Morgen schlafen.» Diese Worte waren das Äußerste, wozu ein Mann wie er sich hinreißen ließ, um mir dafür zu danken, daß ich ihm das Leben gerettet hatte.

Am anderen Ende stand wirklich noch ein weiteres Holzgestell, und Philip Underdown schleifte es bis vor die Tür. Beide Eingänge in die Krankenabteilung waren nunmehr verbarrikadiert, und wir schliefen – was mich betrifft, etwas unruhig –, bis die ersten fahlen Strahlen des Tageslichts durch die Fensterspalten fielen. Matt schob ich meine schmerzenden Glieder aus dem Bett, weckte meinen Gefährten, suchte unsere Siebensachen zusammen und machte mich auf die Suche nach dem Waschraum der Abtei. Dort wuschen wir uns und schabten uns die Bartstoppeln vom Kinn, so gut es uns mit dem eiskalten Wasser gelang. Alsdann stellten wir uns erneut in der Schlange nach einer Schale dünnen Haferschleims, einem Kanten Brot vom Vortag und zwei Haferfladen an. Dank unserer reinlichen Gepflogenheiten waren wir unter den letzten, die ins Refektorium kamen, nur der gutgekleidete Fremde traf noch später ein als wir. Erst jetzt fiel mir auf, daß er gutgekleidet war. Ein zuvorkommender, ruhiger Mann mit einem langen, schmalen Gesicht und einer Leichenbittermiene, der den Eindruck der Schüchternheit erweckte. Aus Erfahrung wußte ich jedoch, daß solch ein Schein trügen kann. Ich lud ihn ein, sich zu uns zu setzen, und war gespannt, wie er darauf reagieren würde. Meine Einladung nahm er ohne jedes äußere Anzeichen der Freude an. Ich bemühte mich sehr, ihn in eine Unterhaltung zu verwickeln, doch er verhielt sich äußerst zugeknöpft. Ich erfuhr lediglich, daß er die Nacht allein im Sprechzimmer des Abtes verbracht hatte, ansonsten gab er wenig preis.

Uns gegenüber saßen zwei Klosterbrüder. Einem von ihnen fiel es sichtlich schwer, sein Brot in mundgerechte Happen zu zerteilen. Er blickte auf und fragte den Fremden, ob dieser ihm sein Messer leihen könne. «Wie du weißt, dürfen wir nämlich keines bei uns tragen, mein Sohn.»

Mein neuer Bekannter nestelte an seinem Gürtel, zögerte und blickte nervös drein. «Tut mir leid. Offenbar habe ich es verlegt. Bevor ich abreise, muß ich nachfragen, ob man es vielleicht gefunden hat.»

Bei diesen Worten horchte Philip Underdown auf. «Vermißt du dein Messer? Wir haben eines gefunden, nicht, Roger? Zeig es dem Mann. Vielleicht gehört es ihm.»

Ich bückte mich, um das Bündel zu meinen Füßen aufzuknöpfen, und holte das Messer hervor. Aus Gründen der Vorsicht hatte ich einen Stoffstreifen, den ich von einem Stück Tuch abgerissen hatte, um die Klinge gewickelt. «Wie du siehst», sagte ich und schob es dem Fremden hin, «ist es ein gutes Messer. Es hat ein silbernes Heft.»

Er zögerte, und ich konnte fast den Schmerz in seiner Hand fühlen, als er sich den Impuls versagte, es an sich zu nehmen. «Nein», sagte er bestimmt, wobei er den Kopf schüttelte, «dieses Messer gehört mir nicht. Meines hat ein Heft mit Emailleeinlage. Dies hier solltest du einem der Klosterbrüder anvertrauen. Es ist sehr wertvoll.»

Damit du es dir später abholen kannst, dachte ich mir, voller Befriedigung darüber, daß es ihm gehörte. Verstohlen trat ich Philip auf den Fuß, und er erwiderte meinen Druck. «Wir sorgen dafür, daß es in die richtigen Hände gelangt, bevor wir abreisen», sagte ich laut. «Übrigens sollten wir uns auf den Weg machen.» Ich trank mein restliches Ale aus und blickte demonstrativ auf den noch vollen Humpen meines Gefährten, dann drehte ich mich zu dem anderen Mann hin. «Reist du nach Süden? Falls ja, kannst du dich uns anschließen. Zu dritt kann man sich immer besser schützen als zu zweit.» In Gedanken fügte ich hinzu: Und dich besser im Auge behalten.

«Äh, danke, nein. Ich reite nach Nordwesten bis Tavistock, wo ich in Geschäften unterwegs bin. Gott sei mit euch. Eine sichere Reise wünsche ich.»

Philip hatte sein Ale fast in einem Schluck hinuntergespült und stand nun auf, während er sich mit dem Handrücken über den Mund fuhr. «Die werden wir haben», erwiderte er kurz angebunden, «darauf kannst du Gift nehmen.» Er nickte kurz den beiden Klosterbrüdern zu, die ihre Hände zum Segen hoben. «Ich bin soweit», sagte er zu mir. «Laß uns gehen.»

Wir gingen zu den Stallungen der Abtei, wo unsere Pferde bereits gefüttert und getränkt worden waren und nur noch gesattelt zu werden brauchten. Als wir dies erledigt hatten, führten wir sie in den Hof und stiegen auf. Philip fiel es leicht, in den Sattel zu kommen; ich dagegen zog unter Schmerzen ein Bein nach dem anderen hoch, denn die Verletzung der vergangenen Nacht kam noch zu all dem anderen Jammer, den steifen Muskeln und Sehnen, hinzu. Philip sah mir ungeduldig zu und war auf einmal erpicht darauf, wegzukommen und so viele Meilen wie möglich zwischen uns und jenen Mann zu legen, von dem wir beide überzeugt waren, daß er uns während der Nacht überfallen hatte. Wenn wir viel früher als er in Plymouth eintrafen – denn keiner von uns zweifelte im geringsten daran, daß er uns folgen würde –, konnten wir bis zum Morgen untertauchen und abwarten, bis die *Falcon* in Sutton Pool eintraf, um Philip an Bord zu nehmen und sicher in die Bretagne zu bringen.

Als ich mich so bequem wie möglich im Sattel einrichtete, fiel mir ein, daß wir heute den ersten Oktober schrieben und ich daher morgen, wie auch der Herzog von Gloucester, Geburtstag feierte. Wir wurden beide einundzwanzig, doch damit endeten unsere Gemeinsamkeiten. Er war Oberbefehlshaber und Admiral von England, Gouverneur der Westlichen Marken vor Schottland, Großkämmerer und Haushofmeister des Herzogtums Lancaster jenseits von Trent. Er war der starke rechte Arm des Königs, Ehemann und Vater. Ich hingegen war ein einfacher Hausierer, ein abtrünniger Mönch ohne eigene Freunde und Verwandte. Dennoch hatten sich unsere Wege bisher zweimal gekreuzt. Vielleicht sollten sich unsere Lebensläufe miteinander verflechten.

Jäh wurde ich aus meinen Träumereien gerissen. «Willst du den ganzen Tag über wie ein gestopftes Huhn hockenbleiben?» fragte mein Gefährte mich grob. «Laß uns um Gottes willen endlich losziehen!»

Ich nickte und trieb die Fersen tief in die Flanken meines Reittiers, doch genau in diesem Augenblick wurde das Tor zum Stallhof aufgestoßen, und Silas Bywater tauchte auf. Er griff nach Philips Zügel und schnappte sie sich.

«Du hast mich nicht zum letztenmal gesehen oder von mir gehört. Glaub das nur ja nicht! Hier! Für dich.»

Er versuchte, Philip irgend etwas in die Hand zu drücken, doch dieser schlug ihm so heftig ins Gesicht, daß Silas zu Boden ging, während Philip den Kopf seines Pferdes herumriß, durch das Tor preschte und mir zurief, ich solle ihm folgen. Bevor ich so richtig zu mir kam, war Silas bereits wieder auf die Füße gesprungen und am Kopf meines Pferdes. Er streckte eine Hand zu mir hoch, seine geschlagene Gestalt war von Zorn und Haß verzerrt.

«Hier, gib du ihm das», sagte er. «Bestell Philip Underdown, daß ich ihn eines Tages schon noch erwische und er es dann bereut. Ich weiß zuviel von ihm.»

Erneut gab ich meinem Pferd die Fersen. Als es sich in Gang setzte, blickte ich neugierig auf den Gegenstand in meiner Hand. Es handelte sich um den Stengel einer Pflanze mit kleinen Büscheln schneeweißer Blüten in unregelmäßigen Abständen. Da ich vom Land stammte und auch dort groß geworden war, erkannte ich sie sofort als gewöhnliches Unkraut, das in vielen Gärten anzutreffen ist und von Mitte des Sommers bis spät in den Herbst hinein blüht. Wegen der Anordnung seiner Blüten in Knoten ist es unter dem Namen Knöterich bekannt.

Nachdem wir schneller und ausdauernder als am Vortag geritten waren, kamen wir am frühen Nachmittag in Plymouth an. Unter anderen Umständen hätte ich protestiert und darauf bestanden, längere Pausen einzulegen. Doch eingedenk unseres namenlosen Gegners, der uns vermutlich dicht auf den Fersen war, traute ich mich nicht und fand mich, so gut es mir möglich war, mit meinen Wehwehchen ab. Ich ärgerte mich, daß ich den gutgekleideten Kerl nicht nach seinem Namen gefragt hatte, doch Philip meinte achselzuckend, dies wäre in jedem Fall sinnlos.

«Er hätte dir sicher nur einen falschen Namen genannt, den er ändert, sobald er in Plymouth eintrifft, so daß jedes Nachfragen nach seinem Namen ergebnislos bleiben würde. Vergiß es! Im *Turk's Head*, dessen Wirt ein guter Freund von mir ist, werden auch wir lügen und dafür sorgen, daß man uns in Ruhe läßt. Der Wirt gibt uns Bescheid, wenn die *Falcon* vor Anker gegangen ist.»

Damit mußte ich mich zufriedengeben. Allerdings konnte ich mich ohnehin nur eingeschränkt unterhalten. Denn wenn ich nicht hinunterfallen und unser Vorwärtskommen durch eine Verletzung verzögern wollte, mußte ich meine ganze Aufmerksamkeit darauf konzentrieren, mein Reittier auf den Trampelpfaden durch das Dartmoor zu halten. Es war ein schöner Tag, so klar und durchsichtig wie eine Seifenblase. Die Oktobersonne säumte die Felsen und das Hochland in der Ferne mit Feuer. Gelegentlich kamen wir an einem einsamen Hof oder einem winzigen Weiler vorbei, dessen torfgedeckte Dächer schwarze Schatten auf das sonnenhelle Gras warfen. Hin und wieder war der klagende Ruf eines einsamen Vogels hoch über unseren Köpfen zu vernehmen. Nur gelegentlich sahen wir andere Reisende, die alle aus der Gegenrichtung kamen. Niemand überholte uns. Obwohl ich mich umdrehte, um nach hinten zu blicken, konnte ich im Moor keinerlei Verfolger entdecken.

Notgedrungen hielten wir gegen Mittag an, um dem Ruf der Natur zu folgen und von einer Hausfrau in einem nahegelegenen Häuschen Brot, Käse und Ale zu erstehen. Während wir aßen und tranken, in der Sonne saßen und unsere Rücken an die Einfriedungsmauer aus grauen Steinen lehnten, zeigte ich Philip Underdown den Knöterichstengel und fragte ihn, was für eine Bewandtnis es damit habe. Er starrte den Stengel eine Weile an, dann spuckte er aus.

«Was weiß ich? Der Kerl ist verrückt und gehört eingesperrt. Er hat versucht, ihn mir in die Hand zu drücken, bevor ich ihn geohrfeigt habe. Und das hättest du auch tun sollen, statt einen solchen Mist widerstandslos anzunehmen.»

Seine Heftigkeit verriet mir, daß der Knöterich für ihn etwas bedeutete, woran er lieber nicht erinnert werden wollte. Da ich jedoch wenig Hoffnung hatte, dies herauszufinden, schien es mir geraten, meine Zunge zu hüten. Neugierig sah ich das Unkraut in meiner Hand an und versuchte mich daran zu erinnern, was mir – wenn überhaupt – von dessen Eigenschaften bekannt war. Dazu fiel mir lediglich ein, daß meine Mutter mir einst als Knabe einen Stengel aus dem Mund gerissen hatte, auf dem ich herumgekaut hatte. «Laß das», hatte sie gesagt, «es ist giftig.» Doch zuweilen hat meine Mutter sich auch geirrt. Wie viele andere Frauen auf dem Lande, war sie auf einigen Gebieten außerordentlich klug, glaubte andererseits jedoch alle Arten von Altweibergeschichten, wie man sie sich seit Generationen erzählte, wobei mit jeder Generation und bei jedem erneuten Erzählen die Spinnereien zunahmen. Weder zuvor noch seitdem habe ich sagen hören, Knöterich sei giftig.

Plötzlich riß Philip mir die Pflanze aus der Hand und schleuderte sie fort.

«Ich hab dir doch gesagt», wiederholte er grimmig, «daß Silas Bywater verrückt ist! Vergiß ihn. Er wird uns nicht mehr ärgern. Ich bin aus Plymouth längst weg, bevor er uns einholt. Er ist zu Fuß unterwegs und kommt vor morgen mittag nicht zu Hause an.»

«Stimmt es, was er behauptet hat?» fragte ich. «Hattest du ihm und der Mannschaft der *Speedwell* mehr Geld versprochen?»

Ich rechnete damit, daß er mich anfahren würde, doch er zuckte nur die Achseln und lachte.

«Du versprichst dem Teufel deine Seele, wenn du dich mit einem lecken Schiff in einem Sturm über den Ärmelkanal nach Hause durchkämpfst. Nur ein Narr könnte dich beim Wort nehmen.» Um das Gespräch abzubrechen, fügte er hinzu: «Komm jetzt. Wenn wir jetzt weiterreiten, sind wir rechtzeitig zum Abendessen in Plymouth. Das Essen im *Turk's Head* ist zwar einfach, dafür aber reichlich, und mir knurrt der Magen. Bring der Hausfrau die Becher zurück, und machen wir, daß wir weiterkommen.»

Seine Art, mich als seinen Diener zu behandeln, nahm ich

ihm übel, schluckte jedoch meinen Ärger hinunter. Der Herzog hatte mich beauftragt, dafür zu sorgen, daß sein Brief sicher in der Bretagne ankam, und nur das allein zählte.

Rechtzeitig zum Abendessen kamen wir in Plymouth an. Als wir durch eines der Stadttore ritten, wurde gerade die vierte Stunde des Nachmittags ausgerufen. Die Stadt besitzt keine Einfriedungsmauer, da ihr nur von der Seeseite her Invasionen drohen, von denen es im Lauf des vergangenen Jahrhunderts reichlich gegeben hat. Doch die vier Hauptstraßen, die an einem Platz zusammentrafen, führten sämtlich zu Stadttoren mit kurzen Palisaden zu beiden Seiten, so daß die Ein- und Ausgehenden von den Wächtern beobachtet und unerwünschte Elemente abgewiesen werden konnten. Das stimmte allerdings nur in der Theorie. In der Praxis gab es ein Dutzend Pfade, die in die Stadt hinein oder aus ihr hinaus führten, und alle Arten von Gaunern und Vagabunden benutzten sie, wann immer sie wollten. Die meisten Häuser lagen am Rand von Sutton Pool und westlich davon, und der *Turk's Head* befindet sich im Gewirr der engen Gassen im Hafenviertel. In jenen Tagen war der Wirt ein Mann aus Cornwall, westlich des Tamar, namens John Penryn. Der schwarzhaarige, verschlossene Mensch ließ es sich angelegen sein, einen guten Dienst zu leisten, nie jedoch kümmerte er sich um die Angelegenheiten seiner Gäste. Er wußte, sah und hörte nichts. Ihn interessierte lediglich, daß man ihn ohne Einbehalt von Rabatt bezahlte. Auch wenn unter seinem Dach ein Mord verübt wurde, unterstützte er weder den Sheriff noch die Verwaltungsbeamten der Grafschaft.

Philip Underdown begrüßte ihn wie einen alten Freund, und ich vermutete, daß ihre Verbindung bereits in jene Jahre zurückreichte, da Philip und sein Bruder in- und außerhalb der Stadt ihren Handel trieben und das Wirtshaus als Hauptquartier nutzten. Als wir am Schankraum vorübergingen, hörten wir einen ziemlichen Lärm, doch wir wurden weiter nach oben in eine Kammer von angenehmer Größe geführt, deren einzige Tür dem obersten Treppenabsatz direkt gegenüberlag.

«Hier seid ihr ziemlich bequem untergebracht», sagte der Wirt, und ich meinte einen Hintersinn in seinen Worten auszumachen.

Philip Underdown nickte. «Frühstück und Abendessen nehmen wir in unserer Kammer ein, wenn's recht ist. Ich möchte, daß man mich so selten wie möglich unten sieht.»

John Penryn verbeugte sich leicht. «Moll besorgt euch die Mahlzeiten. Sie ist ein gutes Mädchen und beschwert sich nicht über mehr Arbeit.» Er hielt inne, seine Hand ruhte auf dem Türriegel. «Gibt es jemanden, nach dem ich für euch Ausschau halten sollte?»

«Nach jedem, der fremd ist. Besonders nach einem, der gut gekleidet ist, ein schmales Gesicht und schwarzes Haar hat. Oh, und nach Silas Bywater, obwohl ich kaum glaube, daß er in Plymouth eintrifft, bevor ich morgen abreise, es sei denn, ein vorbeifahrender Fuhrmann nimmt ihn ein Stück mit. Er hat den Michaelis-Jahrmarkt in Buckfast besucht, und unsere Wege haben sich unglücklicherweise gekreuzt.»

Der Wirt verzog den Mund. «Da hat er also gesteckt. Ich glaube nämlich, daß ich ihn in der vergangenen Woche hier in der Umgebung nicht gesehen habe. Er ist der geborene Unruhestifter. Eines schönen Tages schießt er übers Ziel hinaus. Ich werde Obacht geben, nur keine Bange.»

Er verschwand, und ich hörte, wie er pfeifend die Treppe hinunterging. Ich blickte mich um und kam zu dem Schluß, daß diese Kammer vermutlich die schönste war, die das Gasthaus aufzubieten hatte. Da mir der Sinn nicht danach stand, mit meinem Reisegefährten das Matratzenlager zu teilen, bemerkte ich mit Freuden, daß immerhin zwei Betten vorhanden waren. Weiterhin stand in einer Ecke noch eine geschnitzte Kleidertruhe, und die Binsen auf dem Boden sahen ziemlich sauber und nicht so aus, als würden darauf die Flöhe herumhüpfen. Auch das Abendessen stellte sich, als man es servierte, als bekömmlich und reichlich heraus, obwohl es wegen des Freitags hauptsächlich aus Fisch bestand. Philip murrte, da er am Abend zuvor schon eine Fischsuppe zu sich genommen hatte, doch er war, wie ich auch, vom langen Tagesritt zu ermattet, um sich allzu sehr dafür zu interessieren, was er aß. Und als das freundliche Mädchen namens Moll unser Geschirr abgeräumt und uns unsere «Nachtration» an Brot und Ale gebracht hatte, zogen wir beide wie auf Befehl unsere Stiefel aus, legten die Kleider ab und fielen auf die Betten, wobei wir dankbar auf die behaglichen, mit Federn gefüllten Matratzen sanken.

In dieser Nacht störte nichts unseren Schlaf, und die Morgensonne strich über die Fensterläden, bevor mir überhaupt bewußt wurde, daß ich die Augen geschlossen hatte. Als ich gähnend und mich reckend am Bettrand saß, dachte ich zufrieden daran, daß dieser neue Tag mich von meiner Verantwortung befreien würde und ich nach Exeter zurückgehen konnte, um mein Bündel abzuholen und meine gewohnte Lebensweise wieder aufzunehmen, und zwar in dem Bewußtsein, daß ich den Auftrag des Herzogs erfolgreich ausgeführt hatte. Philip Underdown würde ebenfalls glücklich sein, mich von hinten zu sehen, wenn er an Bord der *Falcon* ging, um sich nach der Bretagne einzuschiffen.

John Penryn hatte versprochen, uns zu benachrichtigen, sobald man die *Falcon* sichtete, wenn sie in das Cattewater jenseits des Sutton Pool-Strandwalls segelte. Der Tag war schön und die See spiegelglatt, es gab also keinen Grund, weshalb der Kapitän das Schiff hätte unpünktlich anlanden sollen. Doch der Morgen verstrich, seine Helligkeit ging allmählich in einen eher bedeckten Nachmittagshimmel über, und noch immer gab es keine Nachricht vom Eintreffen des Schiffs. Als die Uhr auf vier zuging, die Zeit des Abendessens näherrückte, und Philip Underdown und ich zunehmend niedergeschlagen und gereizt wurden, ließen wir jegliche Vorsichtsmaßnahme außer acht und machten uns zum Hafen auf, um uns selbst davon zu überzeugen, daß die *Falcon* wirklich nicht aufgekreuzt war.

«Wo zum Teufel steckt das Schiff?» sagte Philip mit zusammengebissenen Zähnen. «Der Herzog hat mir versichert, der Kapitän habe seine Befehle und werde am Samstag mit der Tide eintreffen.»

Mir fiel nichts ein, was ich hätte sagen können; ich hatte genug zu tun, mich mit dem Gedanken abzufinden, einen weiteren Abend und eine Nacht in Philip Underdowns unwillkommener Gesellschaft verbringen zu müssen. Der Lauf der Dinge hatte mich nicht weniger entmutigt als ihn, und ich wandte mich abrupt von ihm ab, um meine Gefühle nicht allzu offen erkennen zu lassen. Dabei glaubte ich eine Gestalt zu bemerken, die sich verstohlen in eine der Gassen verdrückte, die zwischen den Häusern am Kai verlief. Obgleich ich mich schnell auf den Weg machte, um in die schmutzige kleine Straße zu spähen, in deren Rinnsteinen sich verrottende Haushaltsabfälle anhäuften, konnte ich niemanden erblikken. Zu dieser Tageszeit, als jedermann beim Abendessen saß, war alles totenstill.

6

Keiner von uns beiden schlief in dieser Nacht gut. Vor allem wurden wir nicht müde. Der träge, auf der Kammer verbrachte Tag, nur vom Essen und Dösen unterbrochen, hatte dazu geführt, daß wir hellwach und voller Energie waren. Beide waren wir an harte Arbeit und ständige Bewegung gewöhnt, und solcher Müßiggang bekam unserer körperlichen Veranlagung nicht gut. Überdies und vor allem jedoch bedeutete die Tatsache, daß die *Falcon* nicht aufgekreuzt war, eine ärgerliche Verzögerung, auf die wir liebend gerne verzichtet hätten, da wir jeweils die Gesellschaft des anderen nicht schätzten. Doch selbst dies hätten wir mit Gleichmut ertragen können – gibt es doch mancherlei Gründe, die ein Schiff auf See aufhalten können –, wäre da nicht meine zunehmende Überzeugung gewesen, daß uns jemand am Hafenkai ausgespäht hatte.

Zuerst neigte ich dazu, diese Überzeugung meiner überspannten Phantasie zuzuschreiben, doch je länger ich darüber nachdachte, um so sicherer war ich, daß ich wirklich einen Mann am Eingang der Gasse hatte herumlungern sehen.

«Wo ist er denn hingegangen?» fragte Philip mit all der Widerborstigkeit einer Person, die entschlossen ist, einem nichts zu glauben. «Du hast gesagt, daß niemand da war, als du nachgesehen hast.»

«Es gab genug Häuser zu beiden Seiten der Gasse, in die er hätte hineingehen können.»

Philip Underdown schnaubte. «Lauter Bruchbuden, ausnahmslos. Ein gezierter Mann wie unser Freund aus der Abtei wäre kaum geneigt, sich in eine davon hineinzuwagen.» Er lachte verächtlich. «Er könnte ja seine feinen Kleider beschmutzen.»

Doch er redete, um sich selbst zu beruhigen. Wäre dieser Mann ein gedungener Mörder oder ein Gefolgsmann der Woodvilles, konnten die feinen Kleider und das gediegene Benehmen nur ein Täuschungsmanöver sein, um uns in die Irre zu führen. Ein solcher Mann würde sich von nichts abhalten lassen, auch wenn er seine Kleider mit Schlamm beschmieren müßte, das wußte Philip so gut wie ich.

Diese Gedanken ließen uns den ganzen Abend über nicht los und wurden zum Thema einer heftigen Auseinandersetzung, als wir auf unserer Kammer saßen und dem Geschrei und dem lauten Gelächter lauschten, das aus dem einen Stock tiefer gelegenen Schankraum zu uns heraufdrang. Obwohl der Lärm an unseren überstrapazierten Nerven zerrte, war die Stille, die nach der Abendglocke eintrat, noch schlimmer zu ertragen. Wir leerten das Ale, das die freundliche Moll uns gebracht hatte, und beschlossen, daß es Zeit zum Schlafengehen war, auch wenn keiner von uns mit einem Erfolg rechnete.

Überraschenderweise war ich eingeschlafen, kaum daß mein Kopf das Kissen berührt hatte, und sogleich begann ich zu träumen. Es war derselbe Traum, den ich bereits etwa einen Monat zuvor im Hospiz zum Heiligen Kreuz in Winchester geträumt hatte. Wieder konnte ich den Wind über meine Wangen streichen fühlen, als ich langsam unter den ineinander verflochtenen Zweigen der Bäume spazierenging, den zunehmenden Mond über den Wolken erblicken und den groben, steinigen Pfad unter meinen Füßen spüren. Und ich wurde von derselben alles durchdringenden Furcht erfaßt, als ich über den Leichnam stolperte ...

Wieder wachte ich schweißüberströmt und von Panik ergriffen auf und wußte einen Augenblick lang nicht, wo ich mich befand. Dann erhob ich mich aus dem Bett und durchquerte die Kammer, um die Fensterläden zu öffnen, die auf einen im hinteren Teil des Gasthauses gelegenen Hof gingen. In tiefen Zügen atmete ich die salzige Seeluft ein.

«Was ist los? Was gibt's denn?»

Ich wandte mich um und sah, daß Philip Underdown die Füße bereits aus dem Bett geschwungen hatte und seinen Dolch mit der rechten Hand umklammert hielt.

«Nichts», antwortete ich und kam mir ziemlich albern vor. «Nur ein Alptraum. Die verfolgen mich seit meiner Kindheit.» Meine Bezeichnung war im eigentlichen Sinn unzutreffend. Doch hätte ich die Wahrheit gesagt, daß nämlich meine Träume Vorahnungen der Zukunft waren, wäre ich nur um so eher ein Opfer von Philips Geringschätzung geworden. Er lachte verächtlich, bevor er sich wieder hinstreckte.

«Wegen deines schlechten Gewissens vielleicht», sagte er gehässig.

«Vielleicht.» Mir stand nicht der Sinn nach einer Auseinandersetzung. Ich beugte mich aus dem Fenster, um die Läden zu schließen, als mir zum erstenmal die Sichel des zunehmenden Mondes auffiel, der über den Schornsteinen der Stadt hing. Das Gefühl einer Vorahnung befiel mich erneut, und ich erschauerte. Eine Brise war aufgekommen und blies vom Hafen her. Ich griff nach dem Fensterladen, und plötzlich hörte ich irgendwo unter mir ein Geräusch. Als ich nach unten blickte, bemerkte ich, daß die Fensterläden der Kammer genau unter uns weit in ihren Angeln schwangen. Jemand hatte sie aufgestemmt, um ins Gasthaus zu gelangen.

«Er ist hier!» flüsterte ich Philip zu. «Er ist im Gasthaus! Wir haben keine Zeit, Hilfe zu holen oder ihm eine Falle zu stellen. Schieben wir eines der Betten vor die Tür.»

Das brauchte ich nicht zweimal zu sagen. Gerade als wir dabei waren, das Bett in Stellung zu schieben, gab eine der Treppenstufen ein verräterisches Ächzen von sich. Es mußte sich um die Stufe etwa in der Mitte der Treppe handeln, bei der mir am Nachmittag zuvor, als wir uns in unsere Kammer zurückgezogen hatten, aufgefallen war, daß das Brett nur lose auflag. Augenblicke darauf wurde der Riegel zu unserer Schlafkammer leise angehoben und die Tür sachte nach innen geöffnet, wobei sie allerdings gegen das unüberwindliche Hindernis des Bettes stieß. Es dauerte eine Weile, bevor der nächste Versuch unternommen wurde. Dann vernahmen wir Schritte, die sich eilends die Treppe hinunter entfernten, begleitet von einem schwachen, erstickten Fluch. Ich ging schnell ans Fenster und lehnte mich hinaus, weil ich hoffte, einen Blick von dem Eindringling zu erhaschen, doch er benutzte die vordere Eingangstür, die nicht verriegelt war, wie wir feststellten, als wir uns nach Beistand umsahen.

Der aus dem Schlaf gerissene John Penryn entschuldigte sich zerknirscht, besonders, nachdem er festgestellt hatte, daß die Fensterläden aus dem unteren Stock unverriegelt geblieben waren, eine Nachlässigkeit, die unser Feind zu seinen Gunsten genutzt hatte. Er mußte um das Gasthaus herumgestrichen sein und sämtliche Türen und Fenster ausprobiert haben. Und wäre ich nicht aus meinem Alptraum aufgewacht, so hätte sich der Zwischenfall von Buckfast wiederholt, diesmal womöglich mit fatalen Folgen.

Als wir in unsere Kammer zurückgekehrt waren, tauschten wir die Betten, nachdem Philip seines wieder vor die Tür geschoben hatte. Lange Zeit lag ich wach und grübelte. Handelte es sich bei dem Eindringling von heute um Silas Bywater, dem es gelungen war, lange vor der erwarteten Zeit nach Plymouth zurückzukehren, indem er bei einem vorbeifahrenden Fuhrmann hatte aufspringen dürfen? Oder war es unser Angreifer aus der Abtei, und falls ja, wer war er und wonach suchte er? War er ein Agent der Woodvilles? In diesem Fall würde er eher nach Philips Leben trachten als nach dem Brief, den dieser beförderte. Oder arbeitete er für die abtrünnigen Lancasters, denen es vor allem darauf ankommen mußte, daß Herzog François Henry Tudor seine Unterstützung entzog? Und zu diesem Zweck mußte verhindert werden, daß der Versöhnungsbrief von König Eduard an seinem Bestimmungsort eintraf.

Es gab natürlich noch eine dritte Möglichkeit. Bei dem Eindringling von heute nacht handelte es sich weder um Silas noch um den Gentleman von Buckfast, sondern um einen gänzlich anderen Angreifer, der seinerseits entweder ein Agent der Woodvilles oder der Lancasters war ... Allmählich drehte sich mir alles im Kopf, bis ich erschöpft einschlief.

Als ich erwachte, fühlte ich mich weder frisch noch ausgeruht. Philip Underdown war bereits aufgestanden und angezogen. Moll, das Mädchen, klopfte an die Tür und rief uns zu, sie wolle uns unser Rasierwasser und unser Frühstück bringen, könne aber nicht hinein. Schnell stieg ich in meine Stiefel, legte meine Jacke an und half meinem Gefährten, das Bett an den gewohnten Platz zurückzuschieben.

Zuerst rasierten wir uns, bevor das Wasser kalt wurde, doch mein schwarzes Messer mußte nachgeschliffen werden, denn es blieben fast so viele Stoppeln stehen wie ursprünglich vorhanden waren. Philip schnitt sich zweimal. Wir aßen wenig, da die Sorgen und Ungewißheiten des kommenden Tages unseren Appetit schmälerten. Zudem war es Sonntag, und die Kirchenglocken riefen bereits die Gläubigen zur Messe.

Ein energisches Klopfen an der Tür unserer Schlafkammer ließ uns beide auffahren, so bloß lagen unsere Nerven nach den Ereignissen der vergangenen Nacht. Doch es war nur John Penryn.

«Unten steht ein Mann, der deinen Namen genannt und nach dir gefragt hat», sagte er zu Philip. «Er bat mich, dir das hier zu geben.»

Philip nahm die silberne Marke, die der Wirt ihm hinhielt, und stellte sie mit einem Seufzer der Erleichterung auf seinem Bett ab. Von meinem Platz aus konnte ich lediglich erkennen, daß ein Wappenschild darauf eingraviert war.

«Laß ihn heraufkommen», sagte er. «Er ist ein Kurier des Königs wie ich.»

Ich stand auf. «Wir gehen hinunter, wenn du uns im Schankraum eine Ecke freihältst, in der wir nicht belauscht oder gestört werden.» In aller Gemütsruhe hielt ich Philips zornigem Blick stand. «In der Menge ist man immer sicherer. Ich nehme an, daß es durchaus möglich ist, eine solche Marke zu stehlen oder es sich auf eine andere schändliche Weise zu beschaffen. Wenn der Wirt hier und einige seiner Leute sich in Rufweite aufhalten, fühle ich mich sicherer.»

John Penryn bestärkte mich in meiner Meinung, doch in diesem Fall erwies sich unsere Vorsicht als überflüssig. Sowie Philip den anderen Mann erblickt hatte, begrüßte er ihn mit Namen.

«Simon Whitehead, was führt dich nach Plymouth?»

Der Ankömmling – ein kleiner, stämmiger Mann, dessen Haar so hell war, daß man es fast weiß nennen konnte, und dessen Augenbrauen kaum zu erkennen waren – führte uns beide im Schankraum an einen Tisch in der am weitesten von der Tür entfernten Ecke, an den der Wirt ihn verwiesen hatte, und bat uns, ihm gegenüber Platz zu nehmen. Drei Humpen Ale standen für uns bereit, ebenso ein Teller mit Haferkeksen. John Penryn und seine beiden Schankkellner wurden weggeschickt, und da keine Gefahr im

Verzuge war, machten sie sich an die Verrichtungen des Vormittags.

Simon Whitehead machte eine Kopfbewegung zu mir hin. «Wer ist das?» fragte er argwöhnisch.

«Geht in Ordnung. Er ist der Mann des Herzogs von Gloucester», antwortete Philip, wobei er zweifellos wußte, daß jede andere Erläuterung zuviel Zeit in Anspruch nehmen würde. «Du kannst offen vor ihm reden. Woher kommst du, und woher wußtest du, daß ich hier bin? Offenbar hast du nach mir gesucht.»

«Ich war in Angelegenheiten des Königs in Falmouth, als ich erfuhr, daß der Graf von Oxford St. Michael's Mount belagert. Es war vor drei Tagen, am letzten Tag im September.» Simon Whitehead ignorierte unsere Ausrufe des Erstaunens und des Entsetzens, stärkte sich mit einem Schluck Ale und fuhr fort: «Anscheinend war er in der Bucht vor der Insel vor Anker gegangen. Seine Leute und er – alles in allem nicht mehr als hundert Mann, wenn ich gut unterrichtet worden bin – verkleideten sich als Pilger, mit Umhängen und breitkrempigen Hüten, warteten die Ebbe ab und besaßen dann die Unverfrorenheit, einfach über den Damm zu wandern. Sie gaben vor, eine Gruppe Wallfahrer zu sein, die auf dem Seeweg gekommen sei – was ja nicht gelogen war, soviel ist sicher –, um dem Heiligtum ihre Opfergaben darzubringen.» Simon schnaubte verärgert. «Ohne jede weitere Frage wurden sie vorgelassen, und als sie auf dem oberen Hof angelangt waren, ließen sie ihre Umhänge fallen und zogen die Schwerter – und das war's dann. Sie verjagten die Mönche und die Soldaten der Garnison und schickten plündernde Gruppen zur Nahrungsbeschaffung in die Nachbardörfer aus. Es versteht sich von selbst, daß sie versuchen werden, einen Aufstand anzuzetteln, doch würde es mich wundern, wenn es ihnen gelänge. Ein paar verdrossene Männer vielleicht, aber nicht die große Menge. Trotzdem haben Sir Henry Bodrugan und der Sheriff Sir John Arundel allen Schiffen in der Umgebung befohlen, vorläufig dort zu bleiben, wo sie sich befinden, während Kuriere nach London geschickt wurden, um den König über die Ereignisse zu informieren und seine Anweisungen entgegenzunehmen. Dies betrifft natürlich auch die *Falcon*, die am Donnerstag vor der Reede von Falmouth festgemacht hat. Dort ankert sie noch immer und wartet die weitere Entwicklung ab. Glücklicherweise wußte der Kapitän, daß ich in der Stadt logierte. Am Tag darauf ließ er sich an Land rudern, um mir eine dringende Botschaft aufzutragen, nämlich dir die Verzögerung zu melden. Ebenso wie ich ist er auch davon überzeugt, daß König Eduard ihm den nachdrücklichen Befehl übermitteln wird, seinen Auftrag fortzuführen. Doch bis er diesen Befehl tatsächlich in Händen hält, wagt der Kapitän nicht, Sir Henry oder Sir John den Gehorsam zu verweigern.»

«Und in der Zwischenzeit?» Philip Underdowns Worte kamen stoßweise aus seinem Mund, seine Augen verrieten Angst.

Simon Whitehead trank einen Schluck Ale und nahm sich von den Haferkeksen.

«Du bleibst so lange hier», antwortete er achselzuckend. «Das *Turk's Head* ist doch ein ziemlich bequemes Quartier. John Penryn belästigt dich nicht mit Fragen. Es kann sich nur um ein paar Tage handeln.»

«Nein.» Philip knallte seinen leeren Humpen mit einer solchen Wucht auf den Tisch, daß der andere Mann zusammenzuckte. «Hier bleibe ich nicht. In den beiden vergangenen Nächten hat man mir zweimal nach dem Leben getrachtet. Auf einen dritten Versuch will ich es erst gar nicht ankommen lassen.»

Der Wirt, der uns selbst bediente und sich unserem Tisch

mit einem gefüllten Alekrug näherte, überhörte die letzte Bemerkung einfach.

«Da wäre immer noch der Keller», sagte er ruhig zu Philip. Als der heftig den Kopf schüttelte, fügte er hinzu: «Keine Geister. Nur das beste Ale und der beste Wein diesseits des Tavy.»

«Und die Branntweinsteuer für beides nicht bezahlt, möchte ich wetten», sagte Simon Whitehead feixend.

John Penryn grinste breit, antwortete jedoch nicht, sondern blickte Philip lediglich fragend an.

Mein Gefährte war unnachgiebig. «Nein, sage ich euch! Ich will nicht da unten eingesperrt sein.» Er schüttelte sich kaum merklich. «Weshalb sollte ich eine solche Unannehmlichkeit auf mich nehmen?»

«Dann bleiben wir eben auf unserer Kammer», warf ich ein, «bis die *Falcon* im Cattewater vor Anker geht. Wir können die Tür mit einem Bett verbarrikadieren, so wie in der vergangenen Nacht, und öffnen niemandem außer Master Penryn oder Moll. Dort sollten wir vor jedem möglichen Eindringling sicher sein.» Doch ich muß gestehen, daß mein Mut sank, als ich diesen Vorschlag machte. Fünf, womöglich sechs Tage lang in Philip Underdowns Gesellschaft, praktisch in einem Gefängnis, waren mehr, als ich mit Gleichmut betrachten konnte. Und so lange würde es mindestens dauern, bis die Kuriere des Sheriffs nach London und bis vor den König gelangt waren und seine Antwort wieder zurückbefördert hatten, selbst wenn sie Tag und Nacht unterwegs waren. Und selbst wenn dies bewerkstelligt war, mußte die *Falcon* noch die Küste entlang bis Plymouth segeln.

Daher war ich beinahe erleichtert, als ich Philip sagen hörte: «Nein! Damit kann ich mich einfach nicht anfreunden!» Er blickte Simon Whitehead fest an. «Gehst du nach Falmouth zurück?»

Der Mann warf einen flinken Blick auf den Wirt, der sich umsichtig zurückzog, nachdem er den Alekrug auf dem Tisch abgestellt hatte. Simon füllte seinen Humpen und antwortete: «Ja, das muß ich. Dort warten unerledigte Geschäfte auf mich. Weshalb fragst du? Soll ich etwas für dich erledigen?»

«Ja, eine Nachricht an den Kapitän der *Falk* übermitteln. Sag ihm, ich sei in genau acht Tagen von heute wieder in Plymouth. Bis dahin beabsichtige ich, das Zimmer im Trenowth Manor jenseits des Tamar zu hüten. Roger und ich ziehen heute abend los und setzen mit der Fähre über. Danach reiten wir im Schutz der Dunkelheit nach Norden, damit wir rechtzeitig zum Frühstück in Trenowth ankommen.»

Ich runzelte die Stirn. «Und welche Geschichte willst du dem Herrn des Hauses auftischen, um deinen Wunsch nach einem einwöchigen Aufenthalt unter seinem Dach zu begründen? Das Wetter liefert noch keinen Vorwand, denn es ist noch nicht kalt genug.»

«Ich werde Sir Peveril die Wahrheit sagen. Er und seine Lady sind eingefleischte Gefolgsleute des Hauses York. Sie werden uns nicht im Stich lassen.»

Simon Whitehead kaute an seiner Oberlippe. «Ich weiß zufällig, daß sich Sir Peveril und Lady Trenowth seit August in London aufhalten und die Absicht haben, bis zum Winter zu bleiben.»

«Um so besser. Dann können wir uns eine Geschichte ausdenken, um die Bediensteten zufriedenzustellen, die uns in jedem Fall nicht mit zu vielen Fragen löchern werden. Zu dieser Jahreszeit, wenn die umherziehenden Minnesänger, Jongleure und Akrobaten sich nach einem Winterquartier umsehen, wird das Leben auf einem Landgut allmählich langweilig. Da ist jede Abwechslung willkommen, und besonders die Frauen sind erfreut, einen so strammen jungen

Kerl wie Roger hier zu sehen.» Philip lachte plötzlich, wobei seine Zähne von seiner dunklen Gesichtshaut abstachen. «Und natürlich bin ich entzückt, jede Frau gleich welchen Alters mit meiner Gesellschaft zu beglücken.»

«Kennst du dich in Trenowth Manor aus?» fragte ich. Mit seinen Plänen konnte ich mich nicht anfreunden. Ein solches Unterfangen erschien mir vielmehr unnötig riskant, wo wir uns doch im *Turk's Head* verhältnismäßig sicher fühlen konnten. Wenn ich andererseits bedachte, welche Befürchtungen ich einige Minuten zuvor noch gehegt hatte, so fiel mir auf, daß ich der Idee doch nicht so abgeneigt war, wie ich zuerst angenommen hatte.

«Ich kenne die ganze Gegend so gut wie die Umgebung meiner Heimatstadt. Ich habe dir erzählt, daß ich mit meinem Bruder viele Jahre in der Gegend von Plymouth gearbeitet habe.» Philip legte die Hände auf dem Tisch übereinander und blickte Simon Whitehead und mich herausfordernd an.

Simon Whitehead leerte seinen Humpen. «Mir ist es gleich, wo du wartest. Sicher überbringe ich deine Nachricht dem Kapitän der *Falcon*, doch danach betrachte ich meine Rolle in dieser Angelegenheit als erledigt. Und jetzt muß ich etwas essen, schlafen und mein Pferd wechseln, bevor ich am Nachmittag wieder zurück nach Falmouth reite. Gott sei mit euch.»

Er nickte uns kurz zu, bevor er aufstand und sich auf die Suche nach John Penryn machte. Mein Gefährte und ich blieben am Tisch sitzen.

«Was veranlaßt dich zu der Annahme, daß uns niemand auf unserem Weg nach Trenowth Manor folgt?» fragte ich. «Unser unbekannter Gentleman hat sich als sehr ausdauernd entpuppt.»

«Wie ich schon erwähnte, machen wir uns bei Dunkelheit

auf den Weg. Es gibt eine Unzahl von Wegen aus der Stadt heraus, und John Penryn kennt sie alle. Gegen ein Entgelt werden er und zwei seiner Leute uns bis an den Stadtrand führen und dafür sorgen, daß uns niemand folgt. Du kannst ihm vertrauen.»

«Und was ist mit den Pferden? Zwei Reittiere in den Straßen nach der Abendglocke müssen unweigerlich die Aufmerksamkeit der Nachtwache auf sich ziehen.»

«Wir werden die Hufe umwickeln, und Penryn kennt die Uhrzeit, zu der die Patrouille durch jede Straße zieht. Die Nachtwächter können nicht überall zugleich sein, denn sonst könnte kein Schurke ein ehrliches Leben führen.» Er lächelte schäbig über seinen eigenen Scherz und leerte seinen Humpen. «Du bist zu naiv, mein Freund. Es ist dir ohne weiteres anzusehen, daß du keinen Umgang mit Verbrechern gehabt hast.»

Ich verzichtete darauf, ihn aufzuklären, sondern fragte nur: «Und wie machen wir's mit der Fähre?»

«Wir wecken den Fährmann und wedeln mit unserer Börse vor seinen Augen. Wenn Geld darin ist, wird er uns ziemlich schnell übersetzen. Da wir heute nacht reisen, schlage ich vor, daß wir uns jetzt noch ein wenig aufs Ohr legen. Den Schlaf haben wir bitter nötig, wenn wir morgen früh in Trenowth Manor sein wollen.»

7

Nachdem es dunkel geworden war, verließen wir das Gasthaus in Begleitung von John Penryn. Einer seiner Leute ging uns voraus und vergewisserte sich, daß in der Straße nicht gerade die Nachtwache auftauchte, während ein anderer Mann die Nachhut bildete, um sicherzustellen, daß niemand auf unseren Spuren wandelte. Das zumindest war beabsichtigt. Ich für mein Teil war nicht davon überzeugt, daß ein Kellermeister fähig war, die Anwesenheit eines Fachmanns auf diesem Gebiet aufzuspüren, der wußte, wie er sich verhalten mußte, um nicht aufzufallen, und zudem die Dunkelheit als Helferin auf seiner Seite wußte. Da Philip Underdown jedoch vollkommen zufrieden schien, schwieg ich lieber.

Nach zwei Tagen Müßiggang neigten die Pferde erst einmal zur Ausgelassenheit, sogar mein friedlicher Klepper. Doch bald hatten sie sich beruhigt und spürten schnell, wie Tiere es vermögen, die Stimmung der Menschen in ihrer Nähe. Als ihre Hufe endlich mit Stoffstreifen umwickelt waren, hatten sie sich beruhigt, und beide verhielten sich anständig, als Philip und ich sie durch das Labyrinth der engen Gassen in die Außenbezirke der Stadt führten. Es gab nur einen kleinen Zwischenfall, als wir an einem Stall vorüberzogen. Auf einmal hob der Graue seinen Kopf, blähte die Nüstern und wieherte laut. Philip fluchte und zerrte kräftig an den Zügeln, um wieder für Ruhe zu sorgen. Dies gelang ihm jedoch erst, nachdem sich die Fensterläden eines etwas weiter von uns entfernt liegenden Hauses geöffnet hatten und Kopf und Schultern einer Frau im Rahmen des hell erleuchteten Fensters deutlich zu erkennen waren. Sie lehnte sich heraus und rief: «Ist da jemand?»

Philip zischte mir ins Ohr: «Nicht antworten! Einfach weitergehen.»

John Penryn nickte zustimmend: «Sie macht bestimmt keinen Ärger», flüsterte er, «egal, wer sie sein mag. Dies ist nicht unbedingt der Stadtbezirk der Gesetzestreuen.»

Innerhalb von zehn Minuten hatten wir Plymouth hinter uns gelassen und waren aufs offene Feld und weit jenseits der Stadttore und ihrer Wächter gelangt. Hier verabschiedeten sich der Wirt und seine Leute von uns, wünschten uns viel Glück und kehrten auf dem gleichen Weg zurück. Philip und ich stiegen auf unsere Pferde und ritten nach Westen auf die Hütte des Fährmanns am Ufer des Tamar zu. Es war eine stille, trockene Nacht, am Himmel funkelten die Sterne, und der zunehmende Mond, den ich in den frühen Stunden des Morgens betrachtet hatte, stand tief am Himmel. Wiederum lief mir ein Schauder den Rücken hinunter, und erneut hatte ich ein Gefühl der Vorahnung.

An der Fähre lief alles so ab, wie Philip vorausgesagt hatte. Der aus dem Schlaf gerissene Fährmann war zuerst verärgert und wurde ausfallend, indem er uns sämtliche Schimpfnamen an den Kopf warf, die ihm auf der Zunge lagen; auch bezweifelte er unsere Herkunft. Dieser Schwall von Beschimpfungen brach jäh ab, sowie er Philips gefüllter Börse ansichtig geworden war und das Angebot von einem Shilling vernommen hatte, falls er uns und die Pferde über den Fluß setzte. Da für ihn ein Shilling den Gegenwert von einigen Tagen Arbeit darstellte, verschwand der Mann in seiner Hütte und trat einige Minuten später vollständig angekleidet wieder heraus.

Meinen Berechnungen zufolge war es bereits nach Mitternacht, denn wir hatten die Stadt in nordwestlicher Richtung verlassen und waren wenigstens sechs oder sieben Meilen weit geritten. Doch da der Fährmann darauf bestand, uns einzeln überzusetzen, hielt er uns nur noch mehr auf.

«Ein Mann, ein Pferd», kündigte er uns in seinem barschen und mürrischen Ton an. «Zu eurer eigenen Sicherheit.»

Widerstrebend ließen wir uns darauf ein. «Als erster komme ich mit dem Stämmigen an die Reihe», sagte ich. «Denn das Warten macht mich bloß nervös.»

Philip lachte. «Du willst sagen, du glaubst nicht, daß ich auf der anderen Seite auf dich warte, wenn ich als erster an die Reihe käme. Keine Bange. Ich habe nicht die Absicht, das Weite zu suchen. Inzwischen habe ich mich an dich gewöhnt.»

Ich war mir nicht sicher, ob ich seinen Worten Glauben schenken sollte, und in jedem Fall lag ein Körnchen Wahrheit in dem, was ich gesagt hatte. Zwar hatte ich schon oft eine Fähre benutzt, doch nie zusammen mit einem Pferd, und obwohl das Tier fest angebunden wurde, war ich dennoch extrem nervös. Wie groß war meine Erleichterung, als ich wieder festen Boden unter den Füßen hatte, und ich vermute, dem Pferd erging es nicht viel anders. Es schmiegte sich zufrieden an mein Gesicht, als wir der Fähre hinterherblickten, die abgelegt hatte, um Philip und sein Reittier herüberzuholen. Ich sah mich um.

Soweit ich das in der Dunkelheit erkennen konnte, standen wir auf einer Sandbank, die ein wenig in das Wasser hineinragte. Hinter uns lag ein kleiner Strand, und jenseits davon stieg die Landschaft sanft zu einem Baumgürtel an, dem Saum des Waldes, der sich in diesem Teil Cornwalls ausbreitet. Der Fluß, der sich an dieser Stelle zu einer schmalen Furt verjüngte, die allerdings noch zu breit war, als daß die Pferde sie schwimmend hätten bewältigen können, kräuselte sich zwischen den Ufern unter dem Einfluß der abgehenden Tide. Das andere Ufer stieg steil bis zu einer Felsspitze an, auf der verkrüppelte Bäume und Büsche sich ungeachtet der Sturmwinde, die jeden Winter unweigerlich auf diese Küste einpeitschen, bedenklich weit vorgewagt hatten. Sogar in einer solch ruhigen Nacht schwankten sie leicht im Rhythmus der erfrischenden Brise, indem sie sich neigten und einknickten – flache, schwarze Schatten, die sich als Silhouetten vor dem fahlen Himmel abzeichneten.

Plötzlich wurde mir eiskalt, und meine Finger verkrampften sich um die Zügel. Bestimmt war dort oben auf der Felsspitze jemand gewesen, der sich überhaupt nicht gerührt und auf die Szene unter sich hinabgeblickt hatte. Ich kniff die Augen zusammen und versuchte, durch die mich einhüllende Dunkelheit hindurchzuspähen. Doch außer den Büschen und den windgepeitschten Bäumen war nichts zu sehen. Ich starrte lange und intensiv in die Dunkelheit und hielt nach einer verräterischen Bewegung Ausschau, bis ich aufgeben mußte, da meine Augen wegen des angestrengten Sehens zu zucken begannen. Wahrscheinlich wurde ich allmählich schreckhaft und bildete mir Gefahren ein, wo keine vorhanden waren. Dennoch behielt ich die entfernte Felsspitze im Auge, da ich nicht vollkommen davon überzeugt war, daß ich mich geirrt hatte.

Die Fähre kam langsam über den Fluß zurück. Der Fährmann stakte so geschickt, daß er den ruhig dahinfließenden Wasserstrom ausnutzte und Philip Underdown sowie den Grauen schließlich sicher auf dem Boden Cornwalls absetzte. Der Mann hielt die Hand auf und forderte seinen Lohn. Nachdem er sein Geld erhalten hatte, stiegen wir auf und drehten unsere Pferde in Richtung Küste.

Philip sah über die Schulter zurück. «Und denk dran! Falls

jemand fragt, so hast du uns nicht gesehen. Niemand hat während der Nacht übergesetzt. Ist das klar?»

Der Fährmann murmelte etwas, das in etwa zustimmend klang und meinem Gefährten auszureichen schien. Ich meinerseits war mehr als skeptisch. Bot man dem Mann nur genug an, würde er uns ohne jede Gewissensbisse verraten. Dies teilte ich Philip mit, als wir vom Ufer landeinwärts auf den Baumgürtel zu ritten.

Er zuckte die Achseln. «Was bleibt uns anderes übrig? Er müßte unsere Vergeltung befürchten, falls wir denselben Weg zurück nehmen. Immerhin ist es den Versuch wert, ihm mit einer Drohung zu kommen!»

Ich fragte mich, ob ich ihm von meinem Eindruck erzählen sollte, daß wir beim Übersetzen bereits beobachtet worden waren, doch da ich unsicher war, ob ich tatsächlich etwas gesehen hatte, beschloß ich lieber, Stillschweigen zu bewahren. Für den Fall, daß meine Augen mir einen Streich gespielt hatten, wollte ich besonders wachsam sein.

Doch bevor wir den Saum des Waldes erreichten, folgten wir eine Weile einem Pfad den Fluß entlang. Als die Bäume zurückwichen, wandten wir uns vom Fluß ab und dem Land zu. Ich war sehr erleichtert, denn ich hatte befürchtet, daß Philip vorhatte, die Waldwege zu benutzen, die sehr wahrscheinlich von Gesetzesbrechern und Räubern unsicher gemacht wurden. Jetzt fühlte ich mich leidlich, faßte aber häufig nach meinem Knüppel, der zur Beruhigung quer über meinem Sattelzwiesel lag.

Wir ritten in gleichmäßigem Tempo vorwärts und machten, wenn möglich, um jeden Weiler auf unserer Strecke einen großen Bogen. Zu unserer Rechten strömte der Fluß seewärts, während zu unserer Linken die schwach erkennbaren Felder und umgepflügten Ackerstreifen, die zu den kleineren Ansiedlungen gehörten, sich an die bauschigen und häufig bis zu ihnen vordringenden Wälder anschmiegten. Diese Landschaft besaß eine reiche Vegetation, die bei Tageslicht dem Auge genauso üppig und aufdringlich wie die im benachbarten Devon erschien. Zweimal hielten wir an, um auszuruhen und uns mit Hilfe der Essensvorräte zu stärken, die John Penryn uns für die Reise mitgegeben hatte. Einmal pausierten wir unter einem Stechginsterdickicht, das zweite Mal in einer verlassenen Steinhütte, die irgendein Ziegen- oder Schafhirte längst aufgegeben hatte. Unsere Unterhaltung, wenn wir überhaupt redeten, war sprunghaft, wobei wir darüber spekulierten, wie der König wohl auf die Ereignisse am St. Michael's Mount reagieren würde.

«Hättest du nicht abwarten und ein anderes Schiff in die Bretagne nehmen können?» fragte ich Philip.

Seine Reaktion war ätzend. «Um den guten, ehrlichen Fischer oder Händler zu spielen und in die Hände der Lancaster zu fallen? Nein! Ich warte auf die *Falcon*.»

Ich nahm seine Antwort nur mit halbem Ohr wahr, da ich mich auf das leise Getrappel von Pferdehufen konzentrierte, an dem unser Verfolger zu erkennen gewesen wäre. Doch ich vernahm lediglich das Rauschen der Brise in den fernen Bäumen und das besänftigende Murmeln des strömenden Wassers.

Nach Philips Meinung war Trenowth nur noch eine Meile entfernt, als wir zum dritten und letzten Mal anhielten, von den Pferden abstiegen und sie bis ans Flußufer führten, um uns in dem eiskalten Wasser das Gesicht zu waschen. Die beiden Tiere tranken durstig, während wir uns bemühten, uns zu rasieren und unsere zerknitterte und auf der Reise staubig gewordene Kleidung abzubürsten. Die Morgendämmerung kündigte sich bereits an und verhieß einen schönen Tag. Früher Morgennebel stieg auf und schwebte um uns herum wie gesponnene Seide, trieb vor uns her, warf Falten und fädelte hier und dort zitternde Gehänge aus Gold wie auf einer Perlenschnur auf.

Philip gähnte und reckte sich. «Ein Frühstück könnte ich jetzt gut vertragen», sagte er. «Hoffen wir, daß es schön warm und reichlich ist.»

Ich stimmte ihm zu. Mein Magen knurrte trotz der kalten Fleischpastete, die wir vor nicht einmal zwei Stunden zu uns genommen hatten. Ich führte mein Pferd auf die höchste Uferstelle und sah auf den Weg zurück, den wir gekommen waren. Der Pfad war vom Sonnenlicht gestreift und mit Schatten gesprenkelt. Ich blieb vollkommen starr und still, doch hörte ich nur das Singen der Vögel und sah nichts anderes als ihr ständiges Flattern zwischen den Bäumen.

Trenowth Manor ragte hoch über den Tamar empor und stand auf einer weiten Ebene, die das dicht von Waldbäumen gesäumte Ufer überragte. Das Heim von Sir Peveril und Lady Trenowth war um einen viereckigen Innenhof herumgebaut. In den grauen Mauern aus Granitstein, die nach außen hin einen abweisenden Eindruck machten, waren enge Öffnungen ausgespart, während andere, freundlicher aussehende Türen und Fenster auf den Innenhof gingen. Als wir den steilen Hang zum Pförtnerhaus hinaufritten, konnten wir sehen, daß die Dienerschaft bereits auf den Beinen war, denn das Tor stand weit offen, und zwei Männer waren damit beschäftigt, Säcke mit Mehl von einem Karren abzuladen, der sicher von der Getreidemühle gekommen war. Philip ging auf sie zu.

«Ist euer Herr zu Hause? Sagt ihm, sein alter Freund Philip Underdown möchte ihn sprechen.»

Ich selbst hätte ihm fast abgenommen, daß er ein Freund Sir Peverils war, denn er sprach mit großer Überzeugungskraft. Daher war ich nicht im geringsten überrascht, als die beiden Männer sofort ihre Arbeit unterbrachen und auf seine Frage eingingen.

«Der Herr ist nicht da, Sir», sagte einer der beiden und zupfte an seiner Stirnlocke.

«Die Herrin auch nicht», fügte der andere Mann hinzu, und bestätigte also, was Simon Whitehead uns gesagt hatte.

«In London», fuhr der erste fort, der offensichtlich über die Einmischung seines Gefährten verärgert war und ihn durch Blicke zum Schweigen zu bringen versuchte.

«In Angelegenheiten des Königs», fügte er wichtigtuerisch hinzu. «Er sagte, er ist 'ne ganze Weile weg.»

Zuerst hatte ich befürchtet, daß die beiden Leute nur den Dialekt von Cornwall sprechen würden, doch ihre breit und flach ausgesprochenen Vokale erinnerten an die Redeweise der Menschen in Devon, jenseits des Tamar, und ihre Muttersprache war Englisch.

«Ach!» Philip bemühte sich, möglichst verdutzt auszusehen, ganz so, als hätte er nie im Leben mit einer solchen Situation gerechnet. «Wir sind in einer unangenehmen Lage. Mein Diener und ich sind nämlich schon seit mehreren Tagen unterwegs und rechneten damit, daß wir uns in Trenowth würden ausruhen können, doch unter diesen Umständen . . .» Er vervollständigte seinen Satz mit einem beredten kleinen Achselzucken, darauf schwieg er.

«Wartet hier, Herr», wies der zweite, zuvorkommende Mann uns an. «Ich werde Alwyn Steward direkt zu Euch schicken.»

Er eilte davon und kehrte nach etwa vier oder fünf Minuten mit dem Verwalter zurück, einem großen, hageren und leicht kahlköpfigen Mann, der so krumm ging, als müßte er sich ständig vorbeugen, um die Anfragen anderer Leute entgegenzunehmen. Er sah mich mit einem Blick aus seinen wäßrigen blauen Augen an und wandte sich dann gleich an

Philip, wodurch er bewies, wie recht mein Gefährte daran getan hatte, uns als Herr und Diener zu bezeichnen.

Nun wiederholte Philip seine Geschichte mit weitaus größerer Überzeugungskraft, da er nunmehr absolut sicher sein konnte, daß Sir Peveril nicht nach Hause zurückkehren und ihn bloßstellen würde. Bei seinem Bemühen, sich an Philips Namen zu erinnern, legte der Verwalter seine Stirn ein wenig in Falten. «Sir, Ihr sagt, daß Ihr ein Freund meines Herrn seid?»

«In London. Er und Lady Trenowth haben mich wiederholt aufgefordert, sie zu besuchen, wenn ich mich zufälligerweise in diesem Teil Cornwalls aufhalte.» Er stieg ab und zog Alwyn auf die Seite. Ich bemerkte, wie Silber aufblitzte, als er, wie ich annahm, dem Mann seine Beglaubigung, so eine wie Simon Whitehead sie in Händen hatte, als Beweis vorzeigte, und hörte, daß er die Worte «in Angelegenheiten des Königs» murmelte.

Der Verwalter blickte beeindruckt drein und war es später noch mehr, so vermute ich, als Philip ihn zur Geheimhaltung verpflichtete.

«Ihr müßt hereinkommen, Sir, und Euch hier ausruhen, so lange es Euch beliebt. Mein Herr und meine Herrin würden es mir nie verzeihen, wenn ich es unterließe, einem ihrer Freunde die Gastfreundschaft anzubieten. Sir Peveril wird bedauern, Euch verpaßt zu haben.»

Er ging uns durch den Bogen des Pförtnerhauses voran, wobei die Pferdehufe auf dem Kopfsteinpflaster hohl klangen, und bat uns zu warten, während er sich auf die Suche nach der Hausverwalterin machte. Nachdem er verschwunden war, nahm ich die Umgebung in Augenschein.

In zwei Flügeln des Vierecks, in jenem uns gegenüber und dem zu unserer Linken, befanden sich die Wohnräume der Familie, was ich aus der Tatsache schloß, daß sie einstöckig waren. Für eine große Kinderschar war reichlich Raum vorhanden, doch später erfuhr ich von der Hausverwalterin, daß die Ehe von Sir Peveril und Lady Trenowth nicht mit Kindern gesegnet worden war. Die Waschstube und die Milchküche lagen auf einer Seite des Torbogens, die Backstube lag auf der anderen. Die Türen standen offen und boten Einblick in die schwere Arbeit der Hausbediensteten. Es schien keinerlei Nachlässigkeit um sich zu greifen, nur weil Herr und Herrin sich außerhalb aufhielten, was auf zufriedene und gut behandelte Diener schließen ließ. Die köstlichen und appetitlichen Düfte, die aus einer offenen Tür in der rechten Ecke des Innenhofs strömten, deuteten darauf hin, daß die Küche nicht weit sein konnte. Vermutlich lag gleich daneben die Speisekammer, wie dies gewöhnlich der Fall ist. Bei dem niedrigen Gebäude zu unserer Rechten mußte es sich daher um die Unterkunft für das Gesinde handeln.

Der Verwalter kam zurück, indem er viel Wirbel machte und sich dafür entschuldigte, daß er uns habe warten lassen. In Sir Peverils und Lady Trenowths Abwesenheit obliege ihm nämlich die volle Verantwortung für die täglichen Arbeiten des Hauses.

«Ich habe mit Janet Overy gesprochen», sagte er, «und sie bereitet die Betten für Euch vor. Master Philip Underdown, Ihr erhaltet das Gästezimmer neben Sir Peverils Kammer, und für Euren Diener wird ein Feldbett aufgestellt. Es sei denn, natürlich, Ihr wünscht, daß er in der Unterkunft der Diener oder in der Küche schläft.»

Ich warf Philip einen warnenden Blick zu, der ihn davon abhalten sollte, für mich eine der beiden letzteren Unterbringungsmöglichkeiten ins Auge zu fassen. Ich konnte ihm anmerken, daß er mit einer solchen Lösung liebäugelte, und hätten ihn die jüngsten Zwischenfälle nicht beunruhigt, so hätte er aus einem verdrehten Sinn für Humor heraus wohl so entschieden. Dagegen sagte er ruhig: «Mein Diener schläft bei mir.»

Alwyn nickte. «Damit haben Mistress Overy und ich auch gerechnet.» Eine Tür der Gesindeunterkunft ging auf, und er wandte seinen Kopf dahin. «Ah! Da kommt ja Mistress Overy. Für den Augenblick überlasse ich Euch ihren fähigen Händen. Wenn Ihr untergebracht seid, so schickt nach mir. Ich muß jetzt gehen. Wenn der Master und Lady Trenowth nicht da sind, gibt es so viel für mich zu tun.»

Er eilte geschäftig hin und her, durchquerte hastig den Innenhof, wobei der Saum seines Gewandes um seine dünnen Knöchel schlug, und verschwand schließlich durch den Haupteingang über eine flache Treppenflucht, die das Kellergewölbe überspannte. Philip und ich wandten unsere Aufmerksamkeit der Hausverwalterin zu.

Sie war eine hübsche Frau, die nicht mehr in der Blüte ihrer Jugend stand. Ich schätzte sie auf etwa Mitte Dreißig. Sie trug ein schwarzes Wollkleid mit einer Schürze und einem Halstuch aus feinem, weißem Linnen. Ihr Haar war mit einer schwarzen Seidenhaube bedeckt, doch eine darunter hervorschauende Haarsträhne zeigte, daß es von der hellen Farbe der Angelsachsen war, worauf ihre blauen Augen und ihre helle Haut bereits hingedeutet hatten. Ein dicker Schlüsselbund an ihrem Gürtel betonte die Wichtigkeit ihrer Rolle im Haushalt. Sie zeigte uns ein sehr freundliches Lächeln, dennoch lag ein stählerner Schimmer in ihren Augen und ein entschlossener Zug um ihren Mund, der jedem Untergebenen, der seinen Rang vergaß, Unheil verkündete. Sie machte auf mich den Eindruck einer fähigen Frau und einer, der ich lieber aus dem Weg ging.

Sie hatte sich uns bis auf wenige Schritte genähert, als sie innehielt, ihre Augen zusammenkniff, ganz so als wollte sie uns besser in Augenschein nehmen. Die frühe Morgensonne schien ihr voll ins Gesicht, und sie machte einen Schritt zur Seite in den Schatten des Torhauses hinein, damit sie uns besser betrachten konnte.

«Ihr!» sagte sie und starrte Philip an.

Er erwiderte ihren prüfenden Blick mit Interesse und fühlte sich von ihr angezogen, so wie er sich, seinem eigenen Geständnis nach, von jeder gutaussehenden Frau angezogen fühlte. «Kennen wir uns denn?» fragte er lächelnd.

Die Hausverwalterin lachte – ein kehliger und musikalischer Klang – aus vollem Hals und mit aufrichtigem Vergnügen.

«Oh, das eigentlich nicht. Aber ich habe Euch zuvor schon einmal in dieser Gegend gesehen, vor vier oder fünf Jahren vielleicht . . . Bestimmt, da irre ich mich nicht.» Sie neigte ihren Kopf zur Seite und blickte ihn mit offenkundiger Bewunderung an. «Ich bin mir sicher, daß ich einen gutaussehenden und gutgebauten Mann wie Euch nicht mit irgend jemand anderem verwechsle. Habe ich recht?»

Daraufhin lachte er. Ich beobachtete, wie seine Eitelkeit wuchs und seine Brust vor Stolz anschwoll, nur weil sie sich an ihn erinnerte.

«Ihr habt recht. Mein Bruder – Gott habe ihn selig! – war damals mit mir unterwegs. Wir waren Händler, kauften und verkauften. Doch ich kann mich nicht erinnern, Euch zu jener Zeit in Trenowth gesehen zu haben.»

«Da war ich noch nicht hier. Ich habe am anderen Ufer gewohnt, in Devon. Damals war ich Witwe, was ich übrigens immer noch bin, doch heutzutage habe ich dieses behagliche Quartier. Jedoch», fügte sie hinzu, als sie sich an ihre Aufgaben erinnerte, «können wir uns später unterhalten, wenn Ihr Euch erfrischt und gegessen habt. Bitte folgt mir, Master Underdown, und Euer Diener auch, wenn er mag. Ich zeige Euch Euer Quartier.»

8

Wir wurden in einer Eckkammer über dem großen Saal untergebracht, deren einzige Tür auf einen schmalen Flur ging, der zum Absatz des Haupttreppenhauses führte. Auf dem Korridor gab es noch eine weitere Gästekammer, die aber zur Zeit leer stand.

«Wenn die Herrschaft außer Haus ist, haben wir nur wenige Gäste», sagte Janet Overy, als sie uns beide hineingeleitete. «Alwyn Steward und ich waren der Ansicht, daß diese Kammer wegen des Fensters die angenehmere von beiden ist.» Sie zeigte auf den geöffneten Fensterladen, der die frühe Oktobersonne durch das Bleiglasfenster hereinließ, ein unüblicher Luxus in einem Zimmer im oberen Stock, und doppelt unüblich in einer Schlafkammer. «Sir Peveril hat sie im letzten Jahr so einrichten lassen, als wir die Ehre hatten, den Sheriff für zwei oder drei Nächte bei uns zu beherbergen. Während Ihr frühstückt, stellen meine Leute noch ein Feldbett auf. Euer Frühstück, Master Underdown, wird im großen Saal gerichtet.» Sie nickte mir zu. «Und du kannst in die Küche gehen.»

Philip schüttelte den Kopf. «Wenn es Euch recht ist, Mistress, werde ich mit Roger in der Küche essen. Mir ist nicht danach zumute, irgendwo alleine zu sitzen. Dies gilt für sämtliche Mahlzeiten während meines Aufenthalts, der, soweit ich absehen kann, eine Woche dauern wird. Der Verwalter weiß genau darüber Bescheid. Da fällt mir gerade ein, daß ich nach dem Frühstück mit ihm reden muß.» Er besah das Bett, die Truhe aus Zedernholz in einer Ecke, den Nacht- tisch, auf dem ein Zinnkrug sowie ein Untersatz aus Zinn für die «Nachtration» bereitstanden. «Wo ist der Abtritt?»

«Am Ende des Flurs, gleich beim obersten Treppenabsatz. Eins der Mädchen bringt noch Wasser zum Waschen, und im Hof gibt's eine Pumpe für Euren Diener, wenn er es wünscht.» Janet Overy blickte mich an, als nähme sie meine Person zum erstenmal selbständig und nicht nur als Diener von Philip Underdown wahr. Ich hatte den Eindruck, daß sie etwas überrascht schien, als wäre ich irgendwie anders, als sie es erwartet hatte. Doch es war ein so flüchtiger Eindruck, daß ich zu dem Schluß kam, ich müsse mich getäuscht haben. Sie fügte hinzu: «Kommt nach unten in die Küche zum Früh- stück, wenn Ihr soweit seid. Ich werde auf Euch warten.» Sie verließ die Kammer und schloß die Tür hinter sich.

Philip warf sich aufs Bett und kicherte. «War das nicht eine gute Idee von mir? Eine bequeme Unterkunft, so lange es mir gefällt. Tut mir leid, dir die Rolle des Dieners zuschustern zu müssen, aber es hätte merkwürdig ausgesehen, wenn ich ohne Diener reisen würde.»

Sein Ton war vergnügt, und ich vermutete, daß es ihm ganz und gar nicht leid tat. Es verschaffte ihm ein Gefühl der Macht und gab ihm etwas von jenem Stolz zurück, den mei- ne aufgezwungene Anwesenheit untergraben hatte. Ich schwieg und ging ans Fenster, öffnete es und sah hinaus. Da dies die Südseite des Hauses war und das Klima in Cornwall im allgemeinen mild ist, hatte jemand irgendwann einmal dicht an die Mauer Rebstöcke gepflanzt. Diese waren die Jahre über so stark und stämmig gewachsen, daß sich die Ranken und Blätter um drei Seiten der Fensteröffnung wan- den. So war nur noch ein einziger Fensterladen beweglich. Der Blick fiel auf einen freien Streifen Weideland, das zu den bewaldeten Flußufern und zum breiten, ausgetretenen Pfad, auf dem wir am Morgen hergeritten waren, steil abfiel.

Ich atmete tief durch. Die Luft war süß und mild, und ich konnte die Düfte des Flusses riechen, der irgendwo unter uns versteckt vom fernen Hochland zur offenen See dahinströmte. Dann, auf Philips ungeduldigen Einwurf hin, wandte ich mich wieder ins Zimmer und machte mich daran, mein Bündel auszupacken. Nicht daß es viel auszupacken gegeben hätte, und bald war auch das erledigt. Mein Hemd zum Wechseln warf ich auf die Truhe, und mein Messer mit dem schwarzen Griff, das mir in so vielen Situationen treu gedient hatte, steckte ich in den Gürtel an meinem Beutel mit den wenigen Geldmünzen. Ich nahm meinen Knüppel in die Hand.

«Bei allen Heiligen, weshalb schleppst du den denn mit?» wollte Philipp gereizt wissen. «Laß ihn hier.»

Halsstarrig wie ich war, schüttelte ich den Kopf. «Nachdem wir gefrühstückt haben, sehen wir uns einmal um. Ich fühle mich sicherer, wenn ich ihn bei mir habe.»

Philip zuckte die Achsel. «Wie du willst. Gehen wir, denn ich muß mal. Auf dem Weg nach unten geh ich auf den Abtritt.»

Wir benutzten ihn beide, und nachdem wir uns erleichtert hatten, stiegen wir die Stufen hinab, durchquerten den großen Saal und den Innenhof und traten in die Küche. Sie war voller Leute, da es offenbar jene Tageszeit war, zu der die Dienerschaft frühstückte, nachdem sie die ersten Arbeiten des Tages erledigt hatte. Eine Küchenmagd rührte in einem großen Topf, der über dem Feuer hing, während eine andere die noch heißen Brotlaibe auspackte, die sie soeben in einem Korb von der Backstube herübergetragen hatte. Die beiden Männer, die die Mehlsäcke abgeladen hatten, als wir angekommen waren, saßen auf einer Bank an einer der Wände und hielten ihre Becher und Löffel erwartungsvoll in Händen. Alwyn, der Verwalter, beaufsichtigte eine dritte, junge Küchenmagd, der er gereizt Anweisungen gab, während sie seinen Platz in der Mitte der Tafel deckte, wogegen Janet Overy ruhig von einem Platz zum nächsten ging und kontrollierte, ob alles seine Richtigkeit hatte. Doch keiner von ihnen zog unsere Aufmerksamkeit dermaßen auf sich wie eine Frau, die bereits am Kopfende des Tisches Platz genommen hatte, ein wenig abseits von ihren Gefährten saß und einen Apfel aß.

«Jesses!» stieß Philip mir schwer atmend ins Ohr. «Welch eine Schönheit!»

Und wirklich, seine Begeisterung war nicht aus der Luft gegriffen. Zu meiner Zeit habe ich einige schöne Frauen gekannt, doch nur wenige konnten es mit der rothaarigen, grünäugigen Sinnlichkeit Isobel Wardens aufnehmen – denn mit diesem Namen wurde sie uns vorgestellt.

«Sie ist die Frau unseres Gutsverwalters Edgar», sagte Janet Overy – mit einem warnenden Unterton, wie ich herauszuhören vermeinte.

Doch falls sie beabsichtigt hatte, uns zu warnen, so überhörte Philip diese Warnung geflissentlich. Isobel Warden war eine zu große Versuchung, als daß er ihr hätte widerstehen können. Er ging auf sie zu, um sich neben sie zu setzen, und schwenkte seine Beine schwungvoll über die Bank. Seine Halsschlagader war auf die Dicke einer Kordel angeschwollen. Die Frau – denn so jung sie zweifellos auch war, so konnte man sie doch nicht mehr ein Mädchen nennen – sah ihn von der Seite her an. Philip legte einen Arm um ihre Taille und drückte sie an sich. Isobel wehrte sich nicht dagegen.

Sie war eine außergewöhnlich unerschrockene Frau, und mir scheint, nie zuvor bin ich einer solchen wie ihr begegnet. Die übrigen Mitglieder des Haushalts hatten sich offenbar an sie gewöhnt, mißbilligten ihr Verhalten jedoch dafür nicht weniger. Janet Overy runzelte die Stirn, und Alwyn blickte an seiner Nase hinab, ganz so als wäre ihm soeben ein Duftschwaden aus dem Abwasserkanal in die Nase gestiegen. Die drei Küchenmädchen begannen auf eine gekünstelte Weise zu kichern, die eher auf Verlegenheit als auf wirkliche Belustigung hindeutete, während die beiden Männer einander verärgert etwas zumurmelten. Es war nicht schwer zu erraten, daß ihre Sympathien auf seiten des abwesenden Ehemanns lagen.

Die Wirtschafterin nahm eine Schale mit dickem Haferschleim von einem der Mädchen entgegen und stellte sie vor Philip auf den Tisch. «Eßt das, Master Underdown», sagte sie, «und laßt Isobel in Ruhe. Sie hat einen Mann, der sehr eifersüchtig ist.» Sie lächelte besänftigend. «Es gibt reichlich alleinstehende Frauen oder Witwen, so wie mich, die ein Mann einem anderen nicht wegstehlen muß.»

Philip lachte, und ich sah ihn stirnrunzelnd an, als ich mich neben ihn setzte. Er warf mir einen spöttischen Blick zu, und wie um uns alle herauszufordern, legte er seinen Arm wieder um Isobel Wardens wohlgeformte Taille. «Du hast doch nichts dagegen, Kleine, oder?» fragte er und fügte, zu uns gewandt, hinzu: «Sie mag mich.»

Während er sprach, fiel ein Schatten quer über die offene Eingangstür. Der noch junge Mann mit lockigem, schwarzem Haar und von großer Gestalt, der seine Hände zu zwei beachtlichen Fäusten geballt hatte, stieß einen zornerfüllten Schrei aus.

«Laß meine Frau in Ruhe!» rief er, war mit zwei großen Schritten bei Philip, hob ihn von der Bank hoch, wirbelte ihn herum und schickte ihn mit einem famosen Kinnhaken zu Boden. Das alles geschah so geschwind, daß niemand, auch ich nicht, dazwischentreten konnte.

Jedoch war ich schnell genug, um die Gestalt meines Gefährten am Boden wieder aufzurichten, bevor der in Rage geratene Herkules sich erneut auf ihn stürzen konnte, denn seine Hände hielt er so gekrallt, als wollte er als nächstes Philip erdrosseln. Statt dessen umklammerten sie meine Oberarme.

«Aus dem Weg!» sagte der Gutsverwalter mit donnernder Stimme.

«Dann bekommst du's mit mir zu tun», entgegnete ich.

«Schluß jetzt mit dieser ungebührlichen Prügelei!» Alwyn ging mit dem weißen Stab des Hausverwalters zwischen uns. «Edgar, dieser Mann ist ein Freund Sir Peverils, und du wirst ihn so behandeln, als wäre unser Herr im Haus. Vergiß nicht, was ich dir gesagt habe, oder ich muß dich entlassen. Und was Euch betrifft, Sir,» fuhr er fort, indem er sich an Philip wandte, der würdelos auf die Beine zu kommen trachtete, «so seid bitte so freundlich, unseren Frauenzimmern die angemessene Höflichkeit entgegenzubringen. Und du, Frau», sagte er noch, als er sich zu Isobel drehte, «versuche dich daran zu erinnern, daß du jetzt verheiratet bist, und hebe deine Gunstbeweise für deinen Ehemann auf.»

Hätte ich nicht mit eigenen Augen gesehen, daß ein harmlos aussehender Mensch über eine solche Autorität zu gebieten vermochte, ich hätte es wahrlich nicht geglaubt. Edgar schaute noch immer dermaßen mürrisch drein, als sänne er auf Rache, doch schließlich setzte er sich ohne Widerrede an den Tisch und begnügte sich damit, seiner Ehefrau einen Blick zuzuwerfen, der nichts Gutes verhieß. Auch Philip nahm seinen Platz wieder ein, obwohl seine Wunde und sein angeschwollenes Kinn das Vergnügen beim Essen in den folgenden Tagen schmälern sollten. Nur der Anlaß der ganzen Auseinandersetzung schien von den Ermahnungen des Hausverwalters ungerührt: Isobel aß gelassen ihren Apfel.

Mistress Overy wollte Philips Verletzung sofort versorgen, doch er winkte sie fort, denn er war entschlossen, seine Verwundung herunterzuspielen. In der Tat war nämlich sein Stolz sehr viel stärker verletzt worden als sein Körper, was ich an seinem zornigen Gesichtsausdruck ablesen konnte. Nun, das hatte er sich selbst zuzuschreiben. Mir stand nicht der Sinn danach, mein Mitgefühl an ihn zu verschwenden.

Wir nahmen unser Frühstück zu uns. Es herrschte eisiges Stillschweigen. Nur die Haushälterin und ich selbst waren um eine Unterhaltung bemüht. Nachdem wir zu Ende gegessen hatten, kündigte Philip an, er wolle sich in seiner Kammer ein wenig aufs Ohr legen. Ich folgte ihm über den Innenhof, durch den großen Saal und die enge Wendeltreppe in die oberen Räume hinauf. Verärgert drehte er sich nach mir um.

«Müssen wir überallhin zusammen gehen?»

Ich erwiderte kühl seinen Blick. «Das ist doch wohl am gescheitesten, oder etwa nicht?»

Erst zögerte er, dann zuckte er die Achseln. «Unter diesen Umständen vielleicht.» Er ging auf sein Bett zu. «Der Nachtritt hat mich sehr müde gemacht. Ich leg mich etwas hin.» Er lachte unangenehm. «Wie schade, daß das Feldbett noch nicht aufgebaut ist!» Plötzlich hielt er inne und starrte zum offenen Fenster hinaus. «Da draußen zwischen den Bäumen ist etwas.» Er drehte sich um und packte mich am Arm. «Ich habe ihn gesehen.»

Ich versuchte, ihn zu beruhigen, obwohl mein Herz unangenehm schnell schlug. «Vermutlich ist es einer von Sir Peverils Leuten. Du hast gehört, was Mistress Overy beim Frühstück gesagt hat. Die Getreidemühle, das Sägewerk und die Schmiede sind alle außer Sichtweite des Haupthauses und befinden sich am Rande des Gutes. Daher müssen die Leute zwangsläufig hin und her gehen.»

Philip schüttelte den Kopf. «Nein. Dieser Mann hat bemerkt, wie ich nach ihm Ausschau hielt, und sich sofort hinter einem der Bäume versteckt. Am besten siehst du mal genauer nach. Ich bleibe hier. Dir selbst wird schon nichts geschehen.»

«Na, gut», erwiderte ich widerstrebend. «Aber verriegle die Tür hinter mir.»

Ich nahm meinen Knüppel und ging wieder nach unten. Als ich auf meinem Weg zum Eingang des Pförtnerhauses den Innenhof überquerte, hörte ich meinen Gaul im Stall neben den Gesindeunterkünften leise wiehern. Es überraschte mich, wie sehr ich mich an sein Wiehern und an seinen Geruch gewöhnt hatte und auch daran, sein Fell zu streicheln. Nur ungern würde ich mich von ihm trennen, wenn die Zeit gekommen war, da ich ihn wieder im Stall des Bischofs von Exeter abliefern mußte. Ich geriet in Versuchung, nach ihm zu sehen, um mich zu vergewissern, daß er nach dem langen Nachtritt ausgiebig zu fressen und zu trinken bekommen hatte. Doch andererseits war mir bewußt, daß ich unserem Eindringling, wenn es denn einen gab, nicht die Gelegenheit bieten durfte, das Weite zu suchen, und in jedem Fall konnte ich mich darauf verlassen, daß Sir Peverils Stallbursche seine Arbeit gut versah.

Eine der Wäscherinnen kam aus der Waschküche und trug einen Korb mit Wäsche unter dem Arm. Sie wünschte mir einen guten Tag und folgte mir durch den Torbogen auf die Wiese, wo sie damit begann, die Wäschestücke auf dem Gras zum Trocknen auszubreiten. Auf meinem Weg gelangte ich zu der Baumgruppe, die den Pfad zum Fluß überragte, verlangsamte meinen Schritt und spähte vorsichtig von einer Seite zu anderen. Das helle Sonnenlicht verblaßte im verschlungenen Laubwerk über mir. Die Blätter verfärbten sich bereits, und wenn eine Brise sie gelegentlich losriß, segelten sie wie dünne Flocken aus getriebenem Kupfer zu Boden.

Ich umklammerte meinen Knüppel fester, verließ den Pfad und begann, durch das Gestrüpp zu streifen, wo der Laubkompost noch an den Baumstämmen und den Wurzeln der jungen verkümmerten Bäume klebte, denen es nicht gelungen war, sich zum Licht hin zu orientieren. Es war sehr still, und hin und wieder hielt ich inne, wobei ich nichts anderes hörte als das Pochen meines Herzens. Einmal vernahm ich auf dem nunmehr meinen Blicken verborgenen Weg das Rumpeln eines Karrens und den Ruf des Fuhrmanns, der seinen Helfer anwies, dafür zu sorgen, daß «das Holz hinten auch gut festgemacht» sei. Der Karren transportierte für den kommenden Winter Feuerholz von der Sägerei zum Herrenhaus.

Ich hatte nicht das Gefühl, beobachtet zu werden, sondern vielmehr den Eindruck, vollkommen allein zu sein. Trotz des Erlebnisses nach dem Übersetzen an der Fährstelle war ich zunehmend davon überzeugt, daß Philip in Wahrheit gar nichts gesehen, sondern mich absichtlich aus dem Haus geschickt hatte, damit er sich in aller Ruhe um Isobel Warden kümmern konnte. Nunmehr hatte er sich wohl vorgenommen, sich am Gutsverwalter zu rächen, und wie konnte er dies besser bewerkstelligen, als wenn er dessen Ehefrau verführte? Der gesunde Menschenverstand sagte mir, daß selbst Philip Underdown nicht so närrisch wäre, dennoch stürzte ich zwischen den Bäumen hindurch und rannte den Pfad zum Herrenhaus hinauf, ganz so als wäre der Leibhaftige mir auf den Fersen. Ich rannte über den Innenhof und durch den großen Saal, hastete die Treppe hinauf, drei Stufen auf einmal nehmend, und stürzte in unsere Kammer . . .

Philip lag ausgestreckt auf dem Bett, schlief tief und schnarchte.

Da ich mir töricht vorkam und mich wegen meines albernen Verdachts schämte, schloß ich leise die Tür und fragte mich, was ich als nächstes unternehmen konnte. Es schien mir sinnlos, sogleich in den Wald zurückzukehren, um dort meine Suche fortzusetzen. Falls tatsächlich jemand dort gewesen sein sollte, so hatte er sich längst aus dem Staub gemacht, nachdem er durch meine geräuschvolle Suche aufgestört worden war. Obwohl seit dem Frühstück nicht einmal eine Stunde vergangen war, hatte ich durch den Ausflug Hunger bekommen. Ich machte mich zur Küche auf, in der Hoffnung, dort noch etwas zu essen zu finden.

Der Innenhof war inzwischen voller Leben: Menschen kamen und gingen ihrem Tagewerk nach, doch die Küche lag im Augenblick verlassen da, bis auf Janet Overy, die an einem langen Tisch am anderen Ende des Raums stand und die Früchte des Tages überprüfte, die einer der Männer ihr offenbar aus dem Garten auf der Rückseite des Herrenhauses gebracht hatte. Als sie mich kommen hörte, drehte sie sich um und lächelte.

«Bist du hungrig?» fragte sie, indem sie ihre Hände an einem Tuch abstreifte und mir entgegenkam.

«Wie kommt Ihr darauf?» fragte ich verlegen. «Beim Frühstück habe ich doch für zwei gegessen.»

Sie lachte. «Ach, erzähl mir doch nichts! Ein großer Kerl wie du kann ständig Nachschub vertragen. Ich weiß das, ich war nämlich mal mit so einem verheiratet.» Sie bat mich, Platz zu nehmen und setzte mir Brot und Käse sowie einen Teller mit Mandelplätzchen vor, die sie, wie sie mir sagte, am Morgen selbst gebacken hatte. Dann füllte sie einen Humpen mit Ale, das sie aus einem Faß in der Ecke frisch zapfte, und setzte sich zu mir an den Tisch. Sie war erhitzt und errötet von der Wärme in der Küche, und ich glaube, sie war ganz froh, sich einen Augenblick ausruhen zu können. «Du erinnerst mich irgendwie an meinen Ehemann», fügte sie hinzu.

«Seid Ihr seit langem Wittfrau?» fragte ich, den Mund voller Brot und Käse.

Ihre Miene trübte sich. «Acht oder neun Jahre schon. Vielleicht noch länger. Die Zeit verrinnt so schnell. Es fällt schwer, sie nicht aus den Augen zu verlieren. Hugh war Fischer und besaß ein eigenes Boot. Er und zwei seiner Leute blieben auf See, genau eine Woche, bevor unser Sohn geboren wurde.»

Ich wollte gerade den Humpen an die Lippen führen, doch ich hielt inne und streckte eine Hand aus, um sie auf die ihre zu legen. «Das tut mir leid. Aber der Sohn wird Euch wohl ein großer Trost sein.»

Ich wußte, daß ich etwas Falsches gesagt hatte, als ich ihre erschrockene Miene sah. Es war, als führe ihr der Tod wie ein Schatten vom Kinn bis zu den Augenbrauen übers Gesicht und vertriebe alles Leben daraus.

«Ich habe ihn verloren», sagte sie, «als er fünf Jahre alt war. Einer der hübschesten Buben, die man je gesehen hat, mit hellem Haar und blauen Augen, genau wie du. Aber jetzt ist's genug mit mir und meinen Angelegenheiten.» Sie sprach mit einer solch entschlossenen und bestimmten Heiterkeit, daß ich mich nicht traute, das Thema weiter zu verfolgen. «Erzähl mir lieber von dir. Was ist dein Geschäft mit Master Underdown? Du bist zu jung, um bereits in den alten Zeiten mit ihm zu tun gehabt zu haben.»

Diese Frage hatte ich erwartet und mir schon überlegt, wieviel von der Wahrheit ich ihr mitteilen konnte, falls sie danach verlangte. Ohne jeden Zweifel stand fest, daß Alwyn bis zu einem gewissen Ausmaß der Adressat von Philips Vertraulichkeit gewesen war, und ich war mir unsicher, inwiefern man sich darauf verlassen konnte, daß er Mistress Overy nichts weitererzählte, die ihm an Rang und Wichtigkeit unter den Bediensteten am nächsten stand. Falls Philip und ich seit Plymouth verfolgt worden waren, konnte andererseits die zusätzliche Wachsamkeit eines weiteren Augenpaars nicht schaden und sogar dazu beitragen, jeglicher Gefahr zuvorzukommen. Zudem begann die Verantwortung für die Sicherheit meines Gefährten schwer auf meinen Schultern zu lasten. Aus den zwei Tagen, die der Herzog mir abgerungen hatte, waren bereits fünf geworden, nicht eingerechnet die noch kommenden Tage. Ich mußte meine Last mit jemandem teilen, und Mistress Overy erinnerte mich sehr an meine Mutter, obwohl sie selbstverständlich viel jünger war. Sie besaß dieselbe Art von Gelassenheit, die darauf gründete, daß sie die Antworten auf alle Fragen wußte, die das Leben stellt, und auch die Fähigkeit besaß, Geheimnisse aus einem herauszulocken, selbst wenn man sich fest vorgenommen hatte, nichts zu sagen. Ich wußte, daß ich mich vermutlich niemandem anvertrauen durfte, doch mein Wunsch, mich mitzuteilen, gewann schließlich die Oberhand.

Ich warf einen Blick zurück über meine Schulter, um mich zu vergewissern, daß wir noch immer allein waren, blickte nervös zur offenen Tür und zum Fenster hinüber, senkte die Stimme, bis sie nur noch als Flüstern zu vernehmen war, und begann mit meiner Geschichte.

9

Als ich mit dem Erzählen zu Ende war, stand Janet Overy auf und füllte meinen Humpen nach, dann setzte sie sich wieder an ihren Platz und faltete die Hände vor sich.

«Eine bemerkenswerte Geschichte», sagte sie, «hinter der sich eine andere verbirgt, die Ihr mir nicht erzählt habt. Denn weshalb sonst hätte eine so hochrangige Persönlichkeit wie der Bruder des Königs Euch für einen solchen Auftrag ausgewählt? Ich versichere Euch, daß ich gewiß jeden Fremdling in der Umgebung des Herrenhauses genauer in Augenschein nehmen werde. Und was diesen Silas Bywater angeht, so glaube ich, den Mann zu kennen, den Ihr meint. Ich erinnere mich, ihn einmal in Gesellschaft von Master Underdown gesehen zu haben, als ich nach Plymouth zum Einkaufen war. Damals war ich mit meinem Sohn zusammen dort.» Abrupt wechselte sie das Thema, da sie vor schmerzlichen Erinnerungen zurückschreckte.

«Ihr behaltet für Euch, was ich Euch erzählt habe», bat ich sie dringend. «Obwohl ich glaube, daß Alwyn etwas davon erfahren hat.»

Sie lächelte. «Ich tratsche nicht mit den Küchenmädchen . . . Was war das?» Sie stand plötzlich vom Tisch auf, indem sie einen Finger zur Warnung in die Höhe hielt. Mit leisen Schritten ging sie zur Tür und sah sich draußen um, während ich ihr besorgt hinterherblickte. Nach einigen Augenblicken drehte sie sich um und schüttelte den Kopf. «Da draußen ist gar niemand. Ich höre nichts. Auf jeden Fall», fügte sie voller Optimismus hinzu, «glaube ich nicht, daß uns jemand hat belauschen können. Wir haben ganz leise geredet.»

Erleichtert, allerdings nicht vollkommen überzeugt, ging ich selbst draußen nachsehen. Im Innenhof ging es nach wie vor lebhaft zu – das Holz, dessen Beförderung mit dem Karren ich zuvor auf dem Pfad wahrgenommen hatte, wurde nun entladen und in einem Kellergewölbe gestapelt –, doch in der Nähe der Küche war niemand. Ich ging wieder nach drinnen, um die übriggebliebenen Mandelplätzchen aufzuessen. Dabei fiel mir etwas ein, und ich öffnete den Beutel an meinem Gürtel und zog die schlaffe Knöterichwurzel daraus hervor.

«Silas Bywater bat mich, Master Underdown dies zu geben. Sagt Euch das etwas?»

Die Haushälterin nahm sie in die Hand und betrachtete sie erst neugierig, dann schüttelte sie den Kopf. «Es ist Knöterich, wie Ihr mir gesagt habt. Ein ganz gewöhnliches Unkraut eben.»

«Meine Mutter hat mir mal gesagt, Knöterich sei giftig.»

Mistress Overy blickte zweifelnd drein. «Davon habe ich noch nie etwas gehört. Aber ich bin nicht allwissend», gab sie gelassen zu, «und Eure Mutter könnte recht haben.» Sie neigte ihren Kopf zur Seite und sah mich an. «Ich dachte, Philip Underdown hätte es weggeworfen, nachdem Ihr es ihm gezeigt habt. Wenn dies der Fall war, wieso tragt Ihr es dann mit Euch herum?»

«Ich habe es aufgehoben und in meinen Beutel getan, als er gerade nicht hinguckte. Fragt mich nicht, warum. Ich nehme an, ich wollte einfach wissen, was es damit für eine Bewandtnis hat und weshalb er so darauf reagierte. Es war deutlich zu sehen, daß es ihm etwas sagte, obwohl er dies heftig bestritt. Bis zu diesem Augenblick habe ich nicht mehr an das Unkraut gedacht. So, jetzt will ich es loswerden.»

Ich ging mit dem Unkraut zur Tür und warf es nach draußen. Eine Windbö fing es auf, wirbelte es in die Luft und ließ es dann im Innenhof auf die Erde fallen.

«Ich habe Euch von Eurer Arbeit abgehalten», sagte ich. «Dank Euch für Speis und Trank und auch für die Gesellschaft. Ich muß jetzt gehen.»

«Ruht Euch gut aus», empfahl sie mir, «so wie Euer sogenannter Herr. James und Luke müßten inzwischen das Feldbett in Eurer Kammer aufgebaut haben. Ich schicke einen von ihnen, um Euch zu wecken, falls ich irgend etwas Verdächtiges sehe oder höre. Da Ihr die ganze Nacht nicht geschlafen habt, müßt Ihr sehr müde sein.»

Das bestätigte ich und dankte ihr erneut. Ich war froh, daß ich ihr die Wahrheit gesagt hatte. Janet Overy war eine tüchtige Frau, und ich verließ mich darauf, daß sie tat, was sie mir versprochen hatte. Überdies gab es ein gutes, starkes Schloß an der Tür unserer Schlafkammer und einen Schlüssel dazu. Weder Philip noch ich konnten von irgend jemandem überrascht werden, vorausgesetzt, ich schloß auch das Fenster, denn die Weinreben bereiteten mir Sorge. Als ich in unserer Kammer war, stellte ich fest, daß das Feldbett wirklich an einer Wand aufgebaut worden war, doch das schien meinen Gefährten kaum gestört zu haben, denn nach wie vor schnarchte er kräftig.

Ich legte meinen Knüppel nieder, streifte die Stiefel ab und ließ mich, ohne mir die Mühe zu machen, mein Wams auszuziehen, auf die schmale Matratze fallen. Bald schlief ich so tief wie Philip. Und, soviel ich wußte, schnarchte ich genauso laut wie er.

Die Sonne stand hoch am Himmel, als ich aufwachte, und schien durch die Bleiglasscheiben des Fensters. Philip saß auf seinem Bett und beobachtete mich genau.

«Ah», sagte er, als er seine Beine vom Bett auf den Boden schwenkte, «endlich bist du wach! Ich habe nachgedacht.»

Ich achtete kaum auf seine Worte, denn mich beschäftigte die jähe Erkenntnis, daß ich das eine Gefängnis, das *Turk's Head*, gegen das andere, Trenowth Manor, eingetauscht hatte, und daß mir noch eine weitere Woche in Gesellschaft von Philip Underdown drohte, bevor ich endlich von meinem Auftrag erlöst war. Vielleicht dauerte es sogar noch länger, falls die Situation am St. Michael's Mount König Eduard davon überzeugte, daß die *Falcon* bleiben mußte, wo sie war. Ich dachte sehnsüchtig an die offenen Straßen und daran, wie sorgenfrei ich war, wenn ich von Dorf zu Dorf wanderte und meine Waren feilbot. Hätte ich mich am letzten Donnerstagmorgen anders entschieden und Exeter keinen Besuch abgestattet, so müßte ich jetzt nicht einen Mann bemuttern, der mir immer unsympathischer wurde.

Ich bemerkte, daß Philip mir einen Gegenstand zuwarf. «Da», sagte er, «du nimmst es.»

«Wie? Was?» fragte ich stammelnd, während ich versuchte, meine Gedanken beisammenzuhalten.

Vor Wut spuckte er beinahe. «Kein Wort hast du gehört von dem, was ich dir gesagt habe. Ich will, daß du den Brief des Königs aufhebst, bis in der nächsten Woche für mich die Zeit gekommen ist, in Plymouth an Bord zu gehen – falls bis dahin alles gutgeht.» Seine einschränkende Bemerkung war wie ein unangenehmes Echo auf meine eigenen Überlegungen. «Bring ihn irgendwo sicher unter.»

«Warum?» fragte ich und machte keinerlei Anstalten, den Brief von ihm entgegenzunehmen.

«Das habe ich dir soeben erklärt, als du mit deinen Gedanken wer weiß wo warst. Also noch einmal: falls – was der heilige Michael und all seine Engel verhindern mögen! – mir irgend etwas zustoßen sollte, so würde mein Angreifer bei mir zuallererst danach suchen. Niemand», hierbei grinste er höhnisch, «würde den Brief bei dir vermuten. Tu ihn in deinen Beutel und schütze ihn mit deinem Leben.» Mit dem Blick, den er mir zuwarf, gab er mir zu verstehen, daß es sich dabei um kein allzu wertvolles Gut handelte.

Ich erkannte die Überzeugungskraft seines Arguments und war doch etwas überrascht, daß er bei seiner Mission soviel Umsicht und Planung walten ließ. Bisher hatte er, trotz allem, was ihm widerfahren war, so getan, als wäre er gegen jede Gefahr gefeit. Doch schließlich fing er an, sich wie ein empfindsamer Mensch zu verhalten, der sich seiner Verantwortung bewußt ist. Daher sah ich meine Aufgabe nicht darin, ihn zu entmutigen. Den Brief mit dem königlichen Siegel nahm ich an mich und steckte ihn, wie gewünscht, in meinen Beutel. Nunmehr fühlte ich die Bürde noch schwerer auf mir lasten, als hätte sie sich verzehnfacht.

Plötzlich fiel mir ein, daß er sich noch nicht nach dem Fremdling erkundigt hatte, den er am Morgen durch das Fenster gesehen hatte. Ein merkwürdiges Versäumnis für jemanden, der sich bei dieser Gelegenheit so sehr geängstigt hatte. Jetzt, da ich wieder daran dachte, kam es mir zudem merkwürdig vor, daß er nicht so lange wach geblieben, bis ich ihm Meldung über das Ergebnis meiner Suche gemacht hatte, sondern auf dem Bett eingeschlafen war. Erneut wurde ich von meinem früheren Unwohlsein übermannt. Womit hatte er sich während meiner Abwesenheit beschäftigt?

«Isobel Warden», begann ich unvermittelt, dann zögerte ich.

«Was ist mir ihr?»

«Es wäre töricht, sich den Ehemann zum Feind zu machen. Feinde haben wir schon genug. Den Gutsverwalter mutwillig gegen uns aufzubringen, trägt uns nur unnötigen Ärger ein.»

Seine Lippen verzog er noch mehr. «Glaubst du, ich bin ein Narr? Darauf bin ich schon von selbst gekommen.»

«Ich glaube, du bist ein Hitzkopf und handelst voreilig, wenn man dich provoziert. In diesem Fall allerdings ging die Provokation von dir aus.»

Er drehte seinen Kopf so, daß das Licht vom Fenster auf seine aufgeplatzte Lippe und sein geschwollenes Kinn fiel. «Nennst du dies etwa keine Provokation?»

«Nein, eher Vergeltung. Du wußtest doch, daß die Lady verheiratet war, bevor du sie angerührt hast.»

Philip lachte und setzte sich auf seine Bettkante. «Heilige Mutter Maria, behüte uns! Was für ein prüder und frommer junger Mann du doch bist, Roger Chapman! Und solltest du wirklich glauben, Isobel Warden sei eine Lady, so laß dir sagen, daß du dich irrst. Wenn ich je eine Metze gesehen habe, dann diese Frau. Noch bevor die Ehe sehr viel länger dauert, wird ihr Ehemann mehr Grund zur Sorge finden, als nur einen Arm um die Hüfte und einen freundlichen Knuff.»

«Mag ja alles sein», erwiderte ich und schluckte den Ärger darüber, was er über meinen Charakter geäußert hatte, hinunter. «Aber das geht nur sie und ihn etwas an. Uns muß daran gelegen sein, so wenig Staub wie möglich aufzuwirbeln. Wenn Edgar Warden anfängt, sich in der Schenke am Ort über dich zu beklagen, dann ist dein Aufenthaltsort bald allgemein bekannt. Wir müssen uns diskret verhalten. Und da du dich noch nicht danach erkundigt hast, so sage ich dir, daß heute morgen im Wäldchen niemand war.»

«Wie?» Einen Augenblick lang starrte er mich an, offensichtlich ratlos. Dann fiel es ihm ein. «Ach . . . ja.» Er schien verwirrt und wußte nicht, wie er seine Vergeßlichkeit erklären konnte. «Nachdem du weggegangen bist, kam ich zu dem Schluß, daß ich mich getäuscht hatte. Was ich gesehen hatte, war nichts anderes als der Schatten einiger Zweige, die der Wind bewegt hatte.» Das war eine lahme Erklärung, was er auch wußte. Bevor ich zu nörgeln beginnen konnte, stand er flink auf. «Nach dem Sonnenstand zu urteilen, muß bald Mittag sein. Wenn wir uns nicht beeilen, haben wir das Mittagessen verpaßt, und alles ist abgeräumt.»

Ich verfolgte das Thema zwar nicht weiter, doch beschloß ich, Philip noch genauer im Auge zu behalten und mich nicht ein weiteres Mal übertölpeln zu lassen. Mein Verdacht, daß er meine Abwesenheit für einen persönlichen Zweck ausgenutzt hatte, war größer als je zuvor.

Der Rest des Tages verlief so, wie der Großteil der vor uns liegenden Woche verlaufen würde, nämlich mit Essen und Dösen und wieder Essen. Das befürchtete ich jedenfalls. Das Leben im Herrenhaus ging seinen Gang, ohne daß wir dabei eine tragende Rolle spielten. Daß die Dienerschaft uns gegenüber jegliche Neugierde vermissen ließ, schrieb Philip den entsprechenden Erklärungen über unsere Anwesenheit zu.

«Denn du mußt wissen», sagte er, «daß ich es für notwendig hielt, Alwyn wenigstens einen Bruchteil der Wahrheit zu erzählen.»

«So etwa habe ich mir das gedacht.» Ich unterließ es zu erwähnen, daß ich Janet Overy die ganze Geschichte ausgeplaudert hatte, einschließlich gewisser Teile davon, die er ganz gewiß eher verschwiegen hätte. Falls die Dame ihr Wissen für sich behielt, wie ich mit Sicherheit annahm, sah ich keinen Sinn darin, seinen Zorn zu provozieren. Das einzige, was mich beunruhigte, war Janets Befürchtung, daß man uns belauscht haben könnte, auch wenn sie meinte, daß dies eher unwahrscheinlich sei.

Keiner von uns beiden verließ den Innenhof. Wir verbrachten, den Rücken an eine Wand des Hauses gelehnt, den Nachmittag damit, die geringe Wärme der Oktobersonne einzufangen und auf vier Uhr, die Stunde des Abendessens, zu warten. Ich vermutete, daß es Philip langsam dämmerte – so wie es mir längst gedämmert hatte –, daß Trenowth Manor kaum mehr Möglichkeiten zur Zerstreuung bot als das *Turk's Head*, und hoffte, daß er sich mit dieser Lage der Dinge abfinden würde. Andernfalls würde er wahrscheinlich versuchen, sich auf seine Weise zu vergnügen, was meiner Meinung nach unweigerlich Isobel Warden ins Spiel brachte.

Wir wohnten der Abendandacht in der Kapelle des Herrenhauses bei, die an diesem Vorabend des Feiertages der Hl. Faith der Dorfgeistliche abhielt, da der Kaplan von Trenowth verhindert war, hatte er doch seinen Herrn und seine Herrin nach London begleitet. Gerade nachdem wir uns zum Abendessen hingesetzt hatten, kam er übertrieben aufgeregt über den Innenhof geeilt, erhitzt und nervös, Entschuldigungen wegen seiner Verspätung stammelnd. Seine tränenden, alten Augen leuchteten auf, als er die reich gedeckte Tafel erblickte, und es war kaum möglich, etwas dagegen einzuwenden, daß er blieb und sich nach dem Gottesdienst zu uns an den Tisch setzte. Als wir also erneut in der Küche versammelt waren und das gekochte Huhn, der Schinken und die Erbsen das erste Magenknurren besänftigt hatten, ließ er seine Blicke schweifen und schließlich auf Philip und mir ruhen.

«Alwyn hat mir erzählt, Ihr seid ein Bekannter von Sir Peveril», sagte er, an Philip gewandt, «und daß Ihr in dieser Gegend des Landes reist.» Er hob seine struppigen Augenbrauen und erwartete offensichtlich weitere Vertraulichkeiten, doch Philip brummte nur und kaute weiter. Der Priester fuhr salbungsvoll fort: «Sir Peveril ist ein guter Mensch. Ein großer Wohltäter der Kirche.»

«Ein sehr guter Mensch», meinte Philip zustimmend und nahm sich ein weiteres Stück Huhn.

«Und was Euch betrifft», fuhr der Priester, den die anderen

mit Pater Anselm anredeten, beharrlich fort, «so darf ich sagen, daß ich es sehr angenehm finde, einem Gentleman zu begegnen, der nichts dabei findet, seine Mahlzeiten mit den niederen Mitgliedern des Haushalts und einem bescheidenen Pfarrgeistlichen wie mir einzunehmen.»

«Ich mag einfach nicht allein essen», entgegnete Philip schroff, der seinen Mund mit Speisen so vollgestopft hatte, daß er am weiteren Sprechen gehindert war.

Pater Anselm lächelte dünn und fand sich damit ab, daß er bei einem Spiel ausgestochen wurde, das er für gewöhnlich vortrefflich beherrschte, nämlich anderen Leuten Informationen aus der Nase zu ziehen. «Nichtsdestotrotz halte ich es für lobenswert, daß Ihr Euch von Euren Mitmenschen nicht fernhaltet, wie etwa dieser andere Fremdling in unserer Mitte, der diesen Morgen in der Schenke abgestiegen ist. Er ist nicht nur nicht zur Vesper gekommen, sondern Thomas Aylward, der Wirt, hat mir erzählt, daß er seit seiner Ankunft nicht geruht habe, seine Kammer zu verlassen, und verlange, daß eine der Dienstmägde ihm seine sämtlichen Mahlzeiten auf seiner Kammer serviere.»

Ich sah Philips Hand zittern, die gerade mit Nachschub auf dem Weg zu seinem Mund unterwegs war, und mein Kopf fuhr hoch.

«Ein Fremdling?» fragte ich. «Im Dorf?»

Die Bezeichnung Dorf war als Beschreibung für Trenowth, durch das wir an diesem Morgen beim ersten Tageslicht gekommen waren, vielleicht etwas zu hoch gegriffen. Eine Ansammlung von Hütten, die um Kirche und Herberge angeordnet waren, dienten jenen Familien als Unterkunft, die im Gutshaus arbeiteten, jedoch nicht dort untergebracht waren. Der Flecken befand sich in einiger Entfernung vom Flußufer auf einem Landvorsprung, der vom schützenden Arm eines kleinen Nebenflusses eingefaßt wurde. Im rosigen

Licht der Morgendämmerung hatte Trenowth einen wohlhabenden Eindruck gemacht; es zog eindeutig Nutzen aus dem Schutz Sir Peverils und seiner Lady.

Pater Anselm muß der erschrockene Unterton in meiner Stimme aufgefallen sein, denn er blickte überrascht und etwas verwirrt drein.

«Ich muß zugeben, daß wir hier isoliert sind und uns außerhalb des Hauptstroms der Ereignisse befinden, doch Fremde sind uns nicht unbekannt, wofür Ihr selbst und Euer Herr zeugen. Und nach Bekanntwerden der Nachricht, die uns gestern erreichte, daß nämlich der Graf von Oxford St. Michael's Mount eingenommen hat, könnte ich mir vorstellen, daß wir mit einem Kommen und Gehen von Amtspersonen sogar in unserem Hinterland zu rechnen haben.»

Inzwischen hatte Philip den Mund geleert und seine Selbstbeherrschung wiedergewonnen. Unter dem Tisch versetzte er mir einen festen Tritt.

«Ihr habt recht, Pater Anselm. Ein solch wichtiges Ereignis führt zu regem Verkehr auf den Straßen. Dieser hochmütige Gentleman, der in der Schenke abgestiegen ist, könnte sehr gut in Angelegenheiten des Königs unterwegs sein.» Geschickt wechselte er das Thema, indem er das Interesse des Priesters durch eine Frage ablenkte, die mir den Atem raubte. «Nehmt Ihr noch die Beichte ab, bevor Ihr uns verlaßt?»

«Natürlich, mein Sohn.» Pater Anselm erinnerte sich sogleich an seine Aufgaben im Kirchensprengel. «Alle, die beichten möchten, können nach dem Abendessen zu mir in die Kapelle kommen.»

Ich konnte mir nicht vorstellen, daß Philip Underdown seine Seele reinwaschen wollte, mußte ihm jedoch für den Taschenspielertrick Anerkennung zollen, mit dem er meinen Patzer ausgebügelt hatte. Ein zu großes Interesse an dem Fremdling, der in der Schenke übernachtete, konnte dem

Wirt zu Ohren kommen, der seinerseits seinem Gast unsere Anwesenheit enthüllen konnte. Persönlich machte ich mir wenig Hoffnung darauf, daß sich unser Geheimnis über eine längere Zeit hinweg bewahren ließ, und wenn es sich bei dem Besucher tatsächlich um unseren Gentleman aus dem Kloster Buckfast handelte, so mußte er bereits eine ziemlich gute Vorstellung von unserem Zufluchtsort haben. Doch konnte es ebensogut ein vollkommen unbedarfter Reisender sein, und so lange ich nichts über seine Identität herausgefunden hatte, was ich durch einen behutsamen Erkundungsgang am morgigen Tag zu bewerkstelligen plante, war es am klügsten, Pater Anselms Neugier zu beschwichtigen und seine offensichtliche Klatschsucht im Zaum zu halten.

Ich sah mich am Tisch um. Neben dem Geistlichen, Philip und mir selbst waren nur noch Janet Overy, der Hausverwalter und zwei junge Küchenmägde anwesend, die nachts in der Küche auf einem Strohlager beim Kamin schliefen, sowie Isobel und Edgar Warden, die – wie auch die Haushälterin und Alwyn – in der Gesindeunterkunft lebten. Alle anderen wohnten im Dorf und stiegen Morgen für Morgen zum Herrenhaus hinauf, sowie die Pforten geöffnet worden waren. Ich kreuzte Janet Overys Blick und wich ihm schnell aus. Außer meinem Gefährten und mir war sie die einzige, die die mögliche Tragweite der Anwesenheit des Fremden in der Schenke erfaßte, da ich ihr die ganze Geschichte erzählt hatte. Diese Indiskretion meinerseits wollte ich vor Philip um jeden Preis geheimhalten, denn seinem Ärger vermochte ich zu trotzen, seinem Zorn jedoch nicht. Von allen übrigen wußte Alwyn einfach zu wenig, um irgendeine Gefahr zu wittern, Isobel hielt ihren Blick verdrossen auf ihren Teller geheftet, während Edgar seinen eigenen Gedanken nachhing, die – den giftigen Blicken nach zu schließen, die er nach wie vor Philip zuwarf – keineswegs glücklicher Natur waren.

Als die Mahlzeit endlich beendet und der Tisch abgeräumt worden war, kündigte Pater Anselm an, daß er die Beichte sobald wie möglich abnehmen werde, da die Oktoberabende kürzer würden und er vor Einbruch der Dämmerung ins Presbyterium zurückzukehren wünsche. Geschäftig eilte er über den Innenhof in die Kapelle, die sich in einer Ecke zwischen Wäscherei und großem Speisesaal befand.

Ich grinste und flüsterte Philip ins Ohr: «Der betrogene Betrüger. Ich fürchte, dir bleibt nichts anderes übrig, als zuerst zu ihm zu gehen.» Wir standen an der Tür zur Küche und betrachteten den dünnen Schleier aus blauem Nebel, der langsam die Gebäude einhüllte. In etwas ernsterem Ton fügte ich noch hinzu: «Glaubst du, daß dieser Fremde unser Angreifer ist?»

«Mein Angreifer!» gab er mir ruppig zur Antwort. «Gerade deshalb habe ich dir ja den Brief gegeben. Hast du ihn auch sicher verstaut?» Ich nickte, und er fuhr fort: «Es kann durchaus sein, daß man unsere Spur doch verfolgt hat. Aber wir haben niemanden gesehen, und mir erscheint es unwahrscheinlich. Mit uns ist es schon soweit gekommen, daß wir uns selbst dann beunruhigen, wenn überhaupt kein Anlaß vorhanden ist, und auf unseren eigenen Schatten springen. Wäre ich nicht rechtzeitig dazwischengetreten, so wäre der neugierige Geistliche ganz aus dem Häuschen geraten.» Mit einem gehässigen Unterton fügte er hinzu: «Und deiner Dämlichkeit verdanke ich es, daß ich jetzt zur Beichte gehen muß, was ich jahrelang erfolgreich vermieden habe.» Er lachte freudlos auf. «Ich könnte eine Geschichte erzählen, die den armen Mann vor lauter Angst umbringen würde, aber ich werde es lassen. Was habe ich davon? Keine Buße, die er mir auferlegen würde, könnte mich von meinen Sünden reinwaschen. Wenn ich sterbe, fahre ich schnurstracks zur Hölle.»

10

Es war einer dieser perlfarbenen, schillernden Abende, an denen der Himmel alle Farben der Erde in einen großen See von schimmerndem Weiß am Firmament aufgesaugt hat. Als ich jedoch aus der Kapelle hinaustrat, ging der Tag, sicherlich einer der längsten in meinem Leben, zur Neige. Man hatte Fackeln angezündet, die mit hellen Flammenzungen die zunehmende Dunkelheit aufleckten. Ich hatte als letzter gebeichtet, und Pater Anselm war mir nach draußen gefolgt, hatte sich hastig von Janet Overy und vom Hausverwalter verabschiedet, der hinter ihm die große Pforte verriegelte und absperrte, während die Haushälterin schließlich die Halbtür zur Linken abschloß.

Philip wartete auf mich, ein sardonisches Grinsen um den Mund. «Gewaschen und gesäubert», sagte er lachend. «Zwei Ave Maria, und ich bin so gut wie neu. Wie leicht man diese Geistlichen an der Nase herumführen kann!»

«Aber Gott nicht», erwiderte ich ruhig und erwartete, daß sein Zorn sich kübelweise über mein Haupt ergießen würde.

Doch statt dessen war seine Miene ausdruckslos, und er entgegnete nichts.

Wir gingen die wenigen Schritte bis zum großen Speisesaal, denn obgleich es noch früh am Abend war, waren wir beide reif fürs Bett. Die Haushälterin und der Hausverwalter wünschten uns eine gute Nacht und gingen in die Küche zurück, ohne Zweifel, um zu schwatzen und warmes Ale zu trinken, bis auch ihnen die Augen zufielen. Meine Gewissensbisse plagten mich, als ich an meine Offenbarungen Janet Overy gegenüber dachte. Denn was wußte ich letzten Endes über sie? Ich seufzte. Der Herzog hätte mir nie sein Vertrauen schenken dürfen. Wiederum war mir danach zumute, Philip reinen Wein über meinen Vertrauensbruch einzuschenken, und wiederum verließ mich der Mut.

Wir stiegen die Treppe hoch und betraten unsere Kammer am Ende des kurzen Flurs. Ich legte meinen Knüppel neben dem Feldbett ab und ging ans Fenster, um es zu schließen. Als ich mich hinauslehnte, warf ich einen besorgten Blick nach draußen, doch alles schien ruhig. Das letzte Tageslicht flackerte und erlosch, der dunkler werdende Himmel wurde blaß und aschfahl. Ich verriegelte den Fensterladen aus Holz fest und verschloß dann das Fenster von innen. Als ich dagegen drückte, quietschte es leicht in den Eisenscharnieren. Ich setzte mich auf meine Bettkante und zog die Stiefel aus. Philip hatte die seinen bereits abgestreift und war damit beschäftigt, sein Wams aufzuschnüren.

«Du hältst mich wohl für einen Narren, weil wir hierher gekommen sind?» fragte er unvermittelt.

Ich war bestürzt. Es war das erste Mal in den fünf Tagen, die wir zusammen waren, daß er sich irgendwie für meine Meinung interessierte oder zumindest zu erkennen gab, daß er mir eine Meinung zutraute.

«Ich meine, ebensogut hätten wir in Plymouth bleiben können», äußerte ich vorsichtig. «Dort waren wir so sicher, wie wir es hier sind, und zudem würdest du dort sofort erfahren, wenn die *Falcon* in den Hafen einläuft.»

Einen Augenblick lang war es still, bevor er mit verhaltenem Zorn antwortete: «Ich kann es nicht ertragen, eingepfercht zu sein! Ich ärgere mich, wenn ich lange in einem engen Raum leben muß!» Bevor er die Worte «ärgere mich» in den Mund nahm, hatte er leicht gezögert, und mir schien, daß er ursprünglich lieber «fürchte mich» hatte sagen wollen. Er lachte gezwungen. «Eine Torheit natürlich, aber ich habe manchmal Alpträume. Mir träumt, daß ich im Dunkeln angekettet bin.»

Ich konnte sehen, daß er sein Eingeständnis sofort bereute, und erkannte, daß es ihm sozusagen als Nachwirkung seiner Beichte beim Geistlichen unterlaufen war. Um ihm die Befangenheit zu nehmen, warf ich rasch ein: «Manchmal plagen auch mich böse Träume, und zwar meistens dann, wenn ich dem Ale oder dem Sauerteigbrot allzu sehr zugesprochen habe. Und du hast geglaubt, daß wir uns hier wenigstens frei im Haus bewegen können, wogegen uns im *Turk's Head* nur eine Kammer zur Verfügung stand.»

Er nickte, offenbar erleichtert, daß ich von seiner Schwäche kein besonderes Aufhebens gemacht hatte. «Von Trenowth Manor hörte ich vor etlichen Jahren im Sommer, als mein Bruder und ich in den Weilern und Dörfern am Devon-Ufer arbeiteten, und ich überquerte den Tamar, um nachzufragen, ob Sir Peveril irgendwelche wertvollen Silberjuwelen besaß, die er an den Mann zu bringen wünschte. Das war zu der Zeit, als Prinzessin Margaret sich mit dem Herzog von Burgund vermählte, und viele der niedrigen Adelsleute hatten Mühe, genug Geld zusammenzukratzen, um sich mit einem passenden Hochzeitsgeschenk lieb Kind zu machen.»

«Und hatte er welche?»

Philip lachte trocken. «Bei dieser Gelegenheit erhielt ich nicht einmal Zutritt zum Innenhof, sondern Alwyn erteilte mir eine Abfuhr – offenbar erinnert er sich nicht daran.»

«Um so besser, da du ihn davon überzeugen mußtest, daß du ein Freund seines Herrn bist.» Mit einer Hand fuhr ich mir über die Bartstoppeln. «Was genau hast du ihm gesagt?»

Er gähnte herzhaft und streckte seine Arme über den Kopf

hinaus, bis die Knochen knackten. «Nur das Nötigste. Daß ich Abgesandter der Regierung sei und für einige Tage eine Unterkunft brauche und daß mein Freund Sir Peveril als treuer Anhänger des Hauses York sicherlich wünsche, daß ich hier unterkomme. Ich brauche mich diese Woche also nur selbst zu beschäftigen. Das dürfte mir nicht schwerfallen.»

«Falls du dabei Isobel Warden im Auge hast –», setzte ich an, doch er unterbrach mich mit einem groben Fingerschnippen.

«Wie ich mich beschäftige, geht nur mich etwas an. Steck also lieber deine Nase nicht da rein. Du sollst darauf achten, daß mir nichts zustößt, das ist deine ganze Aufgabe. Wenn es sich um Frauen dreht, kann ich selbst auf mich aufpassen.» Hier grinste er dreckig. «Weiß Gott, bei eifersüchtigen Ehemännern kenne ich mich aus!»

Ich sah, daß er nicht in der Stimmung war, vernünftig mit mir zu reden, so daß ich es für ratsam hielt, vorläufig nichts weiter dazu zu sagen. Eigentlich fehlte mir die Kraft zu einer Auseinandersetzung. Unser Ritt in der vergangenen Nacht und die Ereignisse des heutigen Tages hatten mich erschöpft. Ich hatte inzwischen Hemd und Strümpfe ausgezogen und schlug vor, wir sollten uns schlafen legen. Philip stimmte zu, und ich ging auf die Truhe zu, um die Kerze zu löschen. Als ich mich bückte, um sie auszublasen, bemerkte ich, daß jemand ein Sträußchen Margeriten neben die Kerze gesteckt hatte, und zwischen den Blumen war ein Knöterichstengel. Ich erkannte, daß es sich um ebenjenen handelte, den ich zuvor am Morgen weggeworfen hatte, weil er vertrocknet und schlaff gewesen war.

Ich muß irgendein Geräusch von mir gegeben haben, denn Philip wandte sich um und fragte barsch: «Was gibt's?»

Ich dachte schnell nach. Besser, ihn heute nacht ruhig schlafen zu lassen und ihm erst morgen etwas über meine Entdeckung vom Tage zuvor zu sagen.

«Nichts», erwiderte ich. «Ein Tropfen heißes Kerzenwachs ist mir auf die Hand gefallen.»

Ich ließ die Blumen zwischen Wand und Truhe gleiten und legte mich aufs Bett, wobei ich die Bettdecke bis ans Kinn hochzog. Die Blumen beunruhigten mich. Voller Sorge und Vorahnungen starrte ich in die Dunkelheit. Wer hatte den Knöterichstengel auf dem Innenhof aufgelesen und sich die Mühe gemacht, ihn auf unsere Kammer zu bringen? Was sollte er Philip bedeuten? Zu diesen Sorgen gesellten sich noch meine Traumerinnerungen, obwohl ich mich mit dem Glauben beruhigte, daß diese Botschaft nicht notwendigerweise im Zusammenhang mit einem kommenden Ereignis zu sehen war, sondern vor etwas warnte, das vermieden werden konnte. Wer war der Fremdling in der Dorfschenke? Fragen über Fragen wirbelten in meinem Kopf herum.

Philip rief leise: «Roger!»

«Wie?» Mein Ton war schroff. Ich war soeben eingenickt und verärgert darüber, daß er mich geweckt hatte.

«Ich möchte, daß du heute nacht vor der Tür Wache schiebst. Dann fühle ich mich sicherer. Falls jemand hereinkommen möchte, muß er erst an dir vorbei, und du kannst Alarm schlagen.»

Wäre ich vollständig auf Draht gewesen, so hätte ich protestiert oder Lunte gerochen. Doch der Knöterichfund hatte mir den Sinn vernebelt. Ich warf die Decke zurück und schwenkte meine Füße auf den Boden.

«Dann vergiß nicht, die Tür hinter mir zu verriegeln.» Ich zog mein Wams über, damit mir nicht kalt wurde, sah nach, ob mein Beutel mit dem Brief und mein übriger Besitz sicher verstaut waren, und packte meine Matratze und die Decken. Ich bückte mich, um meinen Knüppel aufzuheben, entschied jedoch, ihn nicht mitzunehmen. Würde man mich im Dunkeln angreifen, so wäre er in dem engen Flur eine zur

Selbstverteidigung viel zu unhandliche Waffe. Statt dessen steckte ich mein Messer in den Gürtel.

Nachdem ich meine Matratze und mich selbst auf den Steinfliesen des Flurs eingerichtet hatte, hörte ich einige Augenblicke darauf, daß Philip den Schlüssel umdrehte und ihn dann, als zusätzliche Sicherheitsmaßnahme, aus dem Schloß zog. Danach war es still. Ich deckte mich erneut zu und bemühte mich, wach zu bleiben.

Das war natürlich ein vergebliches Unterfangen. Ich nickte ein, wachte auf und nickte erneut ein. Schließlich fiel ich in einen unruhigen Schlaf und einen Wirrwarr unsinniger Träume. Dann saß ich auf einmal aufrecht im Bett und lauschte. Alles war still. Ich drückte mein Ohr gegen das Schlüsselloch. Stille überall . . .

Mein Herz begann schneller zu schlagen. Die Stille war gewiß zu tief. Philip Underdown war nämlich ein Mann, der schnarchte, wie ich während unserer gemeinsam im selben Raum in Kloster Buckfast wie auch im *Turk's Head* verbrachten Nächte leidvoll hatte erfahren müssen. Weshalb eigentlich hatte ich so bereitwillig seinem Vorschlag zugestimmt, draußen vor der Tür zu schlafen? Ich hatte mich zum vollkommenen Narren machen lassen, soviel war sicher. Durch das Schlüsselloch rief ich: «Philip!»

Niemand antwortete. Ich rief noch einmal, diesmal lauter, doch immer noch keine Antwort. Nach wiederholten Versuchen schlug ich jede Vorsicht in den Wind, rief laut seinen Namen und hämmerte zugleich gegen die Tür. Der Lärm, den ich verursachte, hätte Tote aufzuwecken vermocht, und ich war dankbar, daß wir in jenem Teil des Herrenhauses untergebracht waren, der dem Innenhof mit der Gesindeunterkunft gegenüberlag. Hastig hob ich den Schnappriegel und rüttelte daran, doch natürlich vergebens. Die Tür war ja von innen verschlossen. Ich verfluchte mich selbst als den größten Idioten unter der Sonne, den man noch nicht gehenkt hatte, und drückte mein Auge gegen das Schlüsselloch, konnte drinnen jedoch nichts anderes erkennen als eine fahlere Dunkelheit. Da war ich nun ausgesperrt, und Philip war etwas zugestoßen.

Just in diesem Moment fielen mir mein Messer im Gürtel und Nicholas Fletcher, einer meiner Mitbrüder unter den Novizen in Glastonbury, ein. Nicholas war im zarten Kindesalter mit seiner Mutter in einer Gauklertruppe herumgereist und oft in die Gesellschaft von Gaunern und Vagabunden geraten. Von einem der Spitzbuben hatte er gelernt, wie man Schlösser knackt. In einem freien Augenblick hatte er sein Wissen an mich weitergegeben. Nie hätte ich mir träumen lassen, daß es mir einmal von Nutzen sein könnte, doch jetzt zog ich das Messer aus der Scheide und führte die Klinge in das Schloß. Einen verzweifelten Moment lang konnte ich mich nicht mehr daran erinnern, was nun zu tun war, doch mein gutes Gedächtnis ließ mich nicht im Stich, und innerhalb von Sekunden hörte ich, wie der Riegel das Schloß freigab. Ich stieß die Tür auf und stürzte in die Kammer.

Das Bett war leer, die Decken waren zurückgeworfen. Fenster und Fensterladen schwangen lose in ihren Scharnieren. Ich drückte das Bleiglas mit dem Eisenrahmen an die Innenwand der Kammer und den Holzfensterladen gegen die Außenmauer. Meine Augen hatten sich inzwischen an die Dunkelheit gewöhnt, und als ich mich über die Fensterbank nach draußen lehnte, konnte ich den Schaden an den Rebstöcken erkennen, den Philip angerichtet hatte, indem er sie als Leiter mißbrauchte. Offenkundig war er aus freien Stükken verschwunden, um irgendeiner Verabredung oder einer Aufforderung nachzugehen. Doch wohin? Zum Wald am Flußufer! Dies war die naheliegendste Antwort, denn ohne einen Schlüssel für die Pforte konnte er nicht in den Innenhof gelangen, und diesen verwahrte der Hausverwalter. Ich war mir sicher, daß ich recht hatte, denn zusätzlich zu diesen naheliegenden Überlegungen waren da noch meine Traumerinnerungen . . .

Ich betete verzweifelt darum, daß ich rechtzeitig eintraf, um dem Traumgeschehen zuvorzukommen. Am Morgen hatte ich mich noch zu der Erkenntnis beglückwünscht, daß es möglich war, mit Hilfe der Rebstöcke in unsere Schlafkammer zu gelangen, doch hatte ich dabei die Tatsache übersehen, daß man sie ebensogut andersherum zur Flucht nutzen konnte. Und diese Möglichkeit hätte ich voraussehen müssen, nachdem Philip ein Auge auf Isobel Warden geworfen hatte. In diesem Augenblick dachte ich nicht genauer darüber nach, wie Isobel es wohl bewerkstelligen sollte, das abgeschlossene Herrenhaus zu verlassen. Unzweifelhaft mußte es mannigfaltige Möglichkeiten geben, die Pforte zu überwinden, nachdem sie abgeschlossen worden war, wenn man sich nur auskannte. Solche Betrachtungen jedoch mußte ich aufschieben. Jetzt durfte ich nur daran denken, wie ich Philip aufspüren und ihn sicher ins Haus zurückbringen konnte.

Ich ging an mein Feldbett zurück, um nach dem Knüppel zu greifen, da ich beabsichtigte, ihn aus dem Fenster zu werfen und ihn an mich zu nehmen, nachdem ich sicher hinuntergeklettert war. Doch er war nicht mehr da, und ich nahm an, daß Philip ihn mitgenommen hatte. Ich fluchte leise durch die Zähne, kletterte auf die Fensterbank, hangelte mich zur Seite und bekam den Rebstock zu fassen. Vorsichtig ließ ich meine Beine baumeln, bis sie ebenfalls auf den Nebenästen Halt gefunden hatten. Minuten später hatte ich festen Boden unter den Füßen, und ich wußte, daß ich unten gelandet war. Mit einem schnellen, geflüsterten Dankgebet stolperte ich über das Gras auf den Pfad zu, der zur Mühle, zur Sägerei, zum Fluß und zum Dorf führte.

Eine frische Brise fuhr durch das Geflecht aus Zweigen über mir. Ich nahm wahr, daß der Pfad unter meinen Füßen uneben war, und hörte, wie ein kleines Nachttier ein Rascheln verursachte, ganz als würde es sich unter dem Gewirr aus Gestrüpp und Gebüsch in Sicherheit bringen. Während ich den Pfad entlangging, wobei ich darauf achtete, daß ich außer einem gelegentlichen Knacken eines Zweiges kein Geräusch verursachte, verwandelte sich meine Besorgnis um Philips Sicherheit in Bangen. Für einen Augenblick hob ich meinen Blick und erkannte den zunehmenden Mond, der kalt und hoch droben zwischen der Wolkenbank schwebte. Das Wetter schlug um, und eine herbstliche Bö wehte vom Meer herüber.

Unter mir, dort, wo das Flußufer nicht bewachsen war und das Gebüsch spärlicher wurde, konnte ich einen Schimmer des Tamar erhaschen. Mehrmals hielt ich inne, um einen Blick zurück zu werfen und angestrengt nach einem Geräusch zu forschen, das mir etwas über Philips Aufenthaltsort verraten könnte, obwohl mir der gesunde Menschenverstand sagte, daß ich ihn mit Isobel Warden im hohen Gras am Flußufer antreffen würde. Ich merkte, wie mir der kalte Schweiß über den Rücken lief.

Bei jeder Biegung und Krümmung des Pfads blieb ich stehen und suchte das Dunkel vor mir ab. Einmal stieß eine Eule tief durch meinen Gesichtskreis, als sie von einem Ast auf einen anderen glitt. Die plötzliche Bewegung überraschte mich, und ich blieb regungslos stehen, während das Herz in meiner Brust pochte. Vorsichtig setzte ich dann meinen Gang fort. Mir war bewußt, daß ich den Abstieg bald hinter mir hatte und mich in wenigen Augenblicken auf gleicher Höhe mit dem Flußufer befinden würde. Ich konnte zwischen den Bäumen hindurch auf die weite Wasseroberfläche sehen, die sich bis ans andere Ufer erstreckte und im Mondlicht silbern schimmerte.

Ich rief leise: «Philip Philip, bist du da?» Da ich keine Antwort erhielt, streifte ich behutsam vorwärts. Die hohen Gräser reichten mir bis ans Knie. Die Eule in den Bäumen hinter mir verhöhnte mich . . .

Mit der Spitze meines Stiefels stieß ich gegen einen größeren Gegenstand, der halb verborgen im Gras lag. Mir sträubten sich vor Entsetzen die Haare, und ich blickte gerade auf den Boden, als der Mond wieder einmal hinter den Wolken hervorlugte, so daß ich die Umrisse eines Körpers ausmachen konnte. «Mutter Gottes im Himmel», betete ich inbrünstig, «mach, daß es nicht Philip ist.» Mit zitternden Knien bückte ich mich und mußte mich überwinden, um genauer hinzusehen.

Er lag mit dem Gesicht nach unten. Ich streckte die Hand aus und berührte seinen Hinterkopf, zog sie aber geschwind zurück. An meinen Fingern klebte etwas Feuchtes, es konnte sich nur um Blut handeln. Jemand hatte Philip den Schädel zerschmettert. Mein Traum war Wirklichkeit geworden.

Ich hockte mich hin und versuchte, das Schütteln zu unterdrücken, das jede Faser meines Körpers befallen hatte. Mein Verstand setzte aus, und ich weiß nicht, wie lange ich in dieser Stellung verharrte, ohne zu bemerken, wie die Zeit dahinflog, und ohne jegliches Gefühl. Allzu rasch jedoch schwand meine Betäubung und stürzte mich in einen Wirbel einander widerstreitender und panischer Gefühle. Doch allmählich gelang es mir, auch dieser Aufregung Herr zu werden, und ich zwang mich, meine Gedanken wieder in klare Bahnen zu lenken. Ich bekreuzigte mich, dann begann ich, den Boden um den Körper herum abzutasten und nach etwas zu suchen, was der Mörder womöglich hatte fallen lassen und was mich auf seine Spur führen konnte.

Zwar fand ich auch etwas, doch nicht das, was ich gehofft hatte. Mit wachsendem Entsetzen identifizierten meine Finger die Vertiefungen und Astlöcher meines eigenen kräftigen Knüppels, das eine Ende noch feucht vom Blut. Meine Gedanken jagten einander und schossen wie ein Eichhörnchen in einem Käfig hektisch von einer Seite zur anderen. Philip hatte den Knüppel zu seiner Verabredung als Schutz vor einem möglichen Angriff mitgenommen, doch war er ihm entrissen und zu seiner Ermordung benutzt worden. Soviel war mir klar, doch noch viel offensichtlicher war, daß ich selbst in Verdacht geriet, wenn ich Alarm schlug und den Knüppel hier liegen ließ. Und um das Vertrauen des Herzogs von Gloucester nicht vollständig zu enttäuschen, mußte ich nunmehr Philips Platz an Bord der *Falcon* einnehmen und König Eduards Brief zum bretonischen Hof befördern. Ich mußte sofort in unsere Kammer zurückkehren, meinen Knüppel mitnehmen und Philips Leichnam zurücklassen, damit ein anderer ihn entdeckte.

Philip war allerdings hierher gegangen, um eine andere Person zu treffen, und ich war felsenfest davon überzeugt, daß es Isobel Warden gewesen sein mußte. Was war also mit ihr geschehen? Hatte sie sich eines Besseren besonnen und war gar nicht erst zum Stelldichein erschienen? War sie andererseits vielleicht bei Philips Ermordung zugegen gewesen und kannte daher seinen Mörder? Nach einem kurzen Augenblick des Nachdenkens jedoch verwarf ich die letzte Möglichkeit: Wäre das der Fall gewesen, so wäre sie gewiß auch umgebracht worden. Und hätte sie sich in der Nähe aufgehalten, ohne jedoch so nahe zu sein, daß der Angreifer sie bemerkt hätte, so wäre sie wegen der Dunkelheit nicht in der Lage, ihn zu identifizieren. Jedenfalls käme sie als Zeugin wahrscheinlich kaum in Frage, da sie bei dieser Gelegenheit würde erklären müssen, weshalb sie sich mitten in der Nacht mit Philip Underdown getroffen hatte. Nein, selbst wenn sie irgendwo verängstigt zwischen den Bäumen kauerte, hatte ich doch nichts von ihr zu befürchten, wenn ich meine Entdeckung verheimlichte.

Langsam erhob ich mich aus der Hocke, richtete mich zu meiner vollen Größe auf, nahm den Knüppel an mich und ging die kurze Strecke bis an den Fluß. An dieser Stelle war das Ufer nicht mehr als einen halben Meter hoch. Wenn ich mich flach auf den Bauch legte, konnte ich das blutverschmierte Knüppelende in das schnell dahinschießende Wasser halten. Nachdem ich dies erledigt hatte, stand ich wieder auf. Schwitzend vor Angst blickte ich mich auf dem Rückweg nach allen Seiten um, gelangte wieder zum Haus und betrat es so, wie ich es verlassen hatte.

11

Nachdem ich mich wieder in der Kammer befand, in die man mich mit Philip einquartiert hatte, schloß ich die Fensterläden und verriegelte die Fenster von innen. Zweimal versuchte ich vergeblich, die Kerze anzuzünden. Beim erstenmal ließ ich die Zunderbüchse aus meinen zitternden Händen fallen, beim zweitenmal gelang es mir nicht, mit Stahl und Flint einen Funken zu schlagen, der ausgereicht hätte, um den Zunder zu entflammen. Beim drittenmal schaffte ich es endlich, die Flamme zu entzünden, und bald darauf brannte die Kerze. Danach mußte ich eine Weile ausruhen, indem ich mich neben der Truhe hinkniete und darauf wartete, daß die Kraft in meine Beine zurückkehrte. Erst danach konnte ich daran denken, die Tür zu öffnen und mir meine Matratze und Decken aus dem Flur zurückzuholen.

Ich suchte nach dem Türschlüssel, den Philip irgendwo hingelegt haben mußte, und fand ihn auf dem Tischchen neben seiner «Nachtration». Er hatte sie nicht angerührt, der Alekrug war noch bis oben hin gefüllt, der kleine Brotlaib nicht angebrochen. Sogleich fiel mir ein, daß ich trotz allem schrecklich hungrig war. Denn seit dem Abendessen hatte ich nichts mehr zu mir genommen, und nicht einmal die erbärmliche Angst und Panik vermochten meinen Hunger zu zügeln. Doch zunächst mußte ich feststellen, ob das Türschloß noch funktionierte und ich es nicht mit meinem laienhaften Aufknacken so beschädigt hatte, daß die Tür sich nicht mehr öffnen ließ. Beinahe ungläubig hörte ich, wie der Riegel sich glatt zurückschieben ließ, und ich dankte Nicholas Fletcher für seinen umsichtigen Unterricht. Ich setzte mich auf die Kante von Philips kalter Matratze und begann zu essen.

Solange ich meinen Hunger nicht gestillt und meinen Durst nicht gelöscht hatte, wollte ich mich nicht mit den Aufmerksamkeit heischenden Schatten an den Rändern meines Verstandes befassen. Vor lauter Entsetzen über das Geschehene wurde mir abwechselnd heiß und kalt. Und zornig war ich auch. Ich ärgerte mich über meine eigene Naivität und Dämlichkeit, die es Philip ermöglicht hatten, mich mit einer Finte auszuschalten, auf die nicht einmal ein Schuljunge hereingefallen wäre. Nicht zuletzt war ich auch über Philips eigene Verantwortungslosigkeit verärgert, die ihn dazu verleitet hatte, einen königlichen Auftrag und sein Leben für ein heimliches Stelldichein mit einer Frau aufs Spiel zu setzen. Doch ich durfte mich nicht von meinen Gefühlen dazu hinreißen lassen, alles andere außer acht zu lassen. Vor Tagesanbruch und der unvermeidlichen Entdeckung des Leichnams gab es Angelegenheiten, die ich erledigen, und Vorkehrungen, die ich treffen mußte. Und dazu brauchte ich Nahrung.

Das Brot, das ich bis auf die letzte Krume verzehrte, und das Ale, das ich bis auf den letzten Tropfen leerte, verfehlten ihre Wirkung nicht und stärkten mich etwas. Mein Kopf wurde klarer, und ich machte mich daran, das zu erledigen, was ich sogleich nach meiner Rückkehr in die Kammer hätte tun müssen. Ich sah in meinen Sachen nach, ob König Eduards Brief noch vorhanden war. Daß ich bis zu diesem Augenblick nicht einmal die Möglichkeit in Betracht gezogen hatte, man könnte Philip aus der Kammer gelockt haben, damit jemand das stehlen konnte, um dessentwillen man ihn ermordet hatte, zeigt deutlich, welch ein Simpel in dieser Welt der Verschwörungen und Gegenverschwörungen ich war. Der Brief befand sich allerdings noch in meinem Beutel, den ich in ein Bündel eingewickelt unter meinem Feldbett verstaut hatte. Ich schickte ein Dankgebet gen Himmel.

Der Grund dafür, daß Philip mir den Brief anvertraut hatte, wurde mir jetzt klarer. Irgendwo tief in seinem Verstand hatte er sich das Risiko eingestanden, das er mit diesem Stelldichein um Mitternacht einging. Was hatte er noch gesagt? «Falls mir irgend etwas zustoßen sollte, so würde mein Angreifer bei mir zuallererst danach suchen.» An seinen Nasenflügeln war ein Anflug von Angst zu erkennen gewesen, die er zu gering schätzte, als daß er sie beachtet hätte. Dennoch hatte er vorsichtshalber etwas dagegen unternommen. Denn mit Sicherheit hätte er den Brief nicht zu einem Stelldichein mit Isobel Warden mitgenommen, sondern ihn irgendwo zurückgelassen. So kam es, daß er ihn unter meinen Sachen sicherer aufgehoben wähnte als unter seinen eigenen.

Meine Augenlider wurden schwer und schwerer. Obwohl meine Gedanken sich in Aufruhr befanden und ich spätestens bei Tagesanbruch den Unschuldigen spielen mußte, forderte mein Körper den notwendigen Schlaf von mir. Es ist das einzige dringende Verlangen, dem man kaum widerstehen und das man nicht bekämpfen kann. Ich habe von Männern erzählen hören, die man zum Tod durch den Galgen verurteilt hatte und die in der Nacht vor ihrer Hinrichtung noch tief und gut geschlafen haben. Und ich war keine Ausnahme. Ohne daß ich mich später noch daran erinnerte, legte ich mich aufs Bett, zog die Decke hoch und war innerhalb weniger Augenblicke eingeschlafen.

Kein Traum störte meinen Schlummer, kein Alptraum beförderte mich auf seinen Flügeln zu den Pforten irgendeiner häßlichen Welt, in der entsetzliche Fratzen lauerten, die darauf warteten, menschliche Gestalt anzunehmen und mich in ihre fürchterliche Umarmung einzuschließen. Ich schlief eher ruhig, wachte erfrischt auf und wußte, daß es bereits Morgen war, noch bevor ich durch das Bleiglasfenster den schwachen Streifen Tageslicht um die Fensterläden wahrgenommen hatte. Genüßlich streckte und reckte ich mich wie jemand, der mit sich selbst und seiner Umgebung im reinen ist. Erst dann wandte ich den Kopf und erblickte Philips leeres Bett. Sofort strömten die Erinnerungen auf mich ein. Schon saß ich kerzengerade, und mir brach der Schweiß aus, während ich mich selbst zu überzeugen suchte, daß meine Erlebnisse in der verflossenen Nacht nichts als ein furchtbarer Traum waren. Doch es half alles nichts. Philip war tot, ermordet, und um jeden Verdacht von mir abzulenken, mußte ich vorgeben, nichts von dem zu wissen, was vorgefallen war, bis andere mir die Nachricht zugetragen hatten.

Ich öffnete das Fenster, entriegelte die Fensterläden und schwenkte sie gegen die Außenmauer. Diesiges Sonnenlicht flutete in die Kammer und verscheuchte den bedrohlichen Sturm der Nacht. Der Tag war nicht so klar und frisch wie der vorangegangene, doch die Brise flaute ab, und die dunkleren Wolken lösten sich auf, wobei sie nur einen fahlen, milchigen Schleier zurückließen, der die Sonne verhüllte. Ich wandte mich vom Fenster ab und holte meinen Knüppel, den ich nach meiner Heimkehr am frühen Morgen auf den Boden gelegt hatte. Ich kehrte ans Fenster zurück, um ihn näher in Augenschein zu nehmen, und konnte erkennen, daß er an einem Ende noch immer stark verfärbt war, obwohl ich ihn im Flußwasser gereinigt hatte. Es klebten auch noch ein paar von Philips dunklen Lockenhaaren am Holz, die ich sorgfältig abzupfte und aus dem Fenster warf. Danach fühlte ich mich ruhiger. Für die Verfärbung, sollte sie denn auffallen, ließ sich leichter eine Erklärung finden, und in jedem Fall wußte nur der Mörder, daß der Knüppel als Waffe gedient hatte, um Philip Underdown zu erschlagen.

Als nächstes mußte ich den Brief des Königs verstecken, denn mein Gurtbeutel war ein zu offensichtliches Refugium. Nach einer Weile fiel mir mein Wams ein. Es war nicht wie die Kleidungsstücke des Bauernvolks aus grobem Wolltuch gefertigt, das man während meiner Jugendzeit Brokatella nannte, sondern aus weichem Leder. Ich hatte es von einer Witwe als Bezahlung für Handelsware erhalten, die ich ihr verkauft hatte. Nach dem Tod ihres Ehemannes hatte sie harte Zeiten durchgemacht, und sie war froh, daß ich einige seiner Kleidungsstücke als Gegenwert für meine Waren annahm, denn sie hatte keine Verwendung mehr dafür. Das Besondere an dem Wams war das Futter, das aus Scharlachtuch bestand, aus dieser weichen, mit Koschenille gefärbten Wolle, die gewöhnlich für die Unterbekleidung verwendet wird und in kalten Wintermonaten gut warm hält. Jetzt wollte ich es für einen anderen Zweck gebrauchen. Mit meinem Messer machte ich einen zentimeterlangen Einschnitt ins Futter auf der linken Seite, so daß ich den Brief zwischen Leder und Futter schieben konnte. Später wollte ich Janet Overy um Nadel und Faden bitten, um den Schnitt zuzunähen. Aber in der Zwischenzeit war das Dokument sicher gut genug aufbewahrt, da es getrost gegen den Saum stoßen konnte, ohne daß es aus dem Futter fiel und verlorenging. Nachdem ich dies erledigt hatte, zog ich das Wams an und knöpfte es an der Taille fest, bevor ich den Lokus am oberen Treppenabsatz benutzte und mich auf den Weg zur Küche machte. Hier will ich einflechten, daß «Abtritt» mir als Wort immer genügt hat, doch einige Leute haben gewisse Empfindlichkeiten und ziehen die normannische Bezeichnung vor.

Vorsichtig überquerte ich den Innenhof, jeder meiner Sinne wachsam und nach einem Anzeichen der Aufregung

Ausschau haltend, doch es war nichts dergleichen festzustellen. Die Tore standen weit offen, und ein steter Strom von Dienern und Angehörigen des Herrenhauses ging ein und aus. Durch die Öffnung im Dach der Bäckerei entwich Rauch, und Dampf drang aus der Wäscherei, in der ein großer Wasserkessel über dem Feuer hing. Ich trat in die Küche und war mir bewußt, daß der Morgen bereits fortgeschritten war und die Stunde vermutlich eher acht als sieben geschlagen hatte. Dies folgerte ich aus der Tatsache, daß zwei Küchenmägde bereits die Töpfe und Pfannen scheuerten, die zum Kochen der verschiedenen Frühstücksgerichte benutzt wurden. Zudem kam Janet Overy mit einem Stirnrunzeln auf mich zu.

«Ihr und Euer Herr seid spät dran heute morgen», sagte sie brummend und nickte in eine bestimmte Richtung. «Setzt Euch, setzt Euch schon!» Sie nahm eine Holzschale vom Tisch. «Ich hole Euch etwas Porridge. Und Agnes!» Sie wandte sich an eine der Mägde. «Bring Roger Chapman einen Humpen Ale.» Sie fuhr fort, Haferschleim in die Schale zu schöpfen. «Und wo ist Euer Herr, na? Wenn er noch länger im Bett liegenbleibt, dann bekommt er vor Mittag nichts mehr zu essen. Ich kann nicht das Essen den ganzen Morgen lang warm halten und die Mädchen müßig herumlungern lassen. Sie haben noch andere Arbeiten zu erledigen, und ich übrigens auch.»

Sie schien zermürbt, und ich wünschte, sie wäre besserer Laune gewesen. Es wäre mir leichtergefallen, mein Täuschungsmanöver zu vollbringen. Jedoch half alles nichts, und ich sagte so ruhig wie möglich: «Aber ich glaubte, Master Underdown hätte schon gefrühstückt. Er lag nicht mehr in seinem Bett, als ich aufwachte, und ich nahm an, daß er früh aufgestanden ist. Ihr. . . Habt Ihr ihn denn nicht gesehen?»

«Nein, noch nicht», antwortete sie gereizt. «Und ich fände

es bedauerlich, wenn er auf dem Gut herumspazieren sollte, bevor er etwas zu sich genommen hat.» Sie stellte die Schale mit dem Porridge vor mich auf den Tisch und fügte etwas freundlicher hinzu: «Vielleicht geht Ihr ihn suchen, wenn Ihr mit dem Frühstück fertig seid, falls er bis dahin nicht zurückgekommen sein sollte.» Als würde sie sich plötzlich für ihre schlechte Laune schämen, lächelte sie und klopfte mir auf die Schulter. «Tut mir leid, Bursche. Ist schließlich nicht Eure Schuld, daß Master Underdown nicht hier ist. Aber heute morgen ist einfach alles danebengegangen. Ich selbst habe verschlafen und Alwyn, der die Pforte aufzuschließen hat, zu spät geweckt. Und als er sie geöffnet hatte, stand ein weiterer Besucher davor, noch ein Maul mehr durchzufüttern.» Sie warf ihren Kopf zum Küchenfeuer herum, wo mir zum erstenmal die Gestalt eines Mannes auffiel, der vornübergebeugt auf einem Hocker saß und seine Hände zu den wärmenden Flammen hin ausgestreckt hielt.

Der Rücken des Mannes kam mir bekannt vor, doch bevor ich die Muße hatte, darüber zu spekulieren, um wessen Rükken es sich wohl handeln könnte, stand er auf, und ich konnte ihn deutlich sehen. Klein und untersetzt, mit hellem sandfarbenem Haar, zottigem Bart, wettergegerbtem Gesicht und zwei sehr hellen, blauen Augen war er sogleich zu erkennen.

«Du!» rief ich aus, nach Atem ringend. «Was zum Teufel suchst du denn hier? Und wie hast du uns gefunden?»

Es war Silas Bywater.

Er holte seinen Hocker an den Tisch heran und setzte sich neben mich, während er zwischen seinen Zähnen herumstocherte und an ihnen saugte, nachdem er offensichtlich gut gegessen und sein Frühstück genossen hatte.

«Oh, ihr wart nicht schwer zu finden», sagte er. «Jedenfalls nicht für einen wie mich, der in Plymouth Freunde hat. Ich hab nicht lang gebraucht, um herauszubekommen, daß du mit Master Underdown im *Turk's Head* gewohnt hast. Und der Wirt hat es nicht bestritten, als ich es ihm auf den Kopf zu gesagt habe. Aber er meinte, ihr seid weg, und er wisse nicht wohin.» Silas lachte. «Natürlich wußte ich, daß er mich anlog.»

«Wann bist du in Plymouth angekommen?» fragte ich. Die verschiedensten Gedanken schossen mir durch den Kopf, während ich abzuschätzen versuchte, was Silas Bywaters Anwesenheit zu bedeuten hatte. Wenn er heute morgen vor der Pforte gewartet hatte, so hatte er sich letzte Nacht gewiß in der Umgebung, vielleicht sogar innerhalb des Gutes aufgehalten. War er Philips Mörder, nicht dagegen aber der unbekannte Reisende in der Schenke? War er der Mann, den ich im Schatten am Kai des Hafens von Sutton herumlungern gesehen hatte? Es gab so viele Fragen und noch keine Antworten. Überdies mußte ich eine gleichgültige Miene zur Schau stellen, ganz so als wäre sein Reiseweg von untergeordneter Bedeutung. Im Innern flehte ich, daß irgend jemand mit der Nachricht von Philips Tod aufkreuzen möge. Denn es fiel mir schwer, mich zu verstellen.

«Am Samstag bei Einbruch der Dunkelheit», gab er mir zur Antwort. «Ein Mann, der Erbsen in die Priorei Plympton beförderte, nahm mich auf seinem Fuhrwerk mit. Freitag nacht verbrachte ich dort und beendete meine Reise am Tag darauf zu Fuß, so daß ich spät nachmittags zu Hause ankam, weshalb ich mich erst am Sonntag nach euch erkundigte. Nicht daß Erkundigungen wirklich notwendig gewesen wären.» Er grinste und strich sich über den Bart. «Ich wußte, wo Master Underdown war. Da, wo er immer wohnte, wenn er in Plymouth war, bei seinem Kumpan John Penryn nämlich.»

Ich sagte langsam: «Du warst also am Samstag abend in der Stadt und wußtest, wo wir zu finden waren. Hast du nicht vielleicht versucht, in Master Underdowns Schlafkammer einzubrechen, in der Absicht, das zu erledigen, was dir im Kloster Buckfast nicht gelungen war?»

Er sah mich von der Seite her an, wobei er das Weiße seiner Augen zeigte wie ein ängstliches Pferd. «Ich weiß nicht, wovon du redest», erwiderte er. «Ich bin nur aus einem Grund hinter Philip Underdown her, nämlich um das Geld von ihm zu bekommen, das er mir versprochen, aber nie gegeben hat.»

«Du hast mir immer noch nicht erzählt, wie du uns hier aufgespürt hast. Du hast gesagt, John Penryn hätte bestritten zu wissen, wo wir uns aufhalten.»

Silas Bywater zuckte die Achseln. «Wenn man heimlich nachts die Stadt verlassen möchte, muß man die Pferde besser im Zaum halten. Wiehert eines, so fällt das auf. Eine Bekannte von mir hat Männer mit Pferden gesehen, die lange nach der Abendglocke unter ihrem Fenster vorbeigegangen sind und nach ihrer allgemeinen Richtung zu schließen auf dem Weg zur Fähre unterwegs waren. Der Fährmann ist ein alter Freund von mir und hat mir bestätigt, daß er zwei Männer und zwei Reittiere zu später Nachtstunde, wenn ehrbare Bürger längst in ihren Betten schlafen, über den Tamar gesetzt hat. Ebenfalls hat er mir berichtet, daß seine Passagiere am anderen Ufer nach Norden geritten sind. Den ganzen gestrigen Tag habe ich damit zugebracht, eure Spuren zu verfolgen und mich in jedem Haus zu erkundigen, an dem ich vorbeigekommen bin. Ich wußte, daß Philip Underdown an diesem Ufer zu tun hatte und sich irgendwo hier aufhalten würde, doch bei Gott, ich hätte nie damit gerechnet, daß er so gut untergebracht ist! In der letzten Nacht habe ich unter einer Hecke geschlafen und bin erst heute morgen an die Pforte gekommen, wo ich um ein Frühstück bitten und dann weitersuchen wollte. Als du eben hereinspaziert kamst und mir klar wurde, daß du mit Master Underdown hier wohnen mußt, da wollte ich meinen Augen kaum trauen. Aber dann dachte ich: Warum eigentlich nicht? Er hatte immer schon Nerven wie der Teufel!» Silas Bywater drehte sich auf seinem Hocker um und saß mir von Angesicht zu Angesicht gegenüber, wobei er mir zum erstenmal direkt ins Gesicht sah. «Du bist sein neuer Partner, nicht? Hast den Platz seines Bruders eingenommen, wie? Seltsam, du siehst nicht aus wie einer, der etwas mit Philip Underdowns Geschäften am Hut haben will.»

Einen Augenblick lang starrte ich ihn dumm an, bevor ich plötzlich verstand. Natürlich konnte Silas Bywater überhaupt nicht wissen, daß Philip nach der letzten verhängnisvollen Reise der *Speedwell* den Beruf gewechselt hatte. Silas nahm an, Philip handle noch immer mit Waren und Sklaven und dachte, ich sei sein Komplize. Doch bedeutete dies noch lange nicht, daß er nichts mit Philips Ermordung zu schaffen hatte. Falls er ihn letzte Nacht zufällig getroffen hatte, hätte seine Rachelust ihn überwältigen können. Er hätte den Knüppel entwenden und Philip damit totschlagen können, bevor er innehielt und überlegte, was er da überhaupt tat.

In diesem Augenblick verließ Janet Overy, die den Küchenmägden Anweisungen erteilte, wie sie die Gemüsesuppe mit Rindfleisch anzurichten hatten, die Küchenbank am anderen Ende der Küche und kam an unseren Tisch.

«Ich kann den Porridge nicht länger warm halten», sagte sie mir flink. «Ich brauche den Kaminhaken für den Eintopfkessel, so daß Euer Herr eben hungrig zum Mittagessen kommen muß. Wenn Ihr ihn seht, so sagt es ihm.» Sie sah Silas Bywater an. «Und Ihr, Mann, Ihr seid eingeladen, auf eine weitere Mahlzeit zu bleiben, falls Euch danach der Sinn steht.» Versonnen blickte sie ihn an. «Euer Gesicht kommt mir bekannt vor. Sind wir uns schon irgendwo begegnet, oder irre ich mich?»

Silas starrte sie an. «Nicht daß ich wüßte, Mistress. Soweit ich mich erinnere, habe ich Euch noch nie zuvor gesehen.»

Ich bemerkte den Blick der Haushälterin und sagte bedeutungsvoll: «Das ist Silas Bywater, ein früherer Freund von Master Underdown.»

Ich sah, wie sie sich eine Weile den Kopf zerbrach, bevor sie sich an diesen Namen erinnerte. «Natürlich», sagte sie lächelnd. «Vor vielen Jahren, als ich noch auf der anderen Seite des Flusses lebte, ging ich regelmäßig einmal im Monat auf den Markt nach Plymouth. Ich erinnere mich, Euch in Begleitung von Master Underdown gesehen und Euren Namen vernommen zu haben. Wenn ich mich nicht irre, wart Ihr zu jener Zeit Schiffskapitän.»

«Das bin ich immer noch, wenn es Arbeit für mich gibt.» Silas grinste selbstgefällig, da es ihm ohne Zweifel schmeichelte, daß er in seiner Heimatstadt eine so wohlbekannte Person war, daß eine gutaussehende Frau sich an ihn erinnerte, selbst wenn sie im Begriff war, aus dem besten Alter herauszuwachsen.

Ich stand auf. «Ich mache mich jetzt auf die Suche nach meinem Herrn», sagte ich widerstrebend, während mein Widerwille gegenüber dem Täuschungsmanöver, zu dem ich gezwungen war, immer mehr zunahm.

«Ich komme mit dir.» Silas Bywater stand ebenfalls auf und warf Janet Overy noch über die Schulter hinweg zu: «Ich bleibe noch zum Mittagessen. Vielen Dank, Mistress! Ich habe noch einige unerledigte Geschäfte, die ich mit Master Underdown besprechen möchte.» Er folgte mir nach draußen auf den Innenhof in den diesigen Sonnenschein und sagte neugierig: «Dein Herr ist er also, wie?» Er blickte mich abschätzend an. «Jetzt dämmert es mir. Er brauchte einen guten, starken, strammen und jungen Leibwächter wie dich, der ihn vor all den Leuten beschützt, die ihm ans Leder wollen. Und aus dem, was du eben gesagt hast, entnehme ich, daß sowohl in Buckfast wie auch in Plymouth jemand aufgetaucht ist, der ihm an den Kragen wollte.» Er lachte höhnisch. «Das erklärt die heimliche Flucht um Mitternacht. Aber wer immer es war, ich war es nicht. Denn ich will Philip Underdown lebendig, wenigstens so lange, bis ich bekommen habe, was dieser Lügenbastard mir versprochen hat. Ich habe ihm gesagt, daß ich ihn so schnell nichtlaufen lasse, wenn ich ihn erst einmal gefunden habe.»

Er klang ziemlich glaubwürdig, doch dies lag auch in seinem Interesse, falls er der Mörder war. Bald würde man nämlich den Leichnam finden und sicherlich Ermittlungen anstellen.

Ich ging zum offenen Tor hinüber, wobei ich wußte, daß er mir auf den Fersen blieb. Wir waren kurz vor dem beschatteten Durchgang, als ich das Geräusch von Karrenrädern auf dem Weg dahinter hörte sowie Stimmen, die riefen, man solle den Weg frei machen. Kurz darauf rumpelte der Karren, der gewöhnlich das Holz vom Sägewerk beförderte, gelenkt vom Sägemeister und seinem Helfer, die ich bereits früher am Tage gesehen hatte, über das Kopfsteinpflaster in der Durchfahrt. Mitten auf dem Innenhof hielt er an. Die Flanken des Pferdes in der Deichsel waren schweißtriefend und flatterten, da der Sägemeister das arme Tier angetrieben hatte, den Karren schneller zu ziehen als gewohnt. Doch jetzt hatte der Karren kein Holz geladen, sondern nur den ausgestreckten Leichnam von Philip Underdown.

12

Schließlich trat Silas Bywater als erster an den Karren heran.

«Erstochen», sagte er lakonisch. «Mitten durchs Herz.»

«Was? Du mußt . . .» Ich hatte sagen wollen: «Du mußt dich irren», doch ich sagte weiter nichts. Ich trat vor, um mich selbst zu überzeugen.

Philip lag auf dem Rücken, vom Sägemeister und seinem Helfer ohne Umschweife auf die nackten Bohlen gehievt. Seine Gesichtszüge schimmerten wächsern durch den Überzug aus Schmutz und Grasflecken hindurch, wie vom Tod verjüngt. Die Augen waren halb geschlossen, die Lider verdeckten jeglichen Ausdruck von Überraschung oder Entsetzen angesichts seines nahenden Schicksals. An den Knien seiner Hose und den Spitzen seiner Stiefel klebte Lehm, denn er hatte stundenlang mit dem Gesicht nach unten am feuchten Flußufer gelegen. Auch die Vorderseite seines Wamses hatte sich verfärbt, doch mit dem Lehm hatten sich Rinnsale eines unheimlicheren, rostigen Brauns vermischt, die vom Schaft eines Messers herrührten, das bis zum Heft in den Brustkorb gestoßen worden war und im Gewebe und in den Muskeln festsaß.

«Der Schädel ist hinten auch eingedellt», sagte der Sägemeister genüßlich. «Muß schon sagen, wer immer das war, hat saubere Arbeit geleistet. Respekt!»

Eine Vorstellung von den Ereignissen, die zu Philips Tod

geführt hatten, begann langsam in meinem Kopf Gestalt anzunehmen. Mir kam der Gedanke, daß er möglicherweise
gar nicht an dem Messerstich gestorben war. Ich nahm als
gewiß an, daß der Mörder zwar vorgehabt hatte, ihn tödlich
zu treffen, er in der Dunkelheit jedoch das Ziel verfehlt hatte,
und Philip, obwohl zu Boden gestreckt, noch immer atmete.
Er war mit dem Messer in der Brust vornüber gefallen, und
der Mörder hatte sich alsdann nach einem Gegenstand umgesehen, mit dem er sein Werk vollenden konnte. Mein
Knüppel, den Philip mitgenommen hatte, mußte ihm aus der
Hand gefallen und dazu benutzt worden sein, ihm den Schädel einzuschlagen, womit dann dieses grausige Geschäft zu
Ende geführt worden war. Ich lehnte mich etwas weiter nach
vorne, um den Messerschaft näher in Augenschein zu nehmen, doch er war aus einfachem Knochenbein, an dem
keinerlei Merkmale auffielen, und konnte im Laden irgendeines Messerschmieds oder an jedem Marktstand im Land
erstanden worden sein.

Inzwischen hatte das übrige Gesinde des Herrenhauses, das
sich in Hörweite aufhielt, bemerkt, daß irgendein Unheil
geschehen war. Mistress Overy und die beiden Küchenmägde kamen aus der Küche, die Wäscherin und ihre Helferinnen
tauchten aus den Dampfwolken auf, die durch die Tür zur
Wäscherei heraustraten, der Bäcker mit seiner mehlbedeck-
ten Schürze und den Händen voller Teig kam hinzu, während Alwyn aus dem großen Saal über den Innenhof hastete,
wobei sein langes, dunkelblaues Gewand um seine dünnen
Knöchel flatterte. Augenblicke später eilte auch Isobel Warden aus der Gesindeunterkunft herbei, ihre roten Haarflech-
ten glitzerten im Sonnenschein und waren unschicklicher-
weise nicht mit einem Hausfrauenhäubchen bedeckt. Sie trug
ein dunkelgrünes Wollkleid, das die Farbe ihrer Augen wi-
derspiegelte und so geschnitten war, daß es die Rundungen

ihrer herrlichen Figur nicht verbarg. Philip hatte womöglich angenommen, sie sei jedes Risiko wert.

Eine Weile lang herrschte Stillschweigen, während alle sich um den Karren scharten, um sich dessen Ladung genauer anzuschauen. Fast konnte ich sehen, wie sie zuerst zurückwichen vor dem, was ihre Augen wahrnahmen, es dann langsam verstanden und ihre Ungläubigkeit in Entsetzen umschlug. Eins der Mädchen aus der Wäscherei schrie auf und bekam einen hysterischen Weinkrampf, Alwyn erblaßte sichtlich, die beiden Küchenmägde klammerten sich aneinander, um einander zu stützen, und der Bäcker wischte mit dem Handrücken über die Stirn, wo er eine Mehlspur hinterließ. Die beiden, die offenbar am geringsten betroffen zu sein schienen, waren die Haushälterin und Isobel Warden. Die erste mochte in ihrem Leben zu viele Tragödien erlebt haben, als daß der jetzige Schicksalsschlag sie bestürzt hätte. Die letzte blieb ungerührt aus Gründen, über die ich kaum Vermutungen anzustellen wagte. Hatte Isobel gewußt, was sie erwartete, als sie sich dem Karren näherte? Ihr schönes Antlitz mit der weichen Haut und fahlen Blässe gab kein Geheimnis preis.

«Ist er tot?» fragte Alwyn, mehr um das Schweigen zu brechen, als aus Unsicherheit in dieser Situation.

«Vorn wie hinten», entgegnete der Sägemeister, der sich damit als Mann mit einem Sinn für schwarzen Humor offenbarte. Und für all jene, die noch nicht eingeweiht waren, fügte er hinzu: «Der Schädel ist hinten aufgeplatzt.»

Der Hausverwalter atmete tief durch. In Abwesenheit seines Herrn und seiner Herrin mußte er entscheiden, was als nächstes zu unternehmen war, und im Augenblick schien er verloren und wußte nicht, was er tun und lassen sollte. Der gewaltsame Tod eines Gastes unter Sir Peverils Dach, der angab, sein Freund zu sein, war eine wirklich ernste Angelegenheit und zudem eine, für die er sich schlecht gerüstet empfand.

«Am besten benachrichtigen wir Sir Peveril in London über die Geschehnisse. Inzwischen muß jemand nach Schloß Launceston reiten und den Beamten des Sheriffs aus der Garnison holen.» Alwyn sah sich im Kreise um. «Thomas Sawyer, du kannst das erledigen. Sag John Groom, er soll den Grauen satteln, wenn er von der Übung mit den Pferden zurückkommt. Wenn du in der nächsten Stunde aufbrichst und schnell genug reitest, könntest du gegen Mittag dort sein und mit dem Beamten des Sheriffs noch vor Einbruch der Dunkelheit wieder zurück sein. Warst du allein, als du ihn gefunden hast?»

Erfreut über seine plötzliche Wichtigkeit nickte Thomas Sawyer. Die Aussicht auf einen freien Tag vom Sägewerk und die Gelegenheit, seinem Helfer all seine Arbeiten übertragen zu können, behagten ihm. «Ich ging am Flußufer entlang, um meine Glieder etwas zu bewegen. Denn wenn man stundenlang an der Säge steht, bekommt man schnell einen Krampf», sagte er zu seiner Entschuldigung. «Da bin ich über ihn gestolpert. Er lag mit dem Gesicht nach unten im hohen Gras am Flußufer. Fast komplett unmöglich, ihn vom Pfad aus zu sehen, muß ich sagen.»

«Nun, am besten tragen wir seinen Leichnam hinein», schlug Alwyn vor. «Wir stellen im großen Saal einen Bock auf und bahren ihn dort auf. Thomas, du und der junge Gerard, ihr könnt das erledigen. Sobald John Groom mit den Pferden zurück ist, reitest du ab nach Launceston. Gerard, du gehst dann runter ins Dorf und trommelst die übrigen Männer zusammen. Erzähl ihnen, was geschehen ist. Colin und Ned arbeiten mit Edgar Warden am östlichen Zaun.» Mit einer ausholenden Armbewegung drehte er sich zu den übrigen um. «Kommt! Laßt uns reingehen. Es hat keinen

Zweck, hier draußen herumzulungern, und ich glaube, Mistress Overy, daß eine Maß Ale für alle jetzt gerade recht käme. Wenn ich es mir recht überlege, wäre Wein eigentlich angemessener, und ich bin mir sicher, daß Sir Peveril unter diesen Umständen nichts dagegen einzuwenden hätte. Ihr habt den Schlüssel zur Vorratskammer.»

«Ich kümmere mich sofort darum.» Janet Overy drehte sich auf der Stelle um und trieb die Küchenmägde und Mädchen aus der Wäscherei vor sich her ins Haus zurück. Die Waschfrau und der Bäcker folgten ihr auf dem Fuß, denn einen Krug spendierten Weines wollten sie sich nicht entgehen lassen. Und jeder Vorwand, die Arbeit zu unterbrechen, war willkommen.

Als wir die Küche betraten, schnappte ich den Hausverwalter beim Ärmel und zog ihn zur Seite. Bei der Erwähnung von John Groom und den Pferden war mir ein anderes Problem aufgegangen.

«Master Underdown hat Euch etwas über seine Geschäfte erzählt», sagte ich leise. «Nun muß ich sie für ihn erledigen. Kann ich sein Pferd solange hier im Stall unterstellen, bis ich diejenigen erreicht habe, die es abholen kommen?»

Alwyn sah etwas überrascht drein. «Das Pferd bleibt hier. Es war sicherlich der kostbarste Gegenstand im Besitz von Master Underdown zum Zeitpunkt seines Todes, und da sein Tod auf dem Grund und Boden von Trenowth Manor eingetreten ist, gehört das Tier fürderhin Sir Peveril.» Er hob die Augenbrauen angesichts meiner offensichtlichen Verwirrung. «So schreibt es das Gutsgesetz in Cornwall vor», erläuterte er. «Ist das in England nicht so?»

«Nicht daß ich wüßte», antwortete ich trocken. «Doch in juristischen Fragen kenne ich mich nicht aus. Die Mönche in Glastonbury brachten mir zwar Lesen und Schreiben bei, doch der Erwerb von Eigentum war kein für Novizen als geeignet betrachtetes Thema, obwohl ich zweifellos mehr gelernt hätte, wenn ich lange genug dabeigeblieben und in der kirchlichen Hierarchie aufgestiegen wäre.» Alwyn schien mehr als nur ein wenig schockiert zu sein angesichts solchen Zynismus, und ich entschied, daß ich genug gesagt hatte. Deine Zunge bringt dich eines Tages noch in große Schwierigkeiten, dachte ich. Und das Problem, was mit Philips Graugeschecktem zu geschehen hatte, war für mich gelöst, wenngleich nicht in der von mir ins Auge gefaßten Weise. Ich lenkte Alwyns Aufmerksamkeit auf Mistress Overy, die mit zwei großen Lederflaschen in die Küche gekommen war.

Diese wurden ordnungsgemäß geöffnet, und alle Anwesenden erhielten etwas von dem Wein. Einige Minuten später kamen Thomas Sawyer und sein Helfer Gerard, um ihren Anteil einzufordern und zu berichten, daß der Leichnam nunmehr im großen Saal aufgebahrt war und auf die Fürsorge der Frauen wartete.

«Jemand sollte den Pfarrgeistlichen benachrichtigen», schlug ich dem Hausverwalter vor, «daß wir seine Dienste benötigen. Zum Glück hat Master Underdown gestern abend, wie wir andern auch, gebeichtet und die Absolution erhalten. Deshalb kann über den Zustand seiner Seele zum Zeitpunkt seines Todes kein Zweifel bestehen.» Während ich sprach, fragte ich mich insgeheim, ob ich mit diesen Worten die Wahrheit traf. Doch was Pater Anselm anging, so konnte er ruhigen Gewissens Philip beerdigen.

Alwyn nickte. «Thomas, auf deinem Weg kannst du beim Priester vorbeigehen und ihm berichten, was geschehen ist. Da der Festtag der Heiligen Faith ist, wird Pater Anselm heute eine besondere Messe lesen. Wenn er daher nicht mit dir sprechen kann, gib seinem Hausmeister oder einem Nachbarn Bescheid. Wenn du deinen Wein ausgetrunken hast, mach dich nach Launceston auf den Weg. Es ist keine

Zeit zu verlieren, wenn du und der Beamte des Sheriffs vor dem Abend hier eintreffen sollen.»

Der Arbeiter aus der Sägerei murmelte etwas von übertriebener Eile, doch er war viel zu erfreut über die Aussicht auf einen arbeitsfreien Tag, als daß er mehr als eine leise Verwünschung, ein Tribut an sein Selbstwertgefühl, in seinen Bart gemurmelt hätte. Er hätte von sich eine schlechte Meinung gehabt, hätte er kein Zeichen von Widerstand gegen die Autorität erkennen lassen. Er leerte den Wein bis zur Neige, stellte seine Schale auf den Tisch und straffte die Schultern.

«Ich geh dann los», sagte er. «John Groom ist vor zehn Minuten von der Übung mit den Pferden zurückgekommen. Ich habe schneller aufgesattelt und bin flinker reisefertig, als du ‹Messer› sagen kannst!» Die Erkenntnis, daß seine letzte Bemerkung völlig fehl am Platze war, traf ihn wie ein Schlag, und er errötete. «Nun . . . Gott mit euch allen! Ich bin so schnell wie möglich wieder zurück.»

«Und ich erzähl den anderen, was geschehen ist», sagte Gerard plötzlich, dem die früheren Anweisungen des Hausverwalters in den Sinn kamen. Er schlüpfte im Gefolge von Thomas aus der Küche, um jedem Tadel aus dem Weg zu gehen.

Alwyn starrte seinem verschwindenden Rücken mit einem Ausdruck strenger Mißbilligung hinterher, bevor er sich dem unangenehmen Job zuwandte, der seiner harrte. Er sah Janet Overy an. «Willst du mit einem der Mädchen das Aufbahren besorgen?»

Die Küchen- und Wäschereimägde, deren erster Schrecken einem nervösen Tuscheln gewichen war, ließen sogleich alle Zeichen erneuter Hysterie erkennen. Die Haushälterin brachte sie rasch zum Schweigen: «Isobel, meine Liebe, du hilfst mir doch dabei?»

Die junge Frau, die ihren Wein kaum angerührt hatte, am Küchentisch saß und uns alle mit einer Art gelangweilter Distanz beobachtete, antwortete gleichgültig: «Wenn du es wünschst.»

«Ich wünsche es», sagte Janet Overy knapp, die versuchte, etwas Normalität in die durch Entsetzen und Verdächtigungen gespannte Situation zu bringen. «Wir machen uns sofort an die Arbeit. Es ist zwecklos, sie hinauszuschieben.» Sie begann mit den Vorbereitungen, indem sie heißes Wasser aus dem Topf über dem Feuer in eine große irdene Schüssel goß und eine der Küchenmägde zur Leinenpresse schickte, um ein sauberes Nachthemd, ein Bettuch und ein paar Stofflappen zu holen. Als dieses Material zusammengetragen war, nickte sie Isobel Warden erneut zu. «Nimm das Leinen, ich nehme die Schüssel.» Sie fügte hinzu: «Es dauert eine Weile. Ich schlage vor, daß die übrigen, sofern Alwyn Steward zustimmt, sich so schnell wie möglich wieder an ihre Arbeit machen. Dabei werdet ihr euch besser fühlen.»

Die jüngeren Mitglieder des Haushalts waren eher geneigt, diese Weisheit anzuzweifeln, doch die Wäschefrau befahl ihren Helferinnen mit einer Stimme, die keinen Widerspruch duldete, in die Wäscherei zurückzukehren, und der Bäcker meinte widerwillig, daß er nach seinem Brot schauen müsse, denn sonst würden wohl sämtliche Laibe anbrennen. Unter Alwyns stechendem Blick mußten die beiden Küchenmägde notgedrungen ihre Arbeit wieder aufnehmen, beide unter Einwirkung des Weins ein wenig schwankend auf den Beinen. Sie gingen an das andere Ende der Küche und machten sich mit so lockeren Bewegungen an das Kleinschnippeln des Gemüses für das Abendessen, daß mir angst und bange um ihre Finger wurde.

Ich legte dem Hausverwalter meine Hand auf den Arm, weil ich hoffte, ihn zum Zwecke einer privaten Unterhaltung von Silas Bywater zu entfernen, doch in diesem Augenblick betrat Edgar Warden die Küche mit zwei anderen Männern: Es waren Colin und Ned, die Alwyn zuvor erwähnt hatte. Edgars finstere Miene verriet sein ganzes Mißtrauen, befürchtete er doch, daß man ihm einen Streich gespielt hatte.

«Was soll dieser ganze Unsinn, den Gerard uns da aufgetischt hat?» fragte er trotzig. «Es gibt noch 'ne Menge zu tun heute da draußen am Grenzzaun. Wenn der Bursche uns einen Streich gespielt hat, dann ziehe ich ihm bei lebendigem Leib die Haut ab!»

Diese Worte wurden vom zustimmenden Gemurmel seiner beiden Gefährten begleitet, doch Alwyn hob schnell die Hand.

«Ich fürchte, es stimmt, was Gerard euch erzählt hat. Unser Gast, Master Underdown, ist in der vergangenen Nacht in der Nähe des Flusses ermordet worden. Ich habe nach einem Beamten des Sheriffs von Schloß Launceston geschickt. Bis zu seiner Ankunft können wir weiter nichts unternehmen. Mistress Overy ist gerade dabei, seinen Leichnam im großen Saal zur Aufbahrung vorzubereiten.»

Von dem Augenblick an, als Edgar Warden hereingekommen war, hatte ich ihn genau beobachtet, da ich ihn neben dem unbekannten Fremden, der sich in der Schenke von Trenowth aufhielt, als einen der Hauptverdächtigen für den Mord an Philip betrachtete. Und falls Philip tatsächlich ein Stelldichein mit der schönen Isobel gehabt und ihr Ehemann beide auf frischer Tat ertappt hatte, stand für mich außer Zweifel, wie er darauf reagiert hatte. Zwar waren beide Kontrahenten etwa gleich groß und gleich schwer, aber es wäre kein gerechter Kampf gewesen. Falls Edgar wirklich der Mörder war, so vermutete ich folgendes: Irgendwie hatte er von dem geplanten Stelldichein seiner Frau Wind bekommen und sich auf die Lauer gelegt. Dann war er Philip mit dem Messer in der Hand gegenübergetreten und hatte in blindem Zorn auf ihn eingestochen, so daß er sein Ziel nur ungenau traf. Philip war dann auf die Knie gefallen, aber noch lebendig, und mit dem Knüppel, den er hatte fallen lassen, zu Tode geprügelt worden.

Diese Vermutungen über Edgar als Mörder trafen ebensogut auf den unbekannten Fremden zu, den gedungenen Mörder der Woodvilles oder Tudors, und ich mußte alle Möglichkeiten ins Auge fassen. Zudem gab es da noch eine zusätzliche, dritte Möglichkeit in der Person von Silas Bywater, der uns alle mit seinen hellen Vogelaugen beobachtete, die er von einem zum anderen wandern ließ. Er hatte Philip Rache geschworen, und wenngleich Philip ihm lebendig mehr nützte als tot, so wäre Silas nicht der erste Mann gewesen, der in einem Anfall haltloser Wut gemordet hatte. Es gab auch die Möglichkeit, daß Philip sich mit Silas verabredet hatte, obwohl ich das nicht wirklich annahm. Er hätte weder Zeit noch Energie verschwendet, um aus seinem Schlafkammerfenster zu steigen und Silas insgeheim zu erzählen, was er ihm zuvor in Anwesenheit anderer Leute hätte erzählen können. Es sei denn . . . es sei denn, Philip hatte geplant, Silas umzubringen, um dessen Drohungen und Nachstellungen für immer ein Ende zu bereiten. Mein Kopf begann zu schwirren, als ich plötzlich in einem Meer von Möglichkeiten herumschwamm.

Edgar Warden setzte sich an den Tisch, Colin und Ned taten ein gleiches. Alwyn schob ihnen die Flasche zu, die noch Wein enthielt. Er rief einer der Küchenmägde zu, sie solle noch drei Schalen bringen, und schenkte selbst ein, nachdem man sie ihm gebracht hatte.

«Hier, trinkt das. Von Sir Peverils bestem Vorrat, aber unter diesen Umständen dachten Mistress Overy und ich, daß er uns deswegen nicht grollen wird.»

Der Gutsverwalter leerte seine Schale in einem Zug, dann wischte er seinen Mund mit dem Handrücken ab. «Ich kann nicht sagen, daß mir Underdowns Tod leid täte», sagte er nach einem Augenblick des Schweigens, wobei weder sein Gesicht noch seine Stimme irgendein Gefühl verrieten. «Ich hatte keinen Grund, das wenige, was ich von ihm gestern gesehen habe, zu mögen. Bestimmt ein Mann, der sich zu seinen Lebzeiten viele Feinde gemacht hat.»

«Bei Gott, das stimmt!» tönte Silas Bywater unerwartet von der Ecke des Küchenfeuers her. «Einen Gauner erkennt man sofort, Freund.»

«Wer ist das?» wollte Edgar wissen, nachdem er sich zu Silas umgewandt hatte.

«Ich hab als Schiffskapitän für Philip Underdown gearbeitet in der Zeit, als er von Plymouth aus Handel trieb. Er hatte andere Kapitäne in Bristol und London, wenn die *Speedwell* von diesen Häfen ablegte, was manchmal der Fall war. Und wenn er die ebenso schäbig behandelt hat wie mich und meine Mannschaft, dann hat er jede Menge Feinde.»

«Aber du bist hier, und Master Underdown ist tot», wandte ich mit sanfter Stimme ein, und zum erstenmal bemerkte ich in diesen hellblauen Augen ein Aufflackern von Angst. «Wie du selbst angegeben hast, bist du uns von Plymouth aus gefolgt und warst in der letzten Nacht in der Nähe von Trenowth.»

Silas sprang unsicher auf die Füße, seine Hände hatte er in die Seiten gestemmt. «Hier? Was willst du damit andeuten?» fragte er.

«Ich deute gar nichts an, sondern wiederhole nur, was du Mistress Overy und mir heute morgen erzählt hast. Und zweifellos wirst du über deine Anwesenheit vor dem Beamten des Sheriffs Rechenschaft ablegen müssen, sobald er eingetroffen ist.»

Silas Bywater setzte sich langsam wieder hin. Um den Mund war er etwas blaß geworden. Er schien ernsthaft erstaunt darüber, daß er in Philips Ermordung verwickelt sein könnte, eine Tatsache, die auf seine Unschuld bei diesem Verbrechen hindeutete – oder lediglich auf sein Geschick, andere über seine wahren Gedanken und Gefühle zu täuschen. Ich kannte ihn nicht gut genug, um mir ein abschließendes Urteil zu erlauben, genausowenig war es mir möglich, zu diesem Zeitpunkt abzuschätzen, ob Edgar Wardens Gleichgültigkeit echt oder gespielt war. Ich konnte nur abwarten, was die Zeit und die Ermittlungen des Beamten ergeben würden.

Doch mich beunruhigte, daß man den Beamten des Sheriffs benachrichtigen wollte. Wenn Philip, wie ich mehr als nur halb vermutete, von einem Spion der Woodvilles oder der Tudors umgebracht worden war, so würde der Herzog von Gloucester zweifellos wünschen, daß die Angelegenheit geheim blieb, ganz besonders wenn die Verwandten der Königin darin verwickelt wären. Offizielle Ermittlungen über die Ursachen, die zu Philips Tod geführt hatten, konnten viel Unheil anrichten und sogar meine eigenen Aussichten, den Brief des Königs sicher an den bretonischen Herzog François zu überbringen, aufs Spiel setzen. Wenn es mir andererseits gelang, dem Beamten des Sheriffs bei seiner Ankunft in Trenowth die Identität des Mörders bekanntzugeben, oder wenn ich ihm statt dessen gute Gründe nennen konnte, keine offiziellen Ermittlungen anzustrengen, hatte ich eine Chance, die Mission des Herzogs auszuführen. Ich hatte sein Vertrauen in mich, daß ich das Leben meines Gefährten schützte, nicht gerechtfertigt. Doch noch war nicht alles verloren – vorausgesetzt, es gelang mir tatsächlich, die schier unmögliche Aufgabe zu erfüllen, die ich mir selbst gestellt hatte.

13

Als Janet Overy und Isobel vom großen Saal in die Küche zurückkehrten, nachdem ihre Verrichtungen im Zusammenhang mit der Aufbahrung beendet waren, hatten der Gutsverwalter und seine beiden Männer gerade ihren Wein ausgetrunken und waren zu den Ausbesserungsarbeiten am östlichen Grenzzaun von Trenowth Manor zurückgekehrt. Alwyn war ebenfalls hurtig davongeeilt, um zu kontrollieren, ob Thomas Sawyer wirklich bereits nach Schloß Launceston unterwegs war und nicht etwa einem ausgiebigen Schwatz mit dem Stallburschen frönte. Silas hockte noch immer beim Küchenfeuer, und jedesmal, wenn ich zu ihm hinüberblickte, zeigte seine versteinerte Miene deutlich einen Ausdruck von beleidigter Unschuld.

Ich stand auf, als die Frauen eintraten, und fragte: «Ist alles erledigt? Kann ich ihn sehen?»

Mistress Overy stellte die nunmehr leere Schale an ihren Platz auf dem Bord zurück und bedeutete Isobel, daß sie im Augenblick ihrer Dienste nicht weiter bedurfte. Die junge Frau war keine Dienerin, und obwohl sie im Herrenhaus aushalf, wann immer dies von ihr verlangt wurde, so war sie zuerst und vor allem die Ehefrau des nach Alwyn und Janet dritthöchsten Verantwortlichen für Trenowth.

«Selbstverständlich ist alles erledigt», antwortete die Haushälterin gekränkt. «Ich habe schon genug Leichen aufgebahrt, um zu wissen, was ich zu tun habe.» Schuldbewußt dachte ich an ihren Ehemann und ihren Sohn und verfluchte meine Gedankenlosigkeit. Meine Reue muß mir anzusehen gewesen sein, denn etwas sanfter fügte sie hinzu: «Leider nein, Ihr könnt nicht zu ihm gehen. Die Tür zum großen Saal wird auf Alwyns Anordnung verschlossen gehalten, bis der Beamte des Sheriffs heute abend eintrifft. Alwyn hat den Schlüssel an sich genommen.» Sie blickte mich eindringlich an. «Ihr seht blaß und mitgenommen aus, Bursche. Ihr setzt Euch besser noch etwas hin, und ich hole etwas Wein her. Diese Sache geht Euch sehr zu Herzen, obwohl Ihr den Mann nicht gemocht habt.»

Ich sah, daß Silas sich bei dieser Bemerkung neugierig zu mir umdrehte und beeilte mich, ihr zu versichern, daß ich nichts zu trinken brauchte. «Aber ich möchte gern mit Master Steward sprechen, wenn ich darf.»

Janet schüttelte zweifelnd den Kopf. «Er hat zu tun und nähme es unfreundlich auf, wenn man ihn jetzt stören würde. Neben seinen üblichen Aufgaben muß er jemanden nach London schicken, um Sir Peveril und seiner Lady Kunde von diesem unglückseligen Ereignis zu überbringen. Und weitere Vorbereitungen sind zu treffen, um den Vollzugsbeamten bei seinem Eintreffen zu empfangen. Da fällt mir übrigens ein, daß ich noch eine Kammer für ihn zurechtmachen muß. Die Unterbringung von Gästen zählt nämlich nicht zu Alwyns Aufgaben, sondern zu meinen.» Sie hob den Schlüsselbund hoch, der lose an ihrem Gürtel hing, und suchte nach dem passenden Schlüssel, während sie im Geist bereits die Haushaltsarbeiten durchging und alles andere beiseite schob. Ihr vorheriger Rat an die anderen Diener, mit ihren gewohnten Verrichtungen im Haushalt fortzufahren, schien in ihrem Fall wahre Wunder zu wirken. Ihrem gelassenen und praktischen Verhalten wäre nur schwer zu entnehmen gewesen, daß sich am Morgen irgendein Unheil ereignet hatte.

Abrupt ging sie nun auf die Küchentür zu, und ich folgte ihr nach draußen auf den Innenhof. Der Tag versprach nicht mehr schön zu werden. Inzwischen hatte sich der Himmel mit Regenwolken bedeckt, die vom Meer herübergezogen waren und sich dunkel und drohend am Horizont aufgetürmt hatten. Die schwache Brise der Nacht war zurückgekehrt und störte die Baumwipfel, die über das Viereck der Gebäude hinausragten, in ihrer Ruhe auf. Der Herbst mit all seinen unterschiedlichen Stimmungen hielt auf dem Land Einzug, und die fahle Oktobersonne kam gegen seine plötzlichen Böen und Winde nicht an. Mit jedem Tag wurden die Seeüberquerungen gefährlicher und die Schiffsbewegungen unvorhersehbarer. Ich mußte mich bereithalten und in Plymouth auf die *Falcon* warten, falls sie endlich auftauchte, woran ich keinen Zweifel hegte, wenn sie auf Befehl des Königs aus ihrer Wache bei St. Michael's Mount zurückbeordert wurde. Ich konnte mir keinen Tag Verspätung erlauben, während der Vollstreckungsbeamte seine Ermittlungen zu Philips Tod durchführte.

Ich erwischte Janet Overy gerade noch am Arm, als sie davoneilen wollte. Mit verärgerter Miene drehte sie sich nach mir um.

«Hättet Ihr oder Master Steward etwas einzuwenden, wenn ich den Bediensteten des Herrenhauses einige Fragen stellte? Und dann möchte ich noch in der Dorfschenke Erkundungen anstellen. Würde einer von Euch beiden mir Schwierigkeiten machen?»

Die Haushälterin machte ein verdutztes Gesicht, dann zuckte sie die Achseln. «Mir ist das gleich, und ich glaube kaum, daß Alwyn Euch daran hindern wird. Je eher diese Angelegenheit aufgeklärt ist, um so besser für uns alle. Ich meine, Ihr tätet besser daran, auf den Vollstreckungsbeamten zu warten, aber das müßt Ihr entscheiden. Nach allem, was

Ihr mir gestern erzählt habt, macht Ihr Euch gewiß Eure eigenen Gedanken. Versucht trotz alledem nicht, das Landgut zu verlassen. Denn wer so dumm wäre, geriete mit dem Gesetz in Konflikt und somit in Verdacht. Lautes Geschrei über ihn würde sofort anheben.» Sie nickte in Richtung auf die Küchentür. «Das erzählt Ihr besser Eurem Freund Silas Bywater. Seit Ihr ihn darauf hingewiesen habt, daß man auch ihn zu den Mordverdächtigen zählen könnte, ist er reichlich nervös. Jetzt muß ich aber an die Arbeit. Ich kann hier nicht den ganzen Tag lang schwatzen.»

Entschlossen wandte sie sich von mir ab und wollte auf den Eingang des Speisesaals und des Treppenhauses zum oberen Stock zugehen, doch wieder lief ich hinter ihr her und hielt sie auf.

«Da gibt es noch etwas, das mir gerade eingefallen ist!»

Diesmal ließ sie ihre Verärgerung deutlich erkennen und drehte sich mit finsterem Gesicht zu mir um. «In Gottes Namen, was gibt's denn jetzt noch?»

Mir fiel auf, daß bei all ihrem gelassenen Äußeren der Mord sie nicht weniger aufgebracht und verstört hatte als uns alle, und daß nur ihr Verantwortungsgefühl für die jüngeren Mitglieder des Haushalts sie diesem Zwischenfall gegenüber gelassen erscheinen ließ. In Abwesenheit ihrer Herrin oblag es ihr, angesichts unvorhergesehener Widrigkeiten Ruhe und Würde zu bewahren.

«Verzeiht mir», sagte ich, «doch ich muß Euch noch etwas fragen.» Ich beeilte mich mit der Formulierung der Frage, um zu verhindern, daß sie meine Hand abschüttelte und mich einfach stehenließ: «Gestern abend, als Master Underdown und ich uns schlafen legten, bemerkte ich, daß jemand einen Strauß Margeriten auf die Truhe neben unseren Kerzenhalter gestellt hatte, und in der Mitte des Straußes befand sich der Knöterich, den ich gestern morgen weggeworfen hatte. Jemand hat ihn im Innenhof aufgehoben und in unsere Kammer gebracht. Vermögt Ihr mir zu sagen, wer ihn dort hingestellt haben könnte?»

Der Ärger auf Janets Antlitz verflog, und sie sagte stirnrunzelnd: «Wer würde so etwas tun? Die Margeriten für sich allein genommen, nehme ich mal an, könnten die Mädchen auf die Kammer gebracht haben, um sie zu schmücken. In diesem Fall hätten sie allerdings bestimmt im Wasser gestanden. Doch weshalb der Knöterich? Das ergibt keinen Sinn. Was hat denn Master Underdown dazu gesagt?»

«Er hat es nicht gesehen, und ich hatte beschlossen, ihm erst am Morgen davon zu berichten. Die Blumen hatte ich zwischen Truhe und Wand geschoben und sie dann vergessen.»

Mehr durfte ich ihr nicht erzählen, wenn ich ihr nicht preisgeben wollte, was sich in der Nacht ereignet und daß ich den Mord vorzeitig entdeckt hatte. Ich mochte sie nicht enttäuschen, doch nahm ich an, daß ihre Schwäche für mich auf eine harte Probe gestellt würde, wenn sie die Wahrheit erführe.

Sie sagte: «Vielleicht solltet Ihr sie mir lieber zeigen. Irgendwann heute morgen muß ich sowieso in Eure Kammer kommen, um nachzusehen, ob alles ordentlich aufgeräumt ist. Also können wir es auch gleich erledigen. Moment mal, ich will einem der Mädchen sagen, daß es nach einer Weile nachkommen soll, um den Boden zu wischen und die Betten zu machen.» Sie ging noch einmal zur Küche und verschwand kurz darin. Nachdem sie wieder zum Vorschein gekommen war, gingen wir gemeinsam durch den großen Speisesaal und die Treppen hinauf zur Kammer, die ich zuvor mit Philip geteilt hatte.

Mistress Overy ging mir voraus, um die Tür zu öffnen, und stieß einen Schrei des Erschreckens aus. Ich spähte über ihre Schultern. In der Kammer herrschte vollkommenes

Durcheinander. Sowohl die Matratzen als auch die Kissen waren mit einem Messer aufgeschlitzt worden, und Stroh und Federn lagen mit den Binsen vom Vortag vermischt über den Boden verstreut. Der Deckel der Truhe aus Zedernholz stand offen und war gegen die Wand geklappt worden, als man festgestellt hatte, daß sie nichts enthielt. Der Inhalt meines Bündels und der von Philips Satteltasche lag überall im Raum verstreut herum, und das Fenster wie auch die Fensterläden schwangen frei in den Scharnieren. Mit Bestürzung erinnerte ich mich daran, daß ich beide am Morgen geöffnet hatte, um meinen Knüppel genauer nach weiteren Blutspuren absuchen zu können. Ich hatte es versäumt, sie zu schließen, als ich die Kammer verließ. Wieder einmal verfluchte ich meine Dämlichkeit, wobei ich zu meiner Entschuldigung lediglich meine mangelnde Erfahrung in solch abwegigen Situationen vorbringen konnte.

«Aber wie konnte denn hier überhaupt jemand hineingelangen?» fragte Mistress Overy.

«Wer immer es auch gewesen ist, er ist an den Rebstöcken an der Außenmauer hochgeklettert und auf demselben Weg geflüchtet, genau wie Master Underdown in der vergangenen Nacht.»

Sie hielt den Atem an, drehte sich nach mir um und sah mich an. «Natürlich», sagte sie. «Bei all der Aufregung hat keiner daran gedacht . . . Er kann nicht über den Innenhof nach draußen gekommen sein. Die Hauptpforte und der Nebeneingang waren verschlossen. Niemand ist darauf gekommen, das zu untersuchen . . . Wahrhaftig, ich glaube, wir waren nicht ganz bei Verstand.»

Ich schüttelte den Kopf. «Ihr hattet andere Dinge zu bedenken, nachdem der Leichnam gefunden worden war. Und Fragen dieser Art hat der Sergeant zu stellen, wenn er hier ist.» Ich blickte mich in der Kammer um. «Jedenfalls ist kein

Schaden entstanden. Unser Möchtegern-Dieb ist nicht fündig geworden.»

Janet warf mir einen neugierigen Blick zu, enthielt sich jedoch eines Kommentars. Sie erwies sich des Vertrauens würdig, das ich in sie gesetzt hatte, und durch ihr Schweigen gab sie mir zu verstehen – deutlicher, als sie es mit Worten hätte sagen können –, daß meine Angelegenheiten sie nichts angingen. Doch einen Augenblick später bemerkte sie: «Dennoch muß Master Steward unterrichtet werden, daß sich jemand ins Haus eingeschlichen hat. Das könnte mit dem Mord im Zusammenhang stehen.» Sie zögerte, dann fragte sie: «Wieviel weiß Silas Bywater von Euch und Master Underdown?»

«Die Wahrheit kennt er bisher noch nicht. Er nimmt an, daß Philip und ich Partner waren, daß ich ihm seinen verstorbenen Bruder ersetze und wir uns hier aufhalten, um Handel zu treiben, indem wir diese Gegend von Cornwall nach Ware abklappern, die wir billig erstehen und in Übersee mit Profit verkaufen können. Einschließlich mißgebildeter und verkrüppelter Kinder.»

Das Gesicht der Haushälterin verzerrte sich vor Ekel beim Gedanken an einen solch abscheulichen Handel, dann beschäftigte sie sich wieder mit der eigentlichen Angelegenheit. «Ich mache mich auf den Weg zu Alwyn», sagte sie, «und berichte ihm, was vorgefallen ist. Ihr könnt Eure Untersuchungen wie geplant fortsetzen.»

«Bevor ich gehe, zeigt mir noch das, um dessentwillen wir eigentlich hergekommen sind.» Ich schloß den Deckel der Truhe, rückte sie einige Zentimeter von der Wand weg, bückte mich und richtete mich mit einem Strauß verwelkter Blumen wieder auf. «Hier! Der Knöterich steckt unter den Margeriten. Ihr seht, wie trocken und geknickt er ist. Ich bin mir sicher, daß es derselbe ist, den Silas Bywater mir am vergangenen Freitag in Buckfast gegeben hat.»

Janet Overy nahm mir den ramponierten Blumenstrauß aus der Hand und starrte ihn verwirrt an. Dann schüttelte sie bedächtig den Kopf. «Das kann nicht Silas gewesen sein», sagte sie schließlich. «Er ist erst heute morgen angekommen – es sei denn, er ist auf dieselbe Weise in die Kammer gelangt, wie Master Underdown sie verlassen hat, und das, glaube ich, ist sehr unwahrscheinlich.» Sie blickte auf und fügte scharfsinnig hinzu: «Ihr müßt tief geschlafen haben, wenn Ihr nicht gehört habt, wie ein Mann Fenster und Fensterläden geöffnet, sich über die Fensterbank gewuchtet und bei dem Versuch, in den Rebstöcken mit den Füßen einen Halt zu finden, Geräusche verursacht hat. Und selbst wenn Ihr durch die Geräusche nicht aufgewacht seid, so müßte die kalte Nachtluft, die Euch übers Gesicht strich, Euch längst vor dem ersten Morgenlicht geweckt haben. Was habt Ihr denn gedacht, als Ihr schließlich aufgewacht seid und Master Underdowns Bett leer vorfandet, während Fenster und Fensterläden weit offen standen?»

Ihr freundliches, noch immer hübsches Gesicht ließ ihre Besorgnis erkennen, und ich wurde das Gefühl nicht los, daß meine Darstellung der nächtlichen Ereignisse ihr plötzlich sehr lückenhaft erschien, nun, da der erste Schock durch den Mord verflogen und es ihr gelungen war, diese Angelegenheit mit ihrem Verstand zu prüfen. Ebenso gewann ich den Eindruck, daß sie mir bedeutete, ich solle auf der Hut sein, denn solcherart seien die Fragen, die der Vollstreckungsbeamte mir möglicherweise stellen würde. Einen Augenblick lang war ich versucht, ihr wieder einmal mein Herz auszuschütten und ihr haarklein alles zu erzählen, was geschehen war. Doch zog ich es vor, es lieber zu lassen. Es wäre unrecht, sie in mein Lügengewebe zu verstricken und auf diese Weise vielleicht dazu zu verleiten, selbst zu lügen, nur um mich in Schutz zu nehmen. Nein, weitaus besser wäre es, wenn ich meine Bemühungen fortsetzte, den wahren Mörder zu entlarven.

Drei Hauptverdächtige gab es: Silas Bywater, Edgar Warden und den Fremden, der die Nacht in der Dorfschenke von Trenowth verbracht hatte. Und es war der letztere der drei, der sich mir bisher am meisten entzog. In der Tat befürchtete ich insgeheim, daß der unbekannte Reisende bereits den Bezirk verlassen haben könnte, doch angesichts der Durchsuchung von Philips und meiner Kammer schöpfte ich neuen Mut, daß er sich noch in der Umgebung aufhielt. Zudem kam ich nach einer Weile des Nachdenkens zu der Überzeugung, daß dieser Mann, wer immer er auch sein mochte, kein Spion der Woodvilles war, sondern ein Anhänger des Hauses Lancaster, der für die Tudors arbeitete. Laut meinem Herrn und Gebieter von Gloucester trachtete die Verwandtschaft der Königin Philip nur nach dem Leben für den Fall, daß der Herzog von Clarence ihn in Geheimnisse eingeweiht hatte, deren Offenbarung sie in Mißkredit bringen konnte. In diesem Fall wäre Philips Ermordung für sich allein genommen ein erstrebenswertes Ziel. Doch für Anhänger des Hauses Lancaster war das Aufspüren und die Zerstörung des Briefes von beinahe gleich großer Bedeutung. Während sie darauf hoffen konnten, daß der Tod des königlichen Kuriers das Überbringen des Briefs an Herzog François verhinderte, vermochten sie dieser Tatsache jedoch nicht gewiß zu sein, insbesondere wenn sich herausgestellt hatte, daß Philip mit einem Gefährten reiste. Zum erstenmal ging mir auf, daß ich mich selbst in Gefahr befand.

«Ihr seht bekümmert drein, Bursche.» Die Stimme der Haushälterin erschreckte mich, denn für einen Augenblick hatte ich vergessen, daß sie noch zugegen war. Sie trat auf mich zu und sagte, wie ein Echo auf meine Gedanken: «Und das solltet Ihr auch sein, wenn Ihr entschlossen seid, Euer

Vorhaben weiterzuführen. Ein Mensch, der einmal gemordet hat, kennt keine Gewissensbisse, dies ein zweites Mal zu tun, wenn man ihm in die Quere kommt. Hört auf meinen Rat und überlaßt die Fragen dem Sergeanten von Schloß Launceston.»

«Das kann ich nicht», entgegnete ich widerwillig. «Und um Eure frühere Frage zu beantworten, ja, ich schlafe immer sehr tief.» Das stimmte nicht. Nach beinahe drei Jahren wachte ich häufiger in der Nacht und am frühen Morgen zu den Stunden der Frühmette und der Prim auf, als daß ich durchschlief. Die alte Disziplin aus meinem Noviziat übte weiterhin ihre Macht über mich aus.

Janet Overy seufzte. «Ach so, wenn das so ist, dann bleibt nichts mehr zu sagen. Gebt aber doch auf Euch acht, und geht jedem Ärger aus dem Weg. Nun wird's aber Zeit, daß wir uns beide an die Arbeit machen. Ich muß Master Steward finden, und Ihr müßt ins Dorf, um mit Euren Befragungen anzufangen. Dennoch wünschte ich, Ihr ließet es bleiben.»

In jenen Tagen bestand das Dorf Trenowth, wie ich bereits erwähnt habe, aus wenigen Hütten, die sich an die Pfarrkirche und die Schenke drängten. In dem halben Jahrhundert seit damals – ich bin nie wieder dorthin zurückgekehrt – hat es sich womöglich vergrößert, obwohl ich es bezweifle, es sei denn, die Bevölkerung hätte stark zugenommen. Wie die meisten kleineren Gemeinschaften war das Dorf sich selbst genug und hieß Fremdlinge nicht willkommen.

Die Schenke, mit keinem besonderen Namen geschmückt, bestand aus einem großen Raum im unteren Stockwerk, mit einer Unterkunft für den Wirt und seine Frau im oberen Stockwerk sowie einer zusätzlichen Kammer für einen durchziehenden Reisenden. Zu den Nebengebäuden gehörten ein Abtritt, ein Hühnergehege und ein Stall für die

Kuh. Das Ale wurde in dem Brauhaus gebraut, das in einiger Entfernung unter Bäumen stand, und auch an Sir Peveril, seine Lady und die Bediensteten des Herrenhauses geliefert. Die beiden Mägde, die abends die feiernden Gäste bedienten, schliefen zu Hause. Diese Informationen verdankte ich Janet Overy, sie gab sie mir mit auf den Weg. Ich hätte sehr viel länger gebraucht, um sie selbst in Erfahrung zu bringen.

Mein Empfang beim Wirt war kühl, wie es sich bei einem unbekannten Gesicht geziemte. Als ich die Schenke betrat, stach er gerade ein neues Faß Ale an und blickte gelangweilt auf, als ich ihn dabei störte.

«Wer seid Ihr?» fragte er säuerlich.

«Ich wohne im Herrenhaus. Mein Herr wurde vergangene Nacht umgebracht. Der Sägemeister hat heute morgen seinen Leichnam entdeckt.»

Der Gastwirt straffte seinen Rücken und blickte mich starr an. Er war ein untersetzter, aber stämmig gebauter Mann, der einen kräftigen Eindruck machte, was ihm sicherlich bei seinem Umgang mit Fässern und Tonnen sehr zugute kam. Er besaß den Teint eines Kelten, schwarzes Haar und blaue Augen. Ich schätzte ihn jünger, als er aussah. Die lebenslänglich dürftigen Belohnungen und mäßigen Bequemlichkeiten hatten ihr Tribut gefordert und sein Gesicht mit Sorgenfalten überzogen.

«Der also seid Ihr. Ich hab von Euch beiden schon gehört. Also, was wollt Ihr von mir? Ihr seht nicht aus wie einer, der gekommen ist, um sein Ale zu trinken.»

«Ich nehme trotzdem einen Krug», sagte ich, nahm auf einer der Bänke an der Wand Platz und langte nach meinem Geldbeutel, um die erforderlichen Münzen herauszusuchen. «Und danach beantwortet Ihr mir vielleicht ein paar Fragen.»

«Hängt davon ab, was für welche.» Er griff nach einem Holzbecher und zapfte Ale aus dem frisch angestochenen

Faß. Klug fügte er hinzu: «Es steht mir nicht zu, Eure Fragen zu beantworten. Wüßte ich etwas über den Mord – und darüber weiß ich nichts! –, so hätte nur der Mann des Sheriffs das Recht, es zu hören.»

«Recht so», sagte ich zustimmend, als ich ihm zuprostete. «Keine Bange», schloß ich geschickt an, «ich will keine Informationen über Eure Freunde hier im Dorf. Nein, meine Fragen betreffen einen Mann, der – Pater Anselm zufolge – vergangene Nacht in dieser Schenke geschlafen hat und irgendwann gestern morgen in Trenowth eingetroffen ist. Er hat sich mehrere Mahlzeiten auf seine Kammer bringen lassen und nicht die Vesperandacht besucht, was den guten Pater ziemlich betrübt zu haben scheint.»

«Ach, der!» Der Wirt taute etwas auf, obwohl man ihn auch jetzt nicht als freundlich hätte bezeichnen können. «Der ist fort. Beim ersten Morgengrauen. Hat seine Zeche bezahlt und seinen Klepper bei Sonnenaufgang gesattelt. Sagte, daß er noch 'nen langen Tagesritt vor sich hat.»

«Hat er gesagt, wohin er reitet?» fragte ich. «Das Ale hier ist hervorragend. Ich habe kaum je ein besseres getrunken.»

Die Miene des Wirts verriet Genugtuung, die jedoch nicht von einem Lächeln begleitet wurde. «Er sagte, er hat in Launceston zu tun, doch ob das nun stimmt oder nicht, kann ich nicht beurteilen. Soweit es mich betrifft, war er dahin unterwegs, als er fortritt. Wieso? Warum interessiert Ihr Euch für ihn?»

Ich entgegnete mit einer weiteren Frage. «Wie heißt er? Hat er Euch das gesagt?»

«Er sagte, sein Name ist Jeremiah Fletcher. Soviel ich weiß, kann das stimmen.»

«Wie sah er denn aus?» fragte ich hartnäckig, doch konnte ich erkennen, daß ich die Geduld meines Informanten über Gebühr strapazierte.

«Höflich und ruhig und mit seinen Angelegenheiten beschäftigt, anders als manch einer, den ich nennen könnte.» Doch dann erbarmte der Wirt sich ein wenig und fügte gnädig hinzu: «Ein langes, schmales Gesicht, das traurig dreinblickte. Ein gutgekleideter Gentleman. Meine Frau hielt ihn für schüchtern.»

Auf meinem Platz starrte ich eine Weile gedankenverloren vor mich hin und hatte vorübergehend mein Ale vergessen. Denn wenn ich mich nicht sehr täuschte, hatte der Wirt mir soeben eine Beschreibung des Gentleman von Kloster Buckfast gegeben.

14

D er Wirt unterbrach meine Träumereien. «Ihr kennt diesen Mann?»

«Ich – äh – ja, ich glaube, ich bin ihm schon mal begegnet.»
Ich bestellte noch einen Krug Ale, und während er das Ale
zapfte, erkundigte ich mich: «Wäre es möglich . . .? Könnte
ein Mann nachts die Schenke verlassen, ohne Euch und Eure
gute Lady zu wecken?»

Bei der Beschreibung seiner Frau brach er in ein brüllendes
Gelächter aus und sagte prustend: «Lady? Gott behüte!» Noch
immer gequält grinsend, stellte er den Krug Ale vor mich
hin, bevor er meine Frage beantwortete: «Schon möglich, ja,
wenn ein Mann so verrückt wäre, aus seinem warmen Bett
zu steigen, um in den Wäldern herumzuspazieren.» Sein
schmales Gesicht versteinerte sich, als er plötzlich begriff.
«Holla, so ist das also, oder? Ihr glaubt, der edle Gentleman
könnte der Mörder sein.» Der Wirt zuckte abschätzig mit den
Achseln. «Schon möglich, wer wollte das bestreiten? Jeder
Mann kann zum Mörder werden, nehme ich mal an. Geht's
um mein Geld, so trau ich's einigen mehr zu als anderen. Und
dieser da sah aus, als könnte er keiner Fliege etwas zuleide
tun.»

Ich wollte die Tatsache unerwähnt lassen, daß ein Wolf im
Schafspelz auftreten kann. Nachdem ich mein zweites Ale
heruntergespült und den Wirt bezahlt hatte, fragte ich ihn
allerdings, ob ich mich einmal oben bei ihm umsehen könne.

Brummend willigte er ein. «Aber beeilt Euch, denn meine Frau kommt bald von ihrer Schwester zurück. Die Treppe ist an der Seite des Hauses, wie Ihr bestimmt beim Eintreten bemerkt habt. Ihr müßt durch unsere Schlafkammer, um in die Gästekammer zu gelangen.»

Diese Information entmutigte mich im ersten Augenblick, doch bei weiterem Nachdenken schien mir, daß der Wirt und seine Ehefrau, erschöpft von der täglichen Arbeit, so tief schliefen, daß nur weniges den Schlummer der beiden zu stören vermochte, ganz sicher niemand, der ohne Schuhe an ihnen vorbeischlich und sorgfältig darauf achtete, sie nicht zu wecken. Daher dankte ich ihm, ging nach draußen und stieg die Treppe zum oberen Stockwerk hinauf. Eine Tür in der Mauer links vom winzigen oberen Treppenabsatz gab sogleich den Blick auf die Unordnung in der ersten Schlafkammer frei, in der zu dieser bereits weit fortgeschrittenen Morgenstunde weder die Betten gemacht noch der Nachttopf geleert, noch die Binsen erneuert worden waren. Es roch muffig, und das Binsenlicht hatte man leichtsinnigerweise brennen lassen. Ich löschte die Flamme mit den Fingern, darauf vertrauend, daß alles in Ordnung gebracht wurde, bevor ein anderer Reisender die Nacht in der Schenke zu verbringen wünschte.

Ich öffnete die Tür zur zweiten Schlafkammer und sah, daß dieser Raum nicht appetitanregender roch als die erste Kammer, obwohl das Bett mit einer blau-grün gemusterten Decke annehmbar überzogen worden war. Die Binsen auf dem Boden waren, wie ich erkannte, einige Tage alt, und obwohl es hier Kerzen statt eines Binsenlichts gab, waren diese aus Talg und nicht aus Wachs hergestellt. Die Nachtration war nicht angerührt worden, und nach genauerer Untersuchung stellte ich auch fest, warum. Das Brot war hart und sah unappetitlich aus, im Alekrug war eine Spinne ertrunken.

Ich ging zum oberen Treppenabsatz zurück und lehnte mich gegen die Mauer, wobei ich in tiefen Zügen frische Luft einatmete. Der Wohlgeruch von Flußwasser, Gras und schwachem, fernem Pinienduft stieg in meine dankbare Nase und klärte mir den Kopf. Ich rief mir die vom Wirt gegebene Beschreibung des Besuchers aus der vergangenen Nacht ins Gedächtnis zurück und stellte mir den Mann vor, den ich vor vier Tagen im Kloster Buckfast gesehen hatte. Ich war mir sicher, daß es sich um ein und dieselbe Person handelte. Wenn jedoch dieser Jeremiah Fletcher derjenige war, für den er sich ausgab, nämlich kultiviert und auf seine Weise eher eigen, warum hatte er dann in Trenowth übernachtet? Pater Anselm zufolge war er gestern morgen hier eingetroffen, und nachdem er die Übernachtungsmöglichkeit in Augenschein genommen hatte, hätte er Zeit genug gehabt, nach Launceston weiterzureiten . . .

Und in Launceston noch weit vor der Abendzeit einzutreffen! Gewiß würde niemand in der Schenke in Trenowth absteigen, wenn die Umstände ihn nicht dazu zwangen, und ganz gewiß nicht, wenn er sein Reiseziel innerhalb eines Tages erreichen konnte. Nein, Jeremiah Fletchers Bestimmungsort war Trenowth selbst. Mit welchem Ziel er Station gemacht hatte, konnte ich mir nur zu gut ausmalen. Und obwohl der gesunde Menschenverstand mir sagte, daß ich nicht weiter nach Philips Mörder zu suchen brauchte, geriet ich dennoch ins Zweifeln. Der Mörder hatte sich zu ungeschickt verhalten, als daß es sich bei ihm um einen gewieften Mörder hätte handeln können, der kaum seinem Opfer offen gegenübergetreten wäre, ihm auf diese Weise seine Absicht verraten und die Gelegenheit geboten hätte, sich – wenn auch nur schwach – selbst zu verteidigen. Ein gewiefter Mörder hätte Philip vielmehr in einen Hinterhalt gelockt und hinterrücks niedergestochen.

Ich stieg langsam die Treppe und weiter zum Flußufer hinunter, um nachzudenken. Ich setzte mich auf einen Felsbrocken am Uferrand und lauschte dem Wasser, das sanft die Steine umspülte, eines der beruhigendsten Geräusche auf der Welt. Zu dieser Zeit des Jahres gab es nur noch wenige Blumen, doch die großen glatten Blätter der Sumpfdotterblumen schienen glänzend in dunklen Flecken zwischen den Gräsern hindurch, und die dünnen, spinnenförmigen Stengel des Wiesenschaumkrauts winkten ihren Spiegelungen im Wasser zu. Ich stützte meine Ellbogen auf die Knie, legte das Kinn in die verschränkten Hände und versuchte, in das Tohuwabohu meiner Gedanken etwas Ordnung zu bringen. Wenn ich einmal annahm, daß ich irrte und daß Jeremiah Fletcher – falls dies sein wirklicher Name war – Philip tatsächlich ermordet hatte, so stellte sich die Frage, unter welchem Vorwand er Philip mitten in der Nacht aus dem Haus gelockt haben könnte. Immerhin war Philipp kein Narr und zudem der Gefahr gewärtig, daß jemand ihm nach dem Leben trachtete. Keine noch so listig formulierte Nachricht hätte ihn zu einer solchen Torheit verleiten können. Philip war aus freien Stücken zu der Verabredung gegangen, die seinen Tod herbeigeführt hatte.

Was Jeremiah Fletcher anging, so hatte ich, wie mir schien, mehrere Möglichkeiten. Erstens: er und der Gentleman vom Kloster Buckfast waren zwei verschiedene Personen, doch das wiederum erschien mir wenig wahrscheinlich. Die Beschreibung, die der Wirt von seinem Gast gegeben hatte, stimmte allzu gut mit meinen eigenen Erinnerungen überein. Zweitens: es handelte sich zwar um ein und denselben Mann, der aber war ein unschuldiger Reisender, der seinen rechtmäßigen Geschäften nachging. Seine Arbeit in Tavistock hatte er beendet, wohin er des Weges war, wie er mir mitgeteilt hatte, und war dann nach Launceston weitergeritten.

Tavistock jedoch lag, soweit ich mich erinnern konnte, einige Meilen nördlich von Trenowth am anderen Ufer des Tamar. Um nach Trenowth zu gelangen, mußte er auf seinem Weg umkehren und einen Umweg machen. Dies ergab keinen Sinn, und daher schloß ich diese Möglichkeit aus. Meine dritte Annahme: wenn ich einmal von den Absichten Jeremiah Fletchers ausging, Philip zu ermorden, so war er in der vergangenen Nacht mit keinem anderen Ziel ausgegangen, als das Gelände auszukundschaften, war jedoch zufällig seinem Opfer begegnet, das seinerseits auf eine andere Person wartete. Wegen dieses unerwarteten Zusammentreffens war es zu der grobschlächtigen Ermordung unter Zuhilfenahme sowohl des Messers als auch des Knüppels gekommen. Und meine letzte Annahme: Jeremiah Fletcher war ein geheimer Zeuge der Ermordung Philips von fremder Hand geworden. Die Schenke hatte er heute morgen dann zwar beim ersten Morgengrauen verlassen, sich aber weiter in der Nähe aufgehalten, um meine Kammer zu verwüsten.

Ich stand auf und ging zur Schenke zurück. Der Wirt war zum Glück immer noch allein und fegte den Schankraum. Seine Miene besagte, daß er sich nur mäßig über das Wiedersehen mit mir freute.

«Was denn noch?» fragte er gereizt.

«Zwei Dinge, wenn Ihr gestattet. Hat dieser Jeremiah Fletcher Euch gesagt, woher er kam oder wie lange er bleiben wollte?»

Der Wirt schüttelte den Kopf. «Damit kann ich Euch nicht dienen», sagte er voller Genugtuung. Doch als ich mich anschickte, ihn mit einem Wort des Dankes für seine Bemühungen zu verlassen, gab er nach. «Er sagte, er hat die Nacht zuvor als Gast bei den Chorherren von St. Germans verbracht.»

Noch eine Lüge, dachte ich. Nunmehr war ich davon

überzeugt, daß man Philip und mir trotz all unserer Vorsichtsmaßnahmen bis Plymouth und aus Plymouth gefolgt war. Der Schatten, den ich auf einem Felsen wahrgenommen hatte, als ich auf der Seite von Cornwall auf die Fähre gewartet hatte, war doch keine Täuschung meiner Phantasie gewesen. Und kurze Zeit nach Philips und meinem Eintreffen in Trenowth Manor hatte Jeremiah Fletcher in der Schenke Quartier genommen. Es erschien mir einleuchtend und überzeugend, daß die beiden Versuche, Philip nach dem Leben zu trachten, ebenfalls das Werk des Mörders waren. Doch obgleich die Absicht vorhanden war, konnte ich letzten Endes nicht sicher sein, daß Jeremiah Fletcher die Tat auch vollzogen hatte.

Als ich zum Mittagessen ins Herrenhaus zurückkehrte, stieg die Sonne hoch am Himmel empor. Mein Magen hatte mir schon seit längerem gemeldet, daß es Zeit zum Essen war, und die herrlichen Düfte, die aus der Küche wehten, machten mich verrückt vor Hunger. Als ich eintrat, saßen Janet Overy und Alwyn Steward bereits der vollzähligen Tafel vor, an der Isobel und Edgar Warden wie auch Silas Bywater und die übrigen Diener versammelt waren. Keinem schien wegen der Tragödie vom Tage der Appetit vergangen zu sein, und falls ich gehofft hatte, irgendwelche Anzeichen für mangelnden Appetit festzustellen, so wurde ich gehörig enttäuscht.

«Ihr kommt spät, Bursche», schalt die Haushälterin mich aus, als ich neben Silas Platz nahm. «Aber ich habe Euer Essen für Euch über dem Feuer warm gehalten.» Sie richtete sich an eine der Küchenmägde am anderen Ende der Tafel. «Bring Master Chapman seine Mahlzeit, und zwar flink!»

Das Mädchen beeilte sich, mein Mittagessen aufzutragen. Es gab über dem Feuer geröstetes Kaninchen mit Zwiebeln und Pfeffer, gewürzt mit Thymian und Rosmarin. Einige

Minuten lang nahm ich nichts und niemanden wahr, bis ich den ersten quälenden Hunger gestillt hatte. Als ich endlich wieder fähig war, meiner Umgebung Rechnung zu tragen, hatte ich fast den ganzen Teller leergeräumt.

«Wo warst du den ganzen Vormittag über?» flüsterte Silas Bywater mir ins Ohr. «Du weißt, daß die uns hier erst weglassen, nachdem der Ermittlungsbeamte des Sheriffs eingetroffen ist? Vorher geht nichts, jedenfalls nicht ohne lautes Geschrei.»

Ich schluckte den letzten Bissen von dem Kaninchen hinunter und sah ihn neugierig an. «Warum? Möchtest du denn weg?»

«Selbstverständlich», fauchte er, «und das würdest du auch gern, wenn du richtig im Kopf wärst. Keiner möchte mit dem Gesetz überkreuz sein. Zudem gibt es eventuell Arbeit für mich. Wenn St. Michael's Mount belagert wird, sind Schiffskapitäne gesuchte Leute.»

«Daran hättest du denken sollen, bevor du dich an unsere Fersen geheftet hast», entgegnete ich gefühllos und wandte mich von ihm ab, um der Küchenmagd zuzulächeln, die meinen leeren Teller abräumte.

Ein Teller mit Backwaren, mit einer Apfel-Zimt-Mischung gefüllt, war auf den Tisch gestellt worden, und die kleinere der jungen Helferinnen der Haushälterin war aus der Vorratskammer aufgetaucht und schwankte unter dem Gewicht von zwei großen Alekrügen. Für eine kurze Weile herrschte erneut Schweigen, als wir uns wiederum dem ernsthaften Geschäft des Essens und Trinkens widmeten, doch dann klopfte der Hausverwalter auf die Tischplatte, um unsere Aufmerksamkeit zu erheischen.

«Nun, da wir alle versammelt sind», sagte er, «möchte ich ein paar Worte über die schrecklichen Ereignisse von heute morgen sagen. Zuerst und vor allem ist Master Underdown, ein Freund von Sir Peveril und Gast unter seinem Dach, skrupellos vom Leben zum Tode befördert worden. Zweitens hat jemand seine Kammer verwüstet, obwohl ich vermute» – hierbei sah er zu mir herüber –, «daß nichts abhanden gekommen ist.» Hier setzte ein allgemeines Gemurmel ein, als wäre den meisten Anwesenden dieser Umstand bis zum gegenwärtigen Augenblick verborgen geblieben. «Deshalb», fuhr der Hausverwalter fort, «vertraue ich darauf, daß jeder von uns dem Ermittlungsbeamten erzählt, was er weiß, nachdem dieser aus Launceston eingetroffen ist.»

«Nun, ich weiß nichts und Isobel auch nicht, also gibt's da nichts zu erzählen.» Edgar Wardens Ton war aggressiv, und er ließ einen feindseligen Blick kreisen, damit wir nicht wagten, ihm zu widersprechen. «Wir waren die ganze Nacht zusammen, wie es sich für Mann und Frau gehört, und haben nie das Haus verlassen. Wie hätten wir auch, wenn die Pforten verschlossen waren?»

Die Wäschefrau fragte stirnrunzelnd: «Wie ist Master Underdown dann hinausgekommen?»

«Er ist den Rebstock am Fenster unserer Schlafkammer hinabgeklettert», antwortete ich. «Doch bestimmt gibt es noch andere Wege, um nachts das Haus zu verlassen, wenn man sie nur kennt.»

Doch alle, die im Haus wohnten und nicht aus dem Dorf waren, bestritten dies heftig. Ich war etwas irritiert, bis es mir schließlich dämmerte, daß sie trotz Alwyns Appell zusammenhalten würden und im übrigen vorzogen zu glauben, daß das Verbrechen die Tat eines Außenstehenden gewesen war.

«Was immer dein Herr im Wald zu nachtschlafender Zeit herumzuschleichen hatte», fuhr Edgar aufmüpfig fort, «es hat mit keinem von uns hier etwas zu tun.»

«Auch mit keinem aus dem Dorf», warf der Bäcker ein.

Ich sah zu Janet Overy hinüber, weil ich von ihr Unterstützung heischte, doch sie lächelte nur und sagte: «Überlaßt das dem Ermittlungsbeamten des Sheriffs, Bursche, das rate ich Euch. Der weiß die richtigen Fragen zu stellen.»

Später jedoch, nachdem die anderen an ihre Arbeit zurückgekehrt waren oder die Küche verlassen hatten, und die Töpfe und Teller abgewaschen und zum Trocknen auf dem breiten Sims aus Stein unter dem offenen Fenster ausgebreitet worden waren, nahm sie mich beim Arm und sagte: «Kommt mit in meine Kammer und erzählt mir, was heute morgen passiert ist.»

Ich folgte ihr aus der Küche in die Gesindeunterkünfte. Das Wetter war wiederum umgeschlagen, die Wolken waren landeinwärts getrieben, und der fahle Sonnenschein erwärmte schwach den geschützten Innenhof. Silas saß auf einer Bank, den Rücken an die Mauer gelehnt, und unterhielt sich zwanglos mit dem Stallburschen, der an einem Brotkanten und einer Ecke Ziegenmilchkäse herumkaute. Ich fragte laut, warum er nicht mit uns zusammen das Mittagessen eingenommen hatte. Janet Overy lachte und sagte, Isobel Warden habe gegen seine Anwesenheit bei den Mahlzeiten protestiert, mit der Begründung, er stinke allzu sehr nach Pferd.

«Und eine Frau braucht nur so auszusehen wie sie, und schon tanzt ihr Männer nach ihrer Pfeife», fügte Janet verächtlich hinzu.

Wir gingen durch einen Torbogen in einen gefliesten Durchgang und dann in einen Raum zur Linken mit einem kleinen Fenster aus Hornplatten, das offenstand und Licht und Luft aus dem Innenhof hereinließ. Ein enges Bett beanspruchte fast eine ganze Wandseite, eine Kleidertruhe die andere. In einer Ecke befand sich ein Kamin, der im Winter Wärme spendete, und dicht daneben stand ein Sessel mit geschnitzten Armlehnen. Ein Beutel mit Feuerstein und Zunder hing an einem Nagel in der Nähe der Fensterlaibung, auf der ein Kerzenhalter aus Holz mit einer Kerze stand. Auch einen niedrigen Hocker gab es, der eigentlich als Fußbank diente, den ich jetzt aber zu mir heranzog und auf den ich mich – indem ich meine langen Beine so gut wie möglich faltete – nicht ohne eine gewisse Mühe niederließ.

«Ihr hättet nicht so groß werden dürfen», sagte Janet lachend, als sie sich selbst setzte und auf mich herabblickte. «So! Was habt Ihr denn in der Schenke erfahren?»

Ich gab getreulich alles wieder, was geschehen war. Obwohl sie viel zu jung dazu und noch immer eine hübsche Frau war, hatte ich ein wenig den Eindruck, als spräche ich zu meiner Mutter. In ihrer Gegenwart verspürte ich denselben Trost, der mir in längst vergangenen Tagen zuteil geworden war, als meine Mutter noch lebte und ich ihr auf ihren Knien sitzend meine Abenteuer vom Tage anvertraute. Und als ich damit zu Ende war, wartete ich mit demselben Wunsch auf ihren Beifall.

Es entstand ein Augenblick des Schweigens, dann sagt sie mit einem tiefen Seufzer, der eigenartigerweise erleichtert klang: «Ich glaube, es besteht kein Zweifel daran, daß Ihr den Mörder entlarvt habt. Wenn Ihr dem Beamten des Sheriffs heute abend nach seinem Eintreffen mit derselben Offenheit und mit Hilfe Eures logischen Denkens erzählt, was Ihr mir gesagt habt, so bin ich sicher, daß er zufriedengestellt sein und sich auf die Suche nach diesem Jeremiah Fletcher machen wird.»

Ich war etwas enttäuscht, daß sie meinen Argumenten nicht bis zum Schluß gefolgt war. «Aber ich bin mir doch nicht sicher, ob er der Mörder ist. Dagegen weiß ich aber sicher, daß er bereits zweimal versucht hat, Master Underdown nach dem Leben zu trachten. Doch wie gesagt, ich kann mich nicht ganz mit dem Gedanken anfreunden, daß es letztendlich seine Hand war, die das Messer und den Knüppel geführt hat.»

Darauf lachte sie leise und schüttelte den Kopf. «Mir scheint, Ihr wollt dort ein Geheimnis sehen, wo es keines gibt. Ihr seid jung und sehnt Euch nach Aufregung. Hört auf jemanden, der älter und klüger ist als Ihr selbst, und Ihr habt die Antwort auf das, was geschehen ist.»

«Aber Philip wäre nie losgezogen, um sich mit Master Fletcher zu treffen, selbst wenn Master Fletcher ihm ohne mein Wissen eine Nachricht hätte zukommen lassen.»

«O nein! Ich glaube, Eure Vermutung trifft zu, daß er ein heimliches Stelldichein mit Isobel Warden hatte. Das könnte ohne weiteres gestern morgen abgesprochen worden sein, als Ihr aus wart und man dachte, er schlafe.»

Ich setzte mich auf dem Schemel aufrecht hin und verschränkte meine Hände um die Knie. Der Nachmittag hellte auf, und das Sonnenlicht fiel auf die breite Fensterbank. «Wie aber konnte sie nach draußen gelangen, um ihn zu treffen? Beim Abendessen habt Ihr alle gesagt, daß niemand das Gelände verlassen kann, nachdem die Pforten für die Nacht verschlossen worden sind.»

«Lieber Junge, gebraucht Euren gesunden Menschenverstand. In diesem niedrigen Stockwerk gibt es noch andere Fenster. Durch Verschließen der Pforte schließt man vielleicht die Eindringlinge aus, aber das kann doch niemanden davon abhalten, den Riegel von innen zurückzuschieben.»

«Nein, das wohl nicht», antwortete ich langsam. «Das hätte mir auch einfallen sollen. Weshalb aber nehmt Ihr an, daß Master Underdown riskierte, am Rebstock hinabzuklettern?»

Sie zuckte mit den Schultern. «Weil er es vielleicht lieber tat, als im Dunkeln in einem fremden Haus herumzustreifen. Weil er befürchtete, Euch zu wecken, als er aufstand, sich ankleidete und die Kammer verließ. Indem er Euch draußen vor der Tür schlafen ließ, vermochte er ohne solche Befürchtungen durchs Fenster hinauszusteigen. Weil er sich dadurch jünger und galanter und abenteuerlicher fühlte. Wer weiß? Es kann aus einem dieser Gründe oder aus all diesen Gründen gewesen sein.»

Ich drehte mich auf dem Hocker zur Seite, um ihr offen ins Gesicht zu sehen. »Glaubt Ihr denn, daß Mistress Warden den Mord beobachtet haben könnte?»

Offensichtlich hatte Janet dies zuvor noch nicht bedacht, doch zog sie es jetzt ausführlich in Erwägung. «Das ist möglich», gab sie schließlich zu, «aber wenn Ihr irgend etwas für sie übrighabt, so verhindert, daß man sie befragt. Wenn sie tatsächlich zum Stelldichein gegangen und Zeugin des Mordes geworden ist, so ist das Strafe genug für sie. Tut nichts, ich bitte Euch, tut nichts, was den Verdacht ihres Ehemannes schüren könnte. Edgar ist ein sehr eifersüchtiger Mann, der es immer noch nicht ganz zu fassen vermag, daß es ihm gelungen ist, eine schöne Frau zu ergattern. Und er hat recht, denn ich habe den Eindruck, daß das Mädchen beginnt, ihre Heirat zu bedauern und wünschte, sie hätte etwas länger gewartet, bevor sie ja gesagt hat. Sie hat den schweifenden Blick, soviel ist gewiß, und sich durch Master Underdowns Annäherungsversuche gewiß eher geschmeichelt als beleidigt gefühlt. Wenn er sie letzte Nacht um ein Stelldichein gebeten hat, so ist mehr als zweifelhaft, ob sie es ihm abschlug.»

15

Es herrschte wieder einige Zeit Schweigen zwischen uns, während ich mir ihre Worte durch den Kopf gehen ließ. Dann sagte ich: «Wenn stimmt, was Ihr sagt, ist es dann nicht möglich, daß ihr Ehemann aufwachte und entdeckte, daß sie nicht da war? Wenn er sich dann auf die Suche nach ihr gemacht hat und sah, daß das Fenster offenstand, ist er ihr dann nicht nachgegangen und vielleicht über Isobel und Philip gestolpert? Könnte er in diesem Fall nicht der Mörder sein?»

Janet Overy stand plötzlich auf und schlug verzweifelt die Hände zusammen. «Weshalb macht Ihr alles viel komplizierter, als es in Wahrheit ist? Ihr seid davon überzeugt und habt auch mich überzeugt, daß letzte Nacht ein Mann im Dorf war, der zweimal Master Underdown nach dem Leben getrachtet hat. Weshalb dann weitersuchen? Oder wenn es denn sein muß, weshalb dann nicht bei Silas Bywater suchen, der selbst zugegeben hat, sich zur Zeit der Ermordung in der Nähe des Tatortes aufgehalten zu haben und ein eingeschworener Feind von Underdown zu sein?» Verärgert schritt sie in der kleinen Kammer umher, während sie die Fäuste an ihre schneeweiße Schürze preßte und der Schlüsselbund an ihrer Hüfte aufsprang und klirrte. «Nicht daß ich ihn eines Verbrechens für schuldiger hielte als Edgar. Ihr habt mir erzählt, daß der Herzog von Gloucester Euch eigens zu dem Zweck verpflichtet hat, seinen Gesandten vor Angriffen zu schützen. Seine Gnaden hat mit einem solchen Zwischenfall gerechnet und gut daran getan. Man ist Euch und Master Underdown seit Exeter gefolgt – nach Buckfast, nach Plymouth und bis hierher. Weshalb also sucht Ihr so verbissen nach einem Schuldigen anderswo?»

In mir stieg Mitgefühl für diese Frau auf, die in ihrem Leben bereits soviel Unglück erfahren hatte. Endlich hatte sie ein angenehmes Heim gefunden, einen Hafen vor den Stürmen, die sie hin und her geschleudert hatten, einen Ort, an dem sie geschätzt wurde und sich nützlich erweisen konnte. Wieder einmal hatte der Tod sein Recht eingefordert, ein gewaltsamer Tod zudem, der ihr ruhiges Dasein aufgestört hatte. Doch wenigstens würde ihre heile kleine Welt nicht zerstört, wenn sich herausstellte, daß der Mord die Tat eines Mannes von draußen gewesen war. Ich war versucht, die Angelegenheit auf sich beruhen zu lassen. Sie hatte recht: ich verfügte, zusammen mit Philips Beglaubigungsschreiben des Königs, über genügend Beweise, um den Beamten des Sheriffs davon zu überzeugen, daß dem Mord ein politisches Motiv zugrundelag und er nichts anderes zu tun hatte, als einen Brief nach Westminster zu senden. Ich hatte nicht den geringsten Zweifel, daß König Eduards Männer Jeremiah Fletcher jagen und richten würden. Dies wäre das befriedigende Ende einer unappetitlichen Affäre.

Und dennoch . . . Mich ärgerte der Gedanke, daß Philips wirklicher Mörder entkommen sollte, selbst wenn ich über Jeremiah Fletcher nicht eine Träne vergießen würde. Janet sah, daß ich zögerte und ergriff meine beiden Hände.

«Versprecht mir, Roger, daß Ihr Eure Untersuchungen nicht weiter betreiben werdet.»

Ich stand vor einem Dilemma. Ich mochte sie, und sie tat mir leid. Verzweifelt wollte ich ihr den Wunsch erfüllen, doch mein Wunsch, die Wahrheit ans Tageslicht zu bringen, gewann die Oberhand. Wenn es sich herausstellen sollte, daß ihre Lesart der Lösung korrekt war, so würde sich keiner mehr freuen als ich selbst. Solange ich jedoch nicht sicher war, ließ ich nur ungern die Angelegenheit auf sich beruhen. «Naseweis» hatte meine Mutter mich geheißen, als ich klein war, und damit den Wunsch bezeichnet, diesen Gesichtsteil in anderer Leute Angelegenheiten zu stecken. John Selwood, der Abt von Glastonbury, war freundlicher gewesen und hatte meine «unersättliche Neugier» erwähnt, als er meine Entlassung aus dem Orden bewilligte, während er frommerweise hoffte, ich würde sie stets zur Suche nach der Wahrheit einsetzen.

Ich schickte ein Stoßgebet mit der Bitte um den rechten Weg gen Himmel, das auch sogleich erhört wurde – so erschien es mir wenigstens –, da es an der Tür klopfte und einen Augenblick später Pater Anselm auftauchte. Janet Overy ließ meine Hände los und wandte sich ihm zu, um ihn zu begrüßen. Ich erhob mich erleichtert, daß ich ihr nichts versprochen hatte, und schielte nach der offenen Tür hinüber, bereit zur Flucht.

«Warte, mein Sohn!» Der Priester hielt mich mit der Hand an meinem Ärmel zurück. «Gewiß möchtest du hören, was ich zu sagen habe. Ein Reisender aus Plymouth, der vor nicht ganz einer halben Stunde durchs Dorf kam, teilte mir mit, daß heute morgen in der Stadt die Neuigkeit verbreitet wurde, der König habe Befehle an Sir Henry Bodrugan und den Sheriff von Cornwall abgeschickt, den *posse comitatus* einzuberufen und St. Michael's Mount so schnell wie möglich einzunehmen. Der Bote, der den Befehl beförderte, war bereits über den Tamar übergesetzt und auf dem Weg zu Sir John in Truro, wo er spätestens morgen früh eintreffen soll, wobei er mit größter Geschwindigkeit und Eile reiste. Alles, was wir fortan verrichten können, ist, die weiteren Nachrichten abzuwarten und für den Erfolg zu beten.»

Mein erster Gedanke galt den Instruktionen, die man wohl an den Kapitän der *Falcon* abgesandt haben mochte. Sollte sein Schiff an dem Angriff auf den Mount teilnehmen oder hatte man ihn nach Plymouth beordert, um Philip an Bord zu nehmen? Wie auch immer, ich mußte so schnell wie möglich nach Plymouth zurückkehren. Heute, St. Faith's Day, war Dienstag, und Philip hatte versprochen, gegen Ende der Woche im *Turk's Head* zurück zu sein. Doch die Boten, die sich am vergangenen Dienstag, sowie Oxfords Invasion bekannt geworden war, nach London auf den Weg gemacht hatten, waren trotz des Zustandes der meisten Wege schneller gewesen, als alle erwartet hatten. Und der König hatte ebenfalls keine Zeit vergeudet, indem er sie mit seinen Befehlen wieder zurückgeschickt hatte. Es war also ratsam, daß ich Trenowth so schnell wie möglich verließ, am besten noch im Laufe des morgigen Tages, nachdem ich mit dem Beamten des Sheriffs ins reine gekommen war. Dies war ein weiterer Grund, auf Janet zu hören und zu akzeptieren, was auch ich tief in meinem Herzen mehr als nur halb glaubte: daß ich nämlich Philips Mörder gefunden hatte.

Pater Anselms Stimme unterbrach mich in meinem Gedankenflug. Er redete nunmehr von dem schrecklichen Ereignis, das ihn zum Herrenhaus zurückgeführt hatte, und sprach mir zum Tode meines Herrn sein Beileid aus. Ich tat mein Bestes, auszusehen wie ein Diener, der seinen Herrn verloren hat.

«Glücklicherweise», fuhr der Priester fort, «hatte er erst gestern abend gebeichtet und die Absolution erhalten. Über den Stand seiner Gnade kann es deshalb keine Ungewißheit geben. Ich habe gehört, daß man nach dem Sergeanten aus Launceston geschickt hat und man sein Eintreffen erwartet. Welche Pläne aber hegst du, mein Sohn, für die Entfernung oder die Bestattung des Leichnams?»

Mit solchen Fragen hatte ich mich noch nicht beschäftigt, und mir wurde plötzlich bewußt, daß man mich als die Per-

son betrachtete, die Entscheidungen solcher Art treffen mußte. Mir wurde bewußt, daß ich nichts über Philip wußte,
außer daß sein Bruder tot war. Andere Familienmitglieder
hatte er mir gegenüber zwar nicht erwähnt, aber ich dachte
mir, seine Frau und seine Kinder, vielleicht auch seine Eltern,
lebten wohl in seiner Heimatstadt Bristol. Einen Leichnam
konnte man nicht auf unbestimmte Zeit unbestattet lassen,
nicht einmal in einem versiegelten Sarg, und ich hatte andere
Sachen zu erledigen, die mich einige Wochen lang über See
führen würden.

«Es wäre am besten, Pater Anselm», sagte ich mit fester
Stimme, «wenn Ihr die Exequien für ihn halten und ihn auf
dem Kirchhof hier bestatten könntet.» Hier am Ufer dieses
lieblichen Flusses, dachte ich grimmig, zwischen dem üppigen
Gras Cornwalls und noch in Duftweite der fernen See, wäre
das ein besserer Ruheplatz, als du verdientest, Master Underdown. «Er ruht jetzt im großen Saal», fügte ich hinzu. «Die Tür
ist verschlossen, aber Master Steward hat den Schlüssel dazu.
Ich weiß gewiß, Mistress Overy wird ihn für Euch holen, falls
Ihr den Leichnam in Augenschein nehmen möchtet.»

Janet blieb nichts anderes übrig, als einzuwilligen. Widerstrebend ging sie dem Priester auf der Suche nach Alwyn
voran, aber sie warf mir einen flehentlichen Blick über die
Schulter zurück. Laß es auf sich beruhen, besagte er, du hast
deine Antwort. Dies ist mein Zuhause, und du und Philip
Underdown habt uns bereits mehr als genug Ärger eingebracht.

Ich folgte Mistress Overy und Pater Anselm aus der Kammer
der Haushälterin, doch nicht in den Innenhof. Vielmehr kehrte ich zum gefliesten Durchgang zurück, wobei ich nachdenk-
lich die anderen Türen zu beiden Seiten in der Mauer
betrachtete. Eine führte zur Kammer von Edgar und Isobel

Warden, doch ich vermochte nicht herauszufinden, welche. Es blieb mir keine andere Wahl, als reihum an jeder Tür anzuklopfen, und darauf zu setzen, daß Isobel reagierte. Gleich nach dem Mittagessen hatte sie die Küche verlassen, kaum daß sie zu Ende gegessen hatte, und beim Abräumen des Geschirrs ihre Hilfe nicht angeboten. Zuvor war im Innenhof keine Spur von ihr zu sehen gewesen, und unter diesen Umständen hielt ich es für unwahrscheinlich, daß sie allein im Wald spazieren gegangen war. Ich konnte nur darauf hoffen, daß sie sich in ihre Kammer zurückgezogen hatte, um auszuruhen.

Ich hatte Glück. An den beiden ersten Türen, an denen ich anklopfte, kam keine Antwort, doch nachdem ich einen Augenblick vor der dritten abgewartet hatte, vernahm ich ein Rascheln in der Kammer. Sekunden später wurde die Tür geöffnet, und Isobel Warden erschien, zwar leicht zerzaust, aber schöner als je zuvor, ihr rotes Haar fiel offen und locker über die Schultern bis tief hinunter zu den Knien. Die grünen Augen waren umflort und trübe, und das unordentliche Bett, das im Hintergrund zu sehen war, ließ darauf schließen, daß sie geschlafen hatte. Dies überraschte mich nicht. All ihre Bewegungen waren träge, und ich vermutete, es gab nur ein Vergnügen, das sie auf Dauer wachzuhalten vermochte.

«Ihr!» rief sie zwar überrascht, aber nicht verärgert aus. Ihre Augen, inzwischen auf der Hut und weit geöffnet, fixierten mich langsam von Kopf bis Fuß. Sie öffnete die Tür weit. «Kommt herein und nehmt Platz.»

Die Kammer, die ich betrat, war etwa gleich groß und ähnlich möbliert wie die der Haushälterin, doch damit endeten auch schon die Gemeinsamkeiten. Janet Overys Kammer war sauber und glänzte wie ein neuer Nagel, wogegen diese hier so unaufgeräumt war, daß sie mich wohl oder übel an die Schenke in Trenowth erinnerte. Kleidungsstücke schauten aus der Truhe heraus oder lagen verstreut auf dem

Boden, dem Sessel und dem Fenstersims herum. Der Duft von ungewaschenem Linnen wurde vom muffigen Geruch parfümierter Öle und Salben überlagert, die einer Sammlung offener Phiolen und Töpfchen auf einem Bord über dem Bett entströmten. Das Bett selbst war mit einem Tuch aus reicher, roter Seide bedeckt, vermutlich aus dem Osten und bei einem vorüberziehenden Hausierer erstanden. Häufig führte ich Ballen aus einem solchen Material, das ich unmittelbar von den Handelsschiffen in den Häfen Southampton, London oder Bristol bezog, mit mir herum. Doch dieses hier hatte Flecken von Kerzentalg und andere, weniger gut identifizierbare Schmutzflecken. Über welche Talente Isobel Warden auch immer verfügte, Hauswirtschaft war nicht darunter.

Sie winkte mich zu einem Sessel und machte es sich auf dem Bett bequem, indem sie sich auf einen Ellbogen stützte. Ein schwaches Lächeln kräuselte ihre roten Lippen, als sie die Frage stellte, die sie mir früher hätte stellen sollen: «Was wünscht Ihr?»

Ich betrachtete sie neugierig, während ich überlegte, was ich am besten darauf antworten sollte. Sie sah ganz und gar nicht nach einer Person aus, die nur zwölf Stunden zuvor Zeugin eines brutalen Mordes geworden war. Gewiß wäre sogar ein herzloser Mensch, wie sie einer zu sein schien, von einem solchen Erlebnis gezeichnet gewesen. In ihren Augen hätte irgendein Entsetzen, ein Ausdruck des Bedauerns oder der Furcht geflackert. Ihre Augen dagegen drückten nichts als Einladung aus, was ich nach bestem Vermögen zu übersehen trachtete.

Ich fuhr mir mit der Zunge über die Lippen, die plötzlich ganz trocken geworden waren, und suchte in meinem Kopf nach den geeigneten Worten. «Master Underdown», sagte ich schließlich. «Mochtet Ihr ihn?»

Ich hätte schwören können, daß ihre Augen sich vor Entrüstung vergrößerten. Damit hatte sie nicht gerechnet. Dann zuckte sie die Achseln. «Ich habe schon üblere Männer gesehen», gestand sie. «Aber er war alt. Er hätte mein Vater sein können.»

Ich mußte ein Lächeln unterdrücken, als ich an Philips Empörung dachte, hätte er dies hören können. Doch meine Heiterkeit währte nicht lange.

«Trotzdem war er ein Bild von einem Mann», sagte ich mit Nachdruck.

«Ich hab schon gesagt, ich hab üblere gesehen.»

«Fandet . . . Ihr ihn anziehend?»

Sie runzelte die Stirn und schien noch immer nicht zu wissen, worauf ich hinauswollte. «Ich habe ihn kaum gesehen, nur gestern beim Frühstück und beim Abendessen. Ein gut aussehender Mann mit einem kühnen Blick, aber daran bin ich gewöhnt. Das stört mich nicht!»

«Auch nicht, daß er Euch den Arm um die Taille gelegt hat? Auch nicht, daß Euer Ehemann verärgert war?»

Ihr Antlitz verfinsterte sich bei diesen Worten, ein mürrischer Ausdruck, der auf Verachtung, jedoch auch auf Angst schließen ließ. Nichts hätte mich eindeutiger darauf hinweisen können, daß sie Edgar nicht liebte und daß Janet Overy recht hatte: sie begann, ihre Heirat zu bedauern, zu der zweifellos ihre Eltern und ihr eigener Ehrgeiz sie gedrängt hatten, denn als Gutsverwalter von Sir Peveril Trenowth war Edgars Rang in der Gemeinschaft höher als der ihre.

«Mein Mann ist immer verärgert, wenn ein anderer Mann ein Auge auf mich wirft.» Sie zuckte die Achseln und sah mich durch ihre langen, dichten Augenbrauen von unten her an. «Ich weiß nicht, was er täte, wenn er Euch hier fände, einen kräftigen, gutaussehenden Burschen wie Euch. Oh, nur keine Bange! Er kommt erst zum Abendessen heim.» Sie streckte sich in voller Länge auf dem Bett aus, verschränkte die Hände unter dem Kopf, wobei die Wölbung ihres Busens unter dem dunkelgrünen Wollkleid sich voll und einladend abzeichnete. Sie hatte die Schuhe abgestreift und wackelte nunmehr provozierend mit ihren nackten Zehen. Plötzlich wurde mir warm, und ich fühlte mich unwohl.

Zwei Jahre zuvor, in einem Alter, da die meisten Männer bereits Vater geworden sind, hatte ich mein erstes Mädchen im hohen, üppigen Gras gehabt, das am Ufer des Flusses Stour wächst, und von jener Zeit an lebte ich kaum wie ein Mönch, als den meine Mutter mich gerne gesehen hätte. Es hatte Mädchen auf Jahrmärkten gegeben, auf denen ich versucht hatte, meine Ware an den Mann zu bringen, in Dörfern, durch die ich gezogen war, und in Städten, und alle waren willig und sachkundig gewesen. (Nie könnte ich eine Frau zu etwas zwingen oder eine Unschuldige entjungfern.) Doch Isobel Warden umgab irgend etwas, das mir unangenehm war. Gewiß war sie schön, eines der schönsten Mädchen, die ich je gesehen hatte, und mit dem Versprechen einer noch größeren Schönheit, wenn sie erst etwas älter geworden war. Aus irgendeinem Grund jedoch machte mich gerade dies unruhig. Wäre sie eine zurückhaltendere Vertreterin des weiblichen Geschlechts gewesen, so hätte ich mich zu ihr hingezogen gefühlt, doch eine solch aufdringliche Weiblichkeit empfand ich als nervenaufreibend. Philip andererseits hatte ganz anders reagiert, und ich beschloß, da es keine andere Möglichkeit gab, ihr meine Frage ganz frei heraus zu stellen und zu hoffen, daß deren Schroffheit sie dazu veranlassen könnte, mir die Wahrheit zu sagen.

«Hattet Ihr und Master Underdown gestern nacht ein Stelldichein im Wald?»

Ich könnte nicht sagen, was für eine Reaktion ich erwartet hatte. Vielleicht ein selbstgerechtes Leugnen oder die erboste

Entrüstung der Schuldigen. Nicht gerechnet dagegen hatte ich mit ihrem Blick des offenen Erstaunens, den sie mir zuwarf, worauf sie ihre Augenbrauen in verwirrter Neugier zusammenzog.

«Wie kommt Ihr denn darauf?» fragte sie.

«Er fiel offensichtlich Eurem Charme zum Opfer, als er Euch gestern beim Frühstück sah, noch denke ich, daß Ihr ihm abgeneigt wart. Er war ein Mann, der sich nahm, wonach er verlangte, und ich hege keinerlei Zweifel, daß er Euch wollte.»

Isobel schenkte mir das kleine, überlegene Lächeln einer Frau, die die Männer kennt.

«Aber nicht so sehr, um noch mehr Prügel von meinem Ehemann zu riskieren. Master Underdown hatte genug Verstand, um zu begreifen, daß er gegen Edgar nicht ankam. Edgar ist jung, und bei einem Kampf zieht immer der ältere den kürzeren. In meinem Leben bin ich einem oder zwei Männern wie Eurem Herrn begegnet, die von sich selbst eine viel zu hohe Meinung hatten, als daß sie einer Frau wegen ihre kostbare Haut aufs Spiel setzen würden.»

Ich saß da, starrte sie an und kaute auf meiner Unterlippe, was ich mir zur Gewohnheit habe werden lassen, wenn ich ratlos bin. Mit Vergnügen und ohne Unterlaß weisen meine Kinder mich darauf hin. Isobel glaubte ich fast gegen meinen eigenen Willen. Denn zum einen sah sie nicht danach aus – und verhielt sich auch nicht so –, als hätte sie einen Mord beobachtet oder sei vielleicht gar später über den Leichnam gestolpert. Zum anderen lag etwas Wahres in dem, was sie über Philips Charakter gesagt hatte: Ich konnte mir gut vorstellen, daß er keine Frau der Demütigungen oder Schmerzen wert erachtete, die er riskieren würde. Ich hatte zwar seine Prahlerei akzeptiert, daß er über genügend Erfahrungen mit eifersüchtigen Ehemännern verfügte, doch galt dies für die

Vergangenheit, als er noch jünger war und sie überlisten oder bekämpfen konnte. Und dennoch . . .

«Er könnte Rache geschworen haben», sagte ich. «Euer Mann hat ihn mit einem einzigen Schlag niedergestreckt und einen Tadel von Master Steward herausgefordert. Mein . . . mein Herr könnte der Ansicht gewesen sein, dies sei nur sehr schwer zu verzeihen.»

Wiederum zuckte sie die Achseln und verzog die roten Lippen nach unten. »Mag ja sein, und ich habe keine Zweifel, daß er, wenn er noch leben würde, sich auf die eine oder andere Weise gerächt hätte. Ein Beschwerdebrief an Sir Peveril oder ein Wort in das Ohr eines Einflußreichen, daß er Edgar aus seinem Amt entlassen sollte. Aber doch kein Risiko eingehen, um seine Frau zu verführen. Was macht Euch übrigens so sicher» – fügte sie hinzu, während sich plötzlich Ärger in ihre Stimme mischte –, «daß ich zu einem Stelldichein gegangen wäre, angenommen, er hätte mich darum gebeten?»

«Wärt Ihr denn nicht hingegangen?» fragte ich ganz offen.

«Nein.» Ihre grünen Augen starrten mich groß und unschuldig und bar jeder Koketterie ganz offen an. «Er war ein gutaussehender Mann, das gebe ich ja zu. Aber da war etwas an ihm, das mir nicht gefallen hat.» Sie schauderte leicht. «Etwas, das mich abgestoßen hat.»

Sie sprach mit einer solchen Aufrichtigkeit, daß mir kaum etwas anderes übrigblieb, als ihr Glauben zu schenken. Und ich begriff, was sie über Philip gesagt hatte. Ich hatte ebenfalls dieses Gefühl von Ekel empfunden. Es war, als hätte irgendeine Mißbildung nicht seinen Körper, dafür aber seine Seele verunstaltet.

Ich rieb mir die Augen. «Schwört Ihr», fragte ich schließlich, «daß Ihr Master Underdown in der vergangenen Nacht nicht am Flußufer getroffen habt? Und daß Euer Ehemann

Euch nicht gefolgt ist? Daß es keinen Kampf gab, der zu Master Underdowns Tod geführt hat?»

Bei diesen Fragen hob sie erneut die Augenbrauen. «Also das habt Ihr angenommen? Daß Edgar aus Eifersucht zum Mörder geworden ist?» Sie manövrierte sich in eine Sitzposition und schwang ihre Beine vom Bett auf den Boden, so daß sie mir wieder gegenübersaß. Sie beugte sich vornüber und legte ihre beiden Hände auf meine. «Ich schwöre Euch bei der Heiligen Muttergottes Maria, daß Master Underdown mich weder um ein Stelldichein gebeten hat, noch daß ich einem solchen Vorschlag gefolgt bin.» Dann glitt sie vom Bett hinunter, neigte ihren Kopf und drückte mir einen Kuß auf die Lippen.

Ich ließ ihre Hände fallen, sprang auf und zog mich hastig in die andere Ecke der Kammer zurück. An ihrem Gesichtsausdruck konnte ich ablesen, daß sie es nicht gewohnt war, daß man ihre Avancen dergestalt beantwortete. Auf ihre eigene Weise war sie ebenso eitel wie Philip.

«Ich muß gehen», sagte ich, und schob mich zur Tür. Die Kammer erschien mir auf einmal eng und stickig. Ich konnte ihr nicht schnell genug entfliehen.

Die Tür flog mit einem Ruck auf, und Edgar Warden stand auf der Schwelle, wobei er seine linke Hand vorsichtig mit der rechten hielt.

«Ich habe mir einen Nagel in den Daumen geschlagen», sagte er brummend zu Isobel. «Ist noch etwas von der Kronwickensalbe übrig, die Janet dir gegeben hat?» Dann fiel ihm meine Anwesenheit auf, und mit einem Fluch auf den Lippen wandte er sich an mich. «Was in Gottes Namen habt Ihr», fragte er, «hier allein mit meiner Frau zu suchen?»

Isobel hatte nichts Eiligeres zu tun, als sich dafür zu rächen, daß ich sie abgewiesen hatte. «Er hält dich für den Mörder», sagte sie.

16

Edgar Warden starrte mich an, war sprachlos und hatte seinen verwundeten Daumen in diesem Augenblick vergessen. Auch war er zusammengezuckt und seine vom Wetter gegerbte Haut um eine Spur blasser als in dem Augenblick, da er die Kammer betreten hatte.

«Wie?» schnaubte er. «Was soll das heißen? Hält mich für den Mörder? Wovon redest du, Frau?»

Isobel lächelte hämisch. «Er glaubt, daß du mich gestern nacht mit Master Underdown überrascht und ihn in einem Anfall von Eifersucht umgebracht hast. Wo du doch weißt», fügte sie geschickt hinzu, «daß ich die ganzen Nachtstunden über an deiner Seite lag, wie sich dies für eine gute Ehefrau gehört. Mindestens dreimal bist du aufgewacht, und immer war ich bei dir.»

Edgars Augen verengten sich zu zwei kleinen Schlitzen, sein Gesicht lief so plötzlich rot an, wie es zuvor erblaßt war. Er hob die geballten Fäuste, kräftig, wie kleine Hämmer, und kam drohend auf mich zu, nachdem er die Tür hinter sich mit einem Fußtritt zugeschlagen hatte.

«Das denkt er sich also, wie?» Er schob seine stämmige Gestalt näher heran. «Mir ist es wurscht, wenn jemand mich einen Mörder nennt», sagte er, «denn wenn irgendein Mann mit meiner Frau herummacht, so bringe ich ihn um. Aber ich lasse es nicht zu, daß Ihr oder irgendein anderer ihre Tugend in Zweifel zieht, und dafür bekommt Ihr die Tracht Prügel Eures Lebens.»

Nun, wenn ich während meiner Wanderjahre irgend etwas über die Kunst des Überlebens gelernt hatte, so war es der schnelle Rückzug angesichts drohender Gefahren. Wenn ein Mann mir Schläge androhte, so wollte ich keine Zeit darauf verschwenden zu überprüfen, ob er es auch ernst meinte, sondern nahm ihn lieber beim Wort und war mit meiner Faust schneller als er, wie auch in diesem Fall. Die Worte waren kaum von Edgars Lippen, als auch schon ein rechter Haken von mir ihn genau am Kinn traf, wodurch er das Gleichgewicht verlor und rückwärts gegen das Fußende des Bettes taumelte. Während er noch immer benommen war, machte ich einen feigen Satz zur Tür hin. Er war jedoch flinker als ich, umklammerte meine Knöchel und schaffte es, mich auf den Boden zu ziehen. Nun mußte ich versuchen, meine durcheinandergewirbelten Gedanken zu sammeln, während er seiner Selbstkontrolle verlustig ging und seine Hände um meinen Hals geschraubt hatte. Obwohl ich alles daransetzte, sie zu lösen, war sein Griff zu stark, und das Blut pochte mir in den Ohren.

Isobel, aufrichtig in Angst wegen des Zorns, den sie ausgelöst hatte, kreischte und kam mir zu Hilfe. Schließlich gelang es uns gemeinsam, ihren Ehemann von mir zu trennen, und ich kämpfte mich schwankend hoch, während Isobel Edgar zu beruhigen versuchte, von ihm jedoch grob weggestoßen wurde. Er stürzte sich erneut auf mich, doch ich konnte noch zur Seite treten, so daß er ins Leere lief und gegen die Mauer hinter mir prallte. Schmerzen vermochte er wohl keine zu spüren, und ich weiß nicht, ob er sie später überhaupt wahrgenommen hat. Fauchend vor Zorn schwang er seinen Arm zurück und wollte mir einen neuen Schlag versetzen, doch ich wich seiner Attacke aus und schickte ihn der Länge nach zu Boden. Bei dieser Gelegenheit gelang es mir, durch die Tür zu entschwinden und zum Innenhof zu stürmen, bevor er sich aufgerappelt hatte.

«Was ist geschehen? Was geht hier vor?» In Janet Overys Stimme war ein Unterton von Mißbilligung nicht zu überhören. Sie kam vom großen Saal zur Gesindeunterkunft herüber.

Ich muß ziemlich abgerissen ausgesehen haben mit meinem zerzausten Haar, den verrutschten und schief sitzenden Kleidern und meinen Händen, die vorsichtig den Hals dort abtasteten, wo Edgar ihn mir zugedrückt hatte. Und Edgar selbst, der wutentbrannt aus der Tür hinter mir hervorgestürzt war, hatte ein rasch anschwellendes Kinn vorzuweisen mit mehreren dunkelroten Striemen, die sein Gesicht entstellten. Als er Janet bemerkte, ließ er widerwillig seine Hände sinken, beobachtete mich aber mit einer Boshaftigkeit, die durchaus einem körperlichen Angriff entsprach.

«Es war mein Fehler», sagte ich. «Ich habe bei Mistress Warden einige Erkundigungen eingeholt, und Edgar hat meine Absichten mißverstanden. Er dachte, ich klagte ihn des Mordes an.»

«Und meine Frau des Ehebruchs!» brach es aus ihm heraus.

«Ich habe mich geirrt», sagte ich lahm. «Ich wollte nur herausbekommen, wer Master Underdown umgebracht hat, sonst nichts.»

«Ich habe Euch gewarnt, daß Ihr nichts als Unfrieden stiftet», sagte die Haushälterin vorwurfsvoll. «Fragen solcher Art stehen dem Ermittlungsbeamten des Sheriffs wohl an, wenn er sie denn für notwendig hält. Edgar!» Hierbei sah sie den Gutsverwalter streng an. «Geh zu Isobel und laß dir deine Wunden behandeln, danach kehrst du an deine Arbeit zurück.» Sie nickte mir zu. «Was Euch betrifft, so kommt mit, damit ich eine Salbe für Euren Hals finde, der Euch anscheinend soviel Beschwerden macht. Und hört endlich mit dem Unsinn auf!»

Edgar, der auf eine Weise vor sich hin murrte, daß mir nichts Gutes schwante, zog sich in seine Kammer zurück, wo er sich der Fürsorge seiner Frau überließ. Er zeigte mir seinen durchbohrten Daumen in der althergebrachten Weise, die Verachtung und Herausforderung bedeuteten. Ich tat so, als hätte ich es übersehen, und begleitete Janet in ihre Kammer, wo sie ihre Salben und Öle aufbewahrte.

Sie reckte sich, um in ein Regal zu greifen, und holte einen irdenen Topf herunter, dessen Deckel sie behutsam abhob.

«Leinsamenöl mit Honig», sagte sie, während sie einen Löffel voll daraus entnahm, und hielt ihn über das Feuer. «Trägt man es warm auf, so schwellen Prellungen nicht an. Öffnet den Kragen Eures Hemdes, damit ich herankommen kann. Das sind aber häßliche Prellungen, die Ihr da habt.»

«Selber schuld, denkt Ihr wohl», sagte ich kleinlaut und tat, was sie von mir verlangte.

Sie gab ein wenig Salbe auf ihre Finger und begann, meinen Hals sanft zu massieren. «Ja», erwiderte sie offen, «doch ich nehme an, Ihr mußtet einfach so handeln. Nun, was habt Ihr denn von der schönen Isobel und ihrem Ehemann erfahren?» Ich zuckte zusammen, als sie auf eine besonders empfindliche Stelle drückte, und atmete erleichtert auf, als ich sah, daß sie einen Schritt zurücktrat, um ihre Arbeit zu begutachten. «Das reicht für den Augenblick. Wahrscheinlich fällt Euch das Schlucken noch eine Weile lang schwer, doch ich habe nicht den Eindruck, daß Edgar Euch irgendeinen bleibenden Schaden zugefügt hat.» Sie reichte noch einmal in das Regal und holte eine kleine Glasflasche herunter, der sie eine einzige Pille entnahm. «Hier, diese Tablette ist aus getrocknetem Salatsaft. Nimmt man mehrere davon, so verhilft sie zu Schlaf, doch eine davon entspannt Euch und lindert Eure Schmerzen. So», fuhr sie fort, als sie ihre Medikamente an den gewohnten Platz zurückstellte, «Ihr habt meine Frage noch nicht beantwortet.»

Ich knöpfte den Kragen meines Hemdes wieder zu und schluckte die Tablette hinunter, wie mir gesagt worden war. Nach einiger Überlegung antwortete ich: «Ich meine, wir haben fälschlicherweise angenommen, daß Master Underdown sich auf den Weg zu einem Stelldichein mit Isobel begab, als er das Haus zu nachtschlafender Zeit verließ. Entweder verfügt sie über größere Täuschungskünste, als ich ihr zutrauen würde, oder ich bin leichtgläubiger, als ich angenommen habe. Wie auch immer, inzwischen glaube ich, daß sie unschuldig ist und daher ihr Ehemann ebenfalls. Trotzdem», fügte ich herausfordernd hinzu, «ist da noch immer Silas Bywater.»

Janet seufzte resigniert. «Ich nehme an, ich kann Euch nicht darin hindern, auch ihn zu verärgern, obwohl die Lösung des Rätsels vor Eurer Nase liegt.» Sie legte mir ihre Hand liebevoll auf die Schulter: «Aber nehmt Euch bei diesem Kerl in acht, Bursche. Denn in der kurzen Zeit, in der wir uns kennen, seid Ihr mir ans Herz gewachsen. Mein Sohn würde so aussehen wie Ihr, groß und hübsch und gerade gewachsen und hätte ebenfalls kräftige Muskeln. Ich möchte nicht, daß Ihr irgendeinen Schaden nehmt, und ich glaube, Silas Bywater ist ein skrupelloser Mensch. Also seht Euch vor. Doch viel lieber wäre mir, Ihr würdet an Euren eigenen Scharfblick glauben und Euch damit abfinden, daß Jeremiah Fletcher der Mörder ist, und zwar aus genau den Gründen, für die Ihr als Leibwache Philip Underdowns verpflichtet worden seid.»

Ich hob meine Hand und legte sie auf die ihre. «Ich weiß, daß das, was Ihr sagt, berechtigt ist, aber . . .» Ich brach ab und zuckte die Achseln.

Mit sorgenvollem Blick zog sie ihre Hand zurück. «Ihr müßt tun, was Ihr für angebracht haltet, und ich kann nur darauf drängen, daß Ihr es Euch noch einmal reiflich überlegt. Wenn Ihr aber eine Freundin braucht, so wißt Ihr, wo Ihr mich findet, entweder hier oder in der Küche oder irgendwo im Herrenhaus. Übrigens fällt mir da ein», fuhr sie mit plötzlicher Bestürzung fort, «die Stunden verfliegen so schnell, gleich ist es vier Uhr und Zeit zum Abendessen. Weiß der Himmel, was diese nichtsnutzigen Mädchen während meiner Abwesenheit alles anstellen.» Sie fuhr sich über ihre Schürze und zog ihre Haube glatt. «Ihr bemerkt hoffentlich, daß Eure Kammer in Ordnung gebracht wurde. Wenn Ihr also etwas ausruhen möchtet, so könnt Ihr das tun.»

Wiederum folgte ich ihr aus ihrer Kammer genau in jenem Augenblick, da Edgar Warden aus der seinen heraustrat. Mir fiel auf, daß sein Daumen verbunden war und die Striemen in seinem Gesicht mit Salbe behandelt worden waren. Er blickte mich böse an, hatte offensichtlich aber Isobel versprochen, daß er kein Aufhebens von der Angelegenheit mehr machen werde, denn mit einem knappen Nicken zu Janet Overy ging er an uns vorüber, überquerte den Innenhof und verschwand unter dem Durchgang aus unserem Gesichtskreis. Die Haushälterin ging hastig auf die Küche zu, wobei sie ihre Schritte beschleunigte, als sie in der Küche lautes Schwatzen und Kichern vernahm. Ich lächelte in mich hinein. Während die Katze fort war, hatten die kleinen Mäuse sich vergnügt, und ich hätte nicht mit einer der Küchenmägde tauschen wollen. Janets Zorn, so vermutete ich, konnte fürchterlich sein.

Ich blickte mich um, doch Silas Bywater blieb verschwunden. Der Pferdeknecht sprach mit dem Fuhrmann, der soeben mit frischen Strohballen für die Stallungen eingetroffen war, und diese wurden von zwei Männern abgeladen, bei denen es sich um James und Luke handeln mußte – zwei Leute aus dem Dorf, die zu Hause und nicht mit dem Gesinde aßen –, von denen Mistress Overy gestern gesprochen hatte.

Ihrer Gestik sowie ihren ernsten, aufgeregten Gesichtern nach zu urteilen, unterhielten sie und John Groom den Fuhrmann mit Neuigkeiten über den Mord. Es war schwer auszumachen, wie er darauf reagierte, denn wie alle Menschen seines Schlages trug er einen großen Filzhut mit einer breiten Krempe, die ihn vor den Elementen schützen sollte. Ich überließ sie ihrem Vergnügen.

Ich folgte dem Pfad hinunter in den Wald bis ins Dorf. Ich wollte allein sein und versuchen, meine überbordenden Gedanken irgendwie zu ordnen. Doch je mehr sie in meinem Kopf herumwirbelten, um so mehr war ich davon überzeugt, daß Janet recht hatte und daß Jeremiah Fletcher der Mörder war. Er war ein Spion der Tudors, jener Familie, auf die die einzige, schwache Hoffnung der Lancasters ruhte, wieder an die Macht zu gelangen; eine Seitenlinie, die König Heinrich IV. für alle Zeiten von der Thronfolge Englands ausgeschlossen hatte. Obgleich ich von dieser Tatsache immer stärker überzeugt war, fragte ich mich doch nach wie vor, warum Philip in der vergangenen Nacht aus unserer Kammer ausgerückt war. Mit wem hatte er sich verabredet, wenn nicht mit Isobel Warden? Und je häufiger ich mir unser Gespräch in Erinnerung rief, um so deutlicher wurde mir, daß sie die Wahrheit gesagt hatte, daß ihr Erstaunen auf meine Frage nach einem Stelldichein aufrichtig gewesen war und daß ihre Auffassung über Philips Charakter zutreffender war als meine eigene.

Ich verließ den Pfad, der zum Flußufer führte, und ging zu dem Platz, an dem ich in der letzten Nacht neben Philips Körper niedergekniet war und an dem ihn heute morgen der Sägewerkarbeiter gefunden hatte. Die hohen Gräser lagen noch immer flach, obwohl einige sich hier und dort wieder aufgerichtet hatten, und auf dem Boden waren dunkle Blutflecken zu erkennen. Ich suchte die Umgebung systematisch ab und kam nach einigen Minuten zu dem Schluß, daß Philip dort, wo er gelegen hatte, auch niedergeschlagen worden war. Denn ich konnte kein Anzeichen dafür erkennen, daß man den Körper zu dieser Stelle geschleppt hatte, und anderswo gab es keine Blutspuren, die darauf hindeuteten, daß man ihn dort getötet hatte. Außerdem vermutete ich, daß, wenn dem so gewesen wäre, man ihn auf den Rücken gedreht hätte, da es nach meiner Erfahrung leichterfällt, einen Menschen mit dem Gesicht nach oben davonzuschleifen, als andersherum.

Es gab Hinweise darauf, daß mehr als eine Person im Gras herumgetrampelt war, doch teilweise waren die plattgetretenen Halme meinen Fußspuren zuzuschreiben. Schwer zu sagen, ob zwei oder drei Personen vor mir dort gewesen waren. Falls Jeremiah Fletcher der Mörder war, mußte jemand anders ebenfalls anwesend gewesen sein, denn ich blieb bei meiner Überzeugung, daß Philip nie im Leben so närrisch gewesen sein konnte, daß er sich von irgendeiner Nachricht hätte aus dem Haus locken lassen, ohne zuvor zu überprüfen, ob sie echt war. Und die einzige Person neben Isobel Warden, derentwegen er sich aus der Kammer herausgeschlichen hätte, war Silas Bywater.

Ich begab mich in die Schenke, teils um den Schmerz in meiner Kehle zu lindern, teils um in Ruhe über diese Theorie nachzudenken. Wie ich erwartet hatte, war zu dieser Stunde des Nachmittags, da die meisten Menschen mit ihren Verrichtungen im Herrenhaus beschäftigt waren, der Schankraum fast leer. Nur ein einziger Mann saß auf einer Bank beim Fenster, die dünnen Beine weit von sich gestreckt, den Kopf hatte er an die Wand hinter sich gelehnt. Ein Krug Ale, halb geleert, stand vor ihm auf dem Tisch, sein Körper war entspannt, seine Augen hielt er schläfrig geschlossen, obwohl er hier und da ein Augenlid leicht anhob, als er in meine Richtung blickte. Ich nahm auf der anderen Seite des Raums Platz und beachtete ihn weiter nicht.

Der Wirt war nirgendwo zu erblicken, doch bei der resoluten und kräftigen Person, die mir aufwartete, konnte es sich nur um seine Frau handeln, und ich begriff, daß er gute Gründe haben mochte, sich vor ihr in acht zu nehmen. Nachdem sie mich bedient hatte, lehnte auch ich den Kopf an die Wand und schloß die Augen, aber nicht um einzuschlafen. Vielmehr rief ich das Bild von Silas Bywater vor mein geistiges Auge und betrachtete es.

Wenn er Philip tatsächlich eine Nachricht hatte zukommen lassen, wann konnte er sie dann ohne mein Wissen erhalten haben? Die Antwort war dieselbe wie zuvor: gestern morgen nach dem Frühstück, als ich mich auf die Suche nach dem Mann gemacht hatte, den Philip vom Fenster der Schlafkammer aus gesehen haben wollte. Nachdem ich dies geklärt hatte, kam ich zur zweiten Frage. Weshalb hatte Silas ihn zu einem geheimen Treffen bestellt? Weil er – wie er mir gegenüber mehr als einmal hatte durchblicken lassen – etwas Nachteiliges über Philip wußte und beabsichtigte, ihn damit zu erpressen, damit er das Geld erhielt, von dem er behauptete, daß es ihm zustehe. Weshalb aber hatte Philip sich auf diese Verabredung eingelassen? Darauf gab es, in meinen Überlegungen und wie ich mir zuvor bereits gesagt hatte, nur eine einzige Antwort. Zeit und Ort konnten beide auf Philips Vorschlag nur zu einem Ziel bestimmt worden sein, und zwar, um sich eines Mannes zu entledigen, der plötzlich wieder in sein Leben getreten war und eine Belastung zu werden drohte. Philip hatte geplant, Silas zu töten, und war an seiner Statt umgebracht worden, entweder von seinem beabsichtigten Opfer oder von Jeremiah Fletcher, der die beiden zufällig überrascht hatte.

Bevor ich die Muße fand, meine Theorie weiter zu verfolgen, ihre Stärken und Schwächen gegeneinander abzuwägen, wurde mein Gedankengang von meinem Zechgenossen unterbrochen.

«Es gibt also ein großes Getue im Land. Obwohl das noch lange kein Grund zur Aufregung ist, meine ich.» Ich erkannte, daß er die Invasion des Grafen von Oxford meinte und nicht das Ereignis, mit dem ich mich in Gedanken beschäftigte, nämlich Philips Ermordung, weshalb ich darauf schloß, daß er ein Ortsfremder sein mußte. Ich nickte, denn ich wollte ihn ungern ermutigen, doch er fuhr unbeirrt fort: «Der König wird's schon richten, kein Zweifel.»

«Kein Zweifel», echote ich und schloß die Augen wieder, wodurch ich ihm bedeutete, er solle dasselbe tun.

«Ein guter König, unser Eduard. Besser für unsereins als der arme alte Henry, und er hat seine Brüder, ihm zu helfen. Wenigstens Herzog Richard hat er hinter sich. Muß zugeben, daß ich nicht weiß, wie's um den anderen steht.» Nachdem er sich also ohne Umschweife über George von Clarence geäußert hatte, fragte er: «Seid Ihr aus dem Dorf?»

In die Enge getrieben, öffnete ich die Augen und antwortete widerwillig: «Nein. Nur auf der Durchreise. Ich wohne für ein paar Tage im Herrenhaus. Ich habe Freunde unter der Dienerschaft.» Das war nicht gelogen. Janet Overy konnte ich gewiß meine Freundin nennen.

Diese Auskunft schien ihn zu faszinieren. «Ihr kennt also die von da oben, was? Dann verpaßt Ihr den Spaß.»

Ich starrte den Mann dumm an. «Den Spaß?» wiederholte ich.

Er trank den Rest seines Ales aus und nickte dann. «Jaha. Ich bin heute morgen von St. Germans mit einer Fuhre Hafer für die Stallungen von Sir Peveril Trenowth hochgekommen. Ich bin nämlich meines Zeichens Fuhrmann», fügte er hinzu. «Und gerade hinterm Dorf hielt mich so 'n Kerl an und bot mir das hier an, wenn ich ihm für etwa eine Stunde die Zügel überlasse.» Er fuhr mit seiner Hand in den Beutel an seinem Gürtel und holte stolz einen goldenen Farthing daraus hervor. «Sagte, er is 'n Freund von Alwyn, dem Hausverwalter, und will ihm einen Streich spielen. Sagte, Alwyn hat mit ihm um zwei Engelstaler gewettet, daß er nicht ins Haus reinkommt, ohne daß er's erfährt.» Der Mann steckte die Goldmünze wieder weg und sah mich etwas betreten an. «Wußte nicht, ob ich ihm das abnehmen konnte, aber in meiner Arbeit wird mir nicht jeden Tag 'ne Goldmünze angeboten, und dazu war der Mensch gut gekleidet und konnte gut reden.» Es stand fest, daß die Gier des Fuhrmanns über seine bessere Erkenntnis gesiegt hatte. «Ein Gentleman, muß man schon sagen, so daß seine Geschichte vielleicht doch wahr ist. Also gut möglich, daß er 'n Freund von Alwyn ist. Hat sich von mir auch den Hut ausgeborgt, damit er sein Gesicht verstecken konnte. ‹Wollt Ihr auch meinen Umhang haben?› hab ich ihn gefragt. ‹Keiner glaubt Euch den Fuhrmann!› Hat er auch gewollt, aber ich weiß nicht, ob er mir ganz vertraut hat. Hat ihn mitgenommen, unter den Futterballen.»

Schwerfällig stand ich auf und hätte in meiner Eile fast den Tisch umgestoßen. «Ein Mann mit einem schmalen Gesicht?» fragte ich. «Und einer schlanken Gestalt?»

«Jaha, kann man schon sagen. Erinnert bißchen an ein Rattengesicht vielleicht, jetzt, wo Ihr das sagt. Aber ein Gentleman auf alle Fälle», sagte er mit trotzigem Nachdruck.

«Deshalb ist er doch nichts weniger als ein Gauner», fauchte ich und rief nach der Wirtin, um meine Zeche zu zahlen. «Ihr Narr! Wißt Ihr denn nicht, daß in den besseren Kreisen ebenso böse Menschen vertreten sind wie in den unteren?»

Der Fuhrmann war erblaßt, und seine Hand zitterte, als er

seinen Humpen auf den Tisch stellte. «Ihr kennt diesen Mann?» fragte er bekümmert.

Ich nickte, indem ich die Hausherrin der Schenke bezahlte, die angesichts der Bestimmtheit meiner Aufforderung keuchend und prustend herbeigeeilt war. Ich überließ ihr das Kleingeld, um sie zu besänftigen. Auf dem Weg zum Ausgang hielt ich kurz inne und legte dem Fuhrmann zur Beruhigung meine Hand auf den Arm.

«Keine Sorge. Ihr habt mir einen Dienst erwiesen, wenn ich diesen Mann erwische. Ich weiß, warum er hergekommen ist und höchstwahrscheinlich auch, wo ich nach ihm suchen muß. Wo habt Ihr Euch mit ihm verabredet, um Euren Karren zu übernehmen? Besser, Ihr folgt mir zum Haus, wenn Ihr fertig seid.»

Ich war aus der Tür der Schenke herausgetreten und eilte den Pfad hinauf, bevor er, mittlerweile von Gewissensnöten geplagt, mir weitere Fragen stellen konnte.

17

Quer über die Spurrillen des Feldweges fielen lange Oktoberschatten, und die fahlen Sonnenstrahlen hatten Mühe, sich zwischen den verwelkenden Blättern der überhängenden Bäume hindurchzukämpfen. Ein Muster aus spät blühenden Moschusgauklerblumen, deren schwach rosafarbene Blüten am Ende dünner Stengel nickten, schien totengleich zwischen den struppigen Gräsern hindurch. Hoch in den Ästen über mir sang ein Vogel, und der Fluß kräuselte sich sanft irgendwo unter mir. Trotz all dieser Schönheit der Natur hatte ich weder Augen noch Ohren für sie. Meine Gedanken beschäftigten sich ausschließlich mit Jeremiah Fletcher.

Der Mann war in der Tat verzweifelt, wenn er bei Tageslicht zu solch einer List Zuflucht nahm, bei der er sogar mit der Möglichkeit rechnen mußte, in meiner Kammer oder anderswo auf mich zu stoßen. Er dachte wohl, das Glück auf seiner Seite zu haben, als er sah, wie ich den Innenhof überquerte und hinausging, und mein Glück war es, daß er mich gesehen hatte. Denn nun wiegte er sich in falscher Sicherheit und konnte annehmen, er habe ausreichend Zeit, um die Schlafkammer zu durchsuchen, ohne erneut gestört zu werden. Nun würde er gründlicher vorgehen als beim erstenmal heute morgen, als er durch das Fenster eingestiegen und gezwungen gewesen war, seinen Rückzug auf dieselbe Weise zu machen. Dies war ein Weg, den zu nehmen er am hellichten

Nachmittag nicht wagen würde. Ich fragte mich, welche Entschuldigung er wohl vorgebracht hatte, um Zutritt zum großen Saal und zum Treppenhaus zu erhalten.

Meine Schritte klangen hohl, als ich unter dem Durchgang dahineilte. Zuerst glaubte ich, der Innenhof sei verlassen, weil die Sonne mich blendete. Doch als ich wieder klar sehen konnte, erblickte ich James, Luke und John Groom neben dem Karren, die Strohballen auf die Schultern hievten, um sie in die Stallungen zu tragen.

«Wo ist er?» rief ich. «Wo ist der Fuhrmann?»

Von der Dringlichkeit meines Tonfalls verwirrt, glotzten sie mich einen Augenblick lang verdutzt an. Dann zeigte der Mann, den ich später als James kennenlernte, auf das Haus. «Er wollte zum Abtritt. Ich hab ihm gesagt, es gibt drei, und dann ist er auf den drinnen gegangen. Sagte, noch nie hab ich das Haus eines Gents von innen gesehen, und das ist 'ne seltene Gelegenheit für ihn.»

Ich rannte zum großen Saal, bevor er seinen Satz beendet hatte, und rief über meine Schulter zurück: «Kommt schnell mit mir! Er ist kein Fuhrmann, sondern ein Dieb!» Aus dem Augenwinkel sah ich, daß sie einander unschlüssige Blicke zuwarfen und besprachen, ob sie meiner Aufforderung nachkommen sollten oder nicht. «Beeilung!» schrie ich. «Es stimmt, ich schwör's euch!» Ich hielt inne, als ich meine Hand auf den Riegel der Tür zum großen Saal legte. «Einer von euch geht Alwyn holen und verständigt das Gesinde! Die anderen kommen mit mir!»

Ich konnte nicht abwarten, um zu sehen, ob sie mir folgten, ob meine Aufforderung bestimmt genug war, um sie zu beeindrucken. Ich öffnete die Tür und ging hinein, rannte durch den Saal und nahm zwei Stufen der Treppe auf einmal. Ich machte mir nicht die Mühe, auf dem Abtritt nachzusehen, da ich überzeugt war, daß er sich dort nicht aufhielt.

Und ich hatte recht. Als ich den Flur hinunter blickte, sah ich, daß die Tür zu meiner Bettkammer einen Spalt offenstand, und das Geräusch verstohlener Bewegungen drang nach draußen.

Ich verlangsamte meinen überstürzten Sturmangriff und holte mehrmals tief Luft, um Kräfte zu sammeln, während ich vorwärtsschlich, um durch den Spalt zu lugen.

«Ihr findet nicht, wonach Ihr sucht», sagte ich. «Es ist nicht da.»

Das verdutzte Gesicht, das sich mir zuwandte, und der abgelegte, breitkrempige Hut gehörten unverwechselbar dem Mann vom Kloster Buckfast und ebenso zweifellos Jeremiah Fletcher, der die vergangene Nacht in der Schenke in Trenowth verbracht hatte. Diesmal hatte er keine Verwüstungen angerichtet wie bei seinem ersten Besuch. Was bezweckte er? Wenn der Brief schon früher nicht in den alten Kopfkissen oder den Matratzen versteckt gewesen war, so war es unwahrscheinlich, daß er sich jetzt in den neuen befand. Doch alles andere, was Philip oder mir gehörte, war auf einem der Betten angehäuft und Stück für Stück gründlich durchsucht worden.

Der Mann war auf dem Boden herumgekrochen, doch bei meinem Eintreten aufgesprungen. Seine Hand griff nach dem Dolch an seinem Gürtel, doch zu seiner Bestürzung stellte er fest, daß er ihn mit seiner Jacke abgelegt hatte, um die Verkleidung als Fuhrmann anzulegen. Zugleich mit seiner Erinnerung schlug eine Welle der Panik über ihm zusammen, und zum zweitenmal in etwas mehr als einer Stunde wurde ich Ziel eines Mordanschlags. Diesmal allerdings war ich weitaus besorgter um mein Leben, denn dieser Mann war das Morden gewöhnt, und er würde keinerlei Bedenken haben, mich umzubringen, wenn er denn könnte. Mit seinen Händen – schlanke Hände übrigens, die zu seiner schlanken

Erscheinung paßten, deren Kräfte jedoch durch die Furcht um ein Vielfaches verstärkt wurden – umklammerte er bereits meinen Hals, um mich zum Schweigen zu bringen. Sollte er dem Gesetz in die Klauen geraten, so würde man ihn zweifellos an den Galgen bringen. Denn gleichgültig, ob er Philips Tod zu verantworten hatte oder nicht – in dieser Frage war ich noch keineswegs zu einem Schluß gekommen –, es gab da noch andere, die ihn mit Sicherheit für schuldig halten würden, und weitere Verbrechen konnten ihm gewiß zur Last gelegt werden. Es war unwahrscheinlich, daß Philip der erste Kurier von König Eduard war, der dank der Machenschaften der Agenten der Lancaster eines gewaltsamen Todes starb.

Mit zitternden Händen zerrte ich an seinen Handgelenken und stieß ihm mein Knie in die Weichteile, doch obgleich Jeremiah Fletcher aufjaulte, ließ er nicht locker. Wenn einem als einzige Perspektive der Strick um den Hals vor Augen steht, so wird alles andere bedeutungslos, und diese Angst erstickt jeden Schmerz. Zum zweitenmal an diesem Nachmittag pochte mir das Blut in den Ohren, und vor meinen Augen tauchte gelber Nebel auf, als wiederum Hilfe kam, diesmal in der zögernden Gestalt von Luke und John Groom. Offenbar glaubten sie mir nur ungern, doch die Vorsicht hatte schließlich die Oberhand gewonnen. Mit einem Schrei des Zorns stürzten sich beide auf meinen Angreifer und zerrten ihn von mir los, warfen ihn grob auf den Boden, wo sie die Knie auf seinen Brustkorb setzten, um ihn festzunageln.

«Verflixt noch mal, Ihr hattet recht, Master», sagte der Stallbursche bewundernd. «Das ist 'n Dieb! Woher habt Ihr das gewußt?»

Ich lehnte noch immer an der Wand, schnappte nach Luft, und alles, was ich als Antwort herausbrachte, war ein froschähnliches Quaken. Zum Glück wurde ich in diesem Augen-

blick von jedem weiteren Zwang zur Konversation entbun-
den, dank des Erscheinens von Alwyn Steward, von James
und von Janet Overy, die ein Nudelholz schwang. Hinzu
kamen die Wäschefrau, die einen Holzknüppel in Händen
hielt, der zum Hochheben der Wäschestücke aus dem heißen
Waschwasser diente, und der Bäcker, der den langen Spatel
mit sich führte, mit dem er die Brotlaibe in den Ofen hin-
einschob und auch wieder herauszog. Ihre diversen Helfer
tauchten hinter ihnen auf, ebenfalls zum Handeln entschlossen.

«So», sagte Alwyn, «wir haben unseren Dieb und zweifellos
auch den Mörder.» Er wandte sich an mich. «Kennt Ihr diesen
Mann, Roger Chapman?» Als ich nickte, brummte er befriedigt. «Und offenbar gefaßt in dem Augenblick, da er einen
zweiten Mord begehen wollte. Ihr beide, und du, James,
bringt ihn fort! Wir werden ihn hinter Schloß und Riegel
bringen, bis heute abend der Ermittlungsbeamte des Sheriffs
eintrifft.»

Die Erleichterung ob des glücklichen Ausgangs, ohne den
Anflug einer Schuld bei irgendeinem Mitglied aus Sir Peverils Haushalt, hatten den Hausverwalter freundlich ge-
stimmt, und er ging allen aus der Kammer mit beschwing-
tem Schritt und erhobenen Hauptes voran. Er würde seinem
Herrn bei dessen Rückkehr erschöpfenden Bericht von den
Ereignissen erstatten können.

Janet legte ihre Hand unter meinen Ellbogen. «Kommt mit
mir, Bursche. Euer Hals hat heute nachmittag mehr abbe-
kommen, als ihm guttut. Aber dieselbe Behandlung wie
vorhin wirkt wahre Wunder. Ihr werdet schon sehen!»

Ich glaubte ihr, denn sie kannte sich in Kräutern und Heil-
mitteln bestimmt aus. Nachdem sie mich erneut versorgt
hatte, spürte ich geringere Schmerzen und konnte wieder

deutlich sprechen, obwohl meine Stimme nach wie vor rauh klang. Als ich auf den Innenhof hinaustrat, erfuhr ich, daß man Jeremiah Fletcher an Händen und Beinen gefesselt in einen kleinen Raum in der Kapelle sicher eingesperrt hatte und daß James, Luke und John Groom sich mit seiner Bewachung ablösten. Alwyn, der mir dies mitteilte, bat mich, ihm alles über den Gefangenen zu berichten, was ich wußte. Ich beschloß, ihm die ganze Wahrheit zu erzählen, da ich dachte, daß ich damit am besten fahren würde. Daher berichtete ich ihm von unserem verhängnisvollen Ritt nach meinem Treffen mit dem Herzog von Gloucester in Exeter bis zum gegenwärtigen Augenblick. Nur zwei Dinge ließ ich aus: Silas Bywaters Rolle in der Angelegenheit und jegliche Erwähnung von Knöterich.

Ich konnte sehen, daß Alwyn beeindruckt war von der Bedeutung, die meine Darstellung der Ereignisse ihm verliehen hatte. Dies wollte ich mir zunutze machen, und daher fragte ich ihn, ob ich eventuell Jeremiah Fletcher zwei Minuten allein sprechen könnte.

«Es gibt noch Punkte, über die ich ihn befragen möchte», sagte ich, wobei ich durch mein Verhalten erkennen ließ, daß diese Fragen von entscheidender Wichtigkeit für die Sicherheit des Reiches seien.

«Nu-un . . .» Der Hausverwalter dachte über meine Bitte nach, dann nickte er kurz. «Ihr habt meine Erlaubnis, aber achtet darauf, daß Luke, der im Augenblick Wache hat, draußen vor der Tür bleibt.»

«Wenn Fletcher an Handgelenken und Knöcheln gefesselt ist, wie Ihr mir gesagt habt, so kann er niemandem gefährlich werden.»

«Trotzdem möchte ich es nicht darauf ankommen lassen. Bitte tut, worum ich Euch gebeten habe.» Hier hob der Hausverwalter warnend die Hand.

Ich versprach es ihm und wurde in die düstere Kapelle geführt, die in einer Ecke des Innenhofs stand. Die Sakristei, in der der Gefangene gehalten wurde, befand sich zur Linken des Altars. Dort legte der Kaplan sein Gewand an und sagte vor der Messe seine Gebete auf. Eine schwere Eichentür schirmte ihn bei solchen Gelegenheiten ab. Aus keinem ersichtlichen Grund verfügte sie über ein schweres Schloß und einen Schlüssel. Zur Zeit allerdings erwiesen sich beide als nützlich, da der Schlüssel im Schloß umgedreht, aus seinem Lager entfernt worden war und nunmehr in einer von Lukes großen, braunen Hände ruhte. In der anderen Hand hielt er einen kräftigen Knüppel, nur ein wenig kleiner als mein eigener, den ich heute morgen vor dem Frühstück an eine Küchenwand gestellt hatte, wie ich mich erinnerte. Wegen der Ankunft des Karrens aus dem Sägewerk und der übrigen Vorkommnisse des Tages war mir entfallen, daß ich ihn dort zurückgelassen hatte. Ich durfte nicht vergessen, ihn aus Janet Overys Weg zu räumen.

Der Hausverwalter unterrichtete Luke, daß er mich in die Sakristei hineinlassen sollte und fügte steng hinzu: «Laß die Tür unverschlossen, solange Master Chapman sich drinnen aufhält, und halte dich bereit, ihm zu Hilfe zu eilen, falls es nötig wird. Vergiß nicht, die Tür zu verriegeln, sobald er herausgekommen ist.» Dann eilte er aufgeregt davon.

Luke betrachtete mich neugierig, stellte jedoch keine Fragen, sondern tat nur, wie man ihn geheißen hatte. Der Schlüssel quietschte im rostigen Schloß, als entriegelt wurde: offenbar hielt Sir Peverils Kaplan es nicht für nötig, sich vor neugierigen Blicken zu schützen. Die Tür knarzte ein wenig in den Angeln, als Luke sie halb öffnete. Ich trat ein.

Der Raum war spärlich möbliert mit einer Steinbank über die ganze Länge einer Wand sowie einer Truhe in der einen Ecke. Das Tageslicht mußte sich durch ein kleines, verbleites Fenster hineinzwängen, dessen Scheiben aus Horn waren.

Der übliche Beutel mit Flint und Zunder hing an einem Nagel. Ein Kerzenhalter mit einer Kerze, die noch nicht angezündet war, stand auf der Truhe. Jeremiah Fletcher, an Händen und Füßen gefesselt und mit einer anschwellenden Prellung an seiner linken Wange, saß zusammengekauert an einem Ende der Bank. Ich setzte mich ans andere Ende und wandte ihm mein Gesicht zu. Er beäugte mich finster.

«Was wünscht Ihr?»

«Die Wahrheit, wenn das nicht zuviel verlangt ist.» Meine Stimme war noch immer heiser. Er grinste bösartig und wünschte sich gewiß, er hätte seine Handarbeit vollenden können.

Nach kurzem Nachdenken zuckte er die Achseln. «Warum nicht? So oder so bin ich verdammt und habe nichts mehr zu verlieren. Zu meiner Zeit habe ich viele Männer umgebracht, doch ironischerweise wird man mich für einen Mord hängen, den ich nicht begangen habe. Oh, ich will nicht bestreiten, daß ich Philip Underdown das Leben nehmen wollte – dafür werde ich schließlich entlohnt –, noch, daß ich zwei Versuche dazu unternommen habe, die beide fehlschlugen, einmal im Kloster und dann in der Schenke in Plymouth. Doch er starb nicht von meiner Hand. Das könnt Ihr mir glauben oder nicht.»

«Ich denke, ich glaube Euch», entgegnete ich. «Wenn Ihr ihn aber nicht umgebracht habt, so könntet Ihr beobachtet haben, wer es getan hat.»

Er sah mich erstaunt an, seine Augenbrauen verschwanden fast unter seinen Haaren. «Weshalb in aller Welt nehmt Ihr das an? Als Master Underdown gestern nacht umgebracht wurde – und diese Information hat mir der Wirt gegeben –, da lag ich in meinem verwanzten Bett in der gleichermaßen verwanzten Schenke und schlief. Warum sollte ich mitten in der Nacht im Wald herumlaufen?»

«Aus demselben Grund, aus dem Ihr durchs Kloster Buckfast und die Straßen von Plymouth gelaufen seid. Um das Gebot Eurer Herren zu befolgen und den Kurier des Königs daran zu hindern, in die Bretagne zu gelangen. Ihr seht, ich bin vollkommen offen zu Euch. Ihr seid Philip und mir seit Plymouth gefolgt und laut Pater Anselm nicht viel später als wir gestern morgen in Trenowth eingetroffen. Und wiederum nach Aussage des braven Pater Anselm habt Ihr Eure Kammer in der Schenke den ganzen Tag über nicht verlassen, nicht einmal, um für die Mahlzeiten nach unten zu gehen. Aus diesem Grund mußtet Ihr die Gegend bei Nacht ausspähen. Ich meine, daß Ihr nach Einbruch der Dunkelheit ausgegangen seid und den Mord beobachtet haben könntet.»

Jeremiah Fletcher lächelte dünn. «Nun gut. Da Ihr soviel vermutet, will ich Euch sagen, daß Ihr recht habt, allerdings nur teilweise. Gestern nacht war ich unterwegs, wie Ihr vermutet habt, um die Umgebung auszukundschaften. Doch nicht viel länger als bis zum Zeitpunkt des Mordes. Als ich den Pfad zum Haus hochstieg, hat etwas – was genau, kann ich nicht sagen – meine Aufmerksamkeit auf das Flußufer gelenkt, wo ich auf Philip Underdowns Körper stieß, der bereits steif und kalt war. Als ich entdeckte, daß irgendein anderer die Arbeit für mich erledigt hatte, und das auch noch so vortrefflich, war ich schockiert. Erst auf ihn einstechen und dann auch noch gezwungen sein, ihm den Hinterkopf einzuschlagen, um ihn vollends zu töten, deutet darauf hin, daß es sich bei dieser Person um einen Neuling in unserem Handwerk handelt.»

«Habt Ihr den Leichnam nach dem Brief durchsucht?» fragte ich.

Seine Miene verfinsterte sich. «Ach, dieser Brief! Der war mein Verderben.» Indem er sich wand, versuchte er, den durch die ihn einschnürenden Fesseln verursachten Schmerz zu lindern. «Eigentlich sollte ich eher sagen, daß *Ihr* meine Nemesis gewesen seid. Meine Auftraggeber verlangten nachdrücklich von mir, daß ich den Brief an Herzog François auffinde und nach Möglichkeit zerstöre, aber sie ahnten nicht, daß Philip Underdown in Begleitung eines anderen Mannes reiste, der ihn beschützte. Und wirklich reiste er bis Exeter allein, so wie dies die königlichen Kuriere gewöhnlich halten, die schnell und ungehindert vorwärtszukommen wünschen. Ihn vor seinem Zusammentreffen mit Herzog Richard zu töten, wäre unsinnig gewesen. Denn vorher trug er den Brief noch nicht mit sich herum.»

Ich runzelte die Stirn. «Aber woher haben Eure Auftraggeber, wie Ihr sie nennt, davon erfahren?»

Er lachte. «Wer seid Ihr? *Was* seid Ihr, daß Ihr solche Fragen zu stellen wagt? Wißt Ihr etwa nicht, daß jeder Hof in jedem Land oder Staat von Spionen nur so wimmelt? Selbst Freunde und Verbündete spähen sich gegenseitig aus. Kein edler Herr, der etwas taugt, kann umhin, sich einen bezahlten Beobachter in jedem Haushalt eines Edelmannes zu halten. Brüder spionieren hinter Brüdern her, Väter hinter Söhnen. So geht's nun mal zu auf der Welt. Wo man auch hinkommt, ob nach Frankreich, Italien oder Spanien, überall trifft es zu. Der Mann, den Master Chaucer den Lächler mit dem Messer unter dem Gewand nannte, ist überall.»

Er hatte recht. In jenen Tagen war ich noch reichlich naiv, und mit der Schuld der Menschen kannte ich mich überhaupt nicht aus, doch ich lernte schnell. Ich wiederholte meine Frage. «Habt Ihr den Leichnam durchsucht?»

«Ja, natürlich habe ich den Leichnam durchsucht!» Meine Befragung fiel ihm zunehmend lästig und bereitete ihm großes Unbehagen. «Später, wie Ihr wißt, durchsuchte ich die Schlafkammer, jedoch, wie Ihr ebenso wißt, hatte ich kein Glück.»

«Woher wußtet Ihr, welche Kammer Ihr zu durchsuchen hattet?»

Jeremiah Fletcher stöhnte und warf sich heftig gegen die Wand in seinem Rücken. «Ihr laßt nicht locker, das muß ich schon zugeben! Ich wußte es nicht. Ich sah einen Fensterladen und ein Fenster offenstehen und einen Rebstock, der nichts anderes verlangte, als daß ich an ihm hochkletterte. Erst als ich sicher die Kammer erreicht hatte, erkannte ich an den verstreut herumliegenden Reisegegenständen, daß es Eure und Master Underdowns Kammer war. Und nun», fügte er müde hinzu, «wenn Ihr mit mir zu Ende seid, so überlaßt mich meinem Elend. Ich frage nicht danach, wie Ihr mir bei meiner zweiten Durchsuchung auf die Schliche gekommen seid. Der Fuhrmann ist ein ebenso geschwätziger wie gutgläubiger Narr, und Ihr seid ihm zufällig begegnet. Belassen wir es dabei!» Und dann schloß er die Augen, preßte seine dünnen Lippen aufeinander und war offensichtlich fest entschlossen, keine weiteren Fragen mehr zu beantworten.

Ich war jedoch ebenso fest entschlossen, noch eine weitere zu stellen. «Was bedeutet Knöterich für Euch?» fragte ich.

Er war so sehr überrascht, daß er sich zu einer Antwort herbeiließ.

«Knöterich?» sagte er und öffnete die Augen. «Eine Pflanze, ein Unkraut. Weshalb sollte es mir etwas bedeuten?»

«Nur so», antwortete ich und stand auf. «Aber Ihr seid Euch gewiß, daß es keine besondere Bedeutung für Euch besitzt?»

«Überhaupt keine!» lautete seine betonte Antwort.

Ich nickte und klopfte an die Tür, damit die Wache wußte, daß ich herauskam, und nicht etwa annahm, Jeremiah Fletcher unternehme einen Fluchtversuch.

«Alles klar, Master?» fragte Luke mich.

«Ich meine, Euer Gefangener könnte etwas zu essen und zu

trinken gebrauchen. Ich will Mistress Overy bitten, ihm etwas bringen zu lassen.»

Vor dem Altar kniete ich kurz nieder, dann ging ich nach draußen. Das Stroh war inzwischen entladen, doch der leere Karren stand mitten auf dem Innenhof. Der Fuhrmann war vor einiger Zeit eingetroffen, um sein Eigentum wieder in Besitz zu nehmen. Das schloß ich jedenfalls aus der Tatsache, daß er mit John Groom auf der Bank vor der Gesindeunterkunft saß und beide Ale schlürften, als wären sie bereits ein Leben lang befreundet. Sie waren so sehr in ihre Unterhaltung vertieft, daß sie mich nicht einmal bemerkten, als ich über den Hof zur Küche ging, wo ich Mistress Overy meine Bitte im Namen des Gefangenen vortrug. Diese Seele erwies sich seinen Bedürfnissen gegenüber als so mitfühlend, wie ich es von ihr erwartet hatte.

«Das Abendessen wird bald aufgetragen», sagte sie und beauftragte eine der Küchenmägde damit, ein Tablett mit Essen für Jeremiah Fletcher zusammenzustellen. «Wie geht's Eurem Hals? Könnt Ihr etwas essen?»

Ich schnupperte. «Wenn das Abendessen so gut schmeckt, wie es riecht, strenge ich mich an, und keine Anstrengung kann groß genug sein.» Sie lachte, und ich fuhr fort: «Wo steckt Silas Bywater? Habt Ihr ihn in letzter Zeit gesehen?»

Sie blickte erstaunt drein. «Wußtet Ihr es denn nicht? Er ist fort.»

18

Ich starrte sie an, einen Augenblick lang fehlten mir vor Überraschung die Worte. Als ich schließlich die Sprache wiederfand, fragte ich: «Wieso ist er einfach weggegangen? Wer hat es ihm erlaubt? Und warum gab es kein Geschrei deswegen? Wir alle müssen im Herrenhaus bleiben, bis der Ermittlungsbeamte des Sheriffs eintrifft.»

«Aber das Blatt hat sich doch nun gewendet», brachte Janet gelassen vor. «Der Mörder ist hinter Schloß und Riegel. Ihr kennt ihn. Er ist der Mann, der Eurem Bericht zufolge bereits zweimal Master Underdown nach dem Leben getrachtet hat. Zudem wurde er auf frischer Tat ertappt, als er gerade dabei war, Euch zu erdrosseln. Silas Bywater wollte seiner Wege gehen, und weder Alwyn noch ich sahen einen Grund, es ihm zu verwehren. Der Beamte brauchte niemanden mehr zu befragen, außer Euch selbst.» Sie wandte sich ab und rührte den Inhalt eines Topfes um, der über dem Feuer hing, während sie sagte: «Übrigens, hat dieser Jeremiah Fletcher gefunden, wonach er gesucht hat?»

Gedankenverloren schüttelte ich meinen Kopf. «Ist Silas schon lange fort?»

Sie straffte ihren Rücken, den Löffel in der Hand haltend, und sah mich fragend an. «Er ging, während Ihr den Gefangenen in der Sakristei der Kapelle befragt habt. Warum? Ihr wollt ihm doch wohl nicht hinterherrennen?»

«Es gibt da noch Dinge, die ich von ihm wissen möchte. Wenn ich mich beeile, kann ich ihn einholen.»

Die Haushälterin schleuderte mit einer heftigen Bewegung Löffel auf den Tisch. «Ihr und Eure Fragerei!» rief sie in zorniger Ungeduld aus. «Was bringen sie uns anderes ein als noch mehr Ärger? Weshalb wollt Ihr Euch nicht damit abfinden, daß der Mörder gefaßt worden ist?»

Ich war bereits auf dem Weg zur Küchentür, doch sie hatte mit soviel Ungestüm gesprochen, daß ich innehielt und sie ansah. Zum erstenmal fragte ich mich, ob Janet etwas mehr über Philips Tod wußte, als sie bisher zugegeben hatte. Zweifellos hatte sie mich mit viel Mühe davon überzeugt, daß niemand in Trenowth oder in der Umgebung irgend etwas von dem Mord erfahren haben konnte. Sie hatte auf Jeremiah Fletchers Anwesenheit verwiesen, um mir einsichtig zu machen, daß nur er als möglicher Mörder in Frage komme.

Ich zögerte, dann verzichtete ich darauf, meinen Verdacht zu äußern. Wenn ich mich täuschte, so würde ich mir dadurch lediglich ihren Unwillen zuziehen. Lag ich dagegen richtig, dann könnte mein Schweigen sie dazu verleiten, einen Fehler zu machen und mich auf die Spur zu Philips tatsächlichem Mörder führen. Nicht einmal mir selbst konnte ich erklären, weshalb ich mich so sehr dagegen sträubte, anzuerkennen, was alle anderen für selbstverständlich hielten, daß nämlich Jeremiah Fletcher, nach eigener Angabe ein gedungener Mörder, seinen Auftrag erfolgreich ausgeführt hatte. Die Erklärung für dieses Sträuben, so vermute ich im Rückblick auf diese Ereignisse nach so vielen Jahren, lag einfach darin, daß mir irgendwo in meinem Innern die Identität des wahren Mörders bereits bekannt war. Bis auf ein wichtiges Teil waren alle für die Aufklärung notwendigen Elemente vorhanden. Sie warteten nur darauf, in der korrekten Anordnung neu zusammengefügt zu werden.

Ich seufzte tief und ließ die Arme an den Seiten baumeln. «Ihr habt recht», sagte ich widerstandslos. «Ich habe Euch, Isobel Warden und ihrem Ehemann nichts als Ärger eingetragen. Es tut mir leid.»

Die Erleichterung angesichts meiner Kapitulation stimmte sie einen Augenblick lang heiter und gelöst. «Geht schon in Ordnung, Bursche. Für solche Dinge seid Ihr einfach nicht geschaffen, ebensowenig wie wir. Und ich muß vor allem die Schuld dafür auf mich nehmen, daß ich Euren Verdacht Isobel gegenüber noch gefördert habe. Ich selbst habe gedacht, daß sie sich mit Master Underdown getroffen hat, während es Jeremiah Fletcher war. Er hat den Mord doch gestanden, oder?»

«Die beiden Versuche schon, ja, die Tat jedoch bestreitet er.»

Janet knurrte verächtlich. «Nun, das wird ihm niemand glauben! Sicher nicht der Ermittlungsbeamte des Sheriffs. Er hat zu viele Übeltäter gesehen, als daß er ihm diese Geschichte abnähme. Und hat er einmal von Euch den wahren Ablauf der Ereignisse erfahren, so gibt es überhaupt keine Zweifel mehr.»

Dieser Meinung vermochte ich zuzustimmen. Eine solch eindeutige Aufklärung des Mordes mußte jemandem gefallen, der wegen des Gangs weitaus wichtigerer Ereignisse im Land unter großem Druck stand. Die Bewohner Cornwalls bewaffneten sich angesichts der Möglichkeit, ja sogar der Wahrscheinlichkeit einer Invasion und hatten wenig übrig für anderen Zeitvertreib. Der Ermittlungsbeamte von Schloß Launceston würde Sir John Arundel nur zu gern vom glücklichen Ausgang eines Falles berichten, der – wäre er ungelöst geblieben – ihnen viel königliches Mißvergnügen eingebracht hätte. Nunmehr brauchte er sich um keine andere Aufklärung der geheimnisvollen Ermordung Philip Underdowns mehr zu bemühen. Jeremiah Fletchers Beschwörungen seiner Unschuld – wenn er sie denn vorbrachte –, würden unbeachtet bleiben. Mit süßsaurem Lächeln mußte ich mich an meine ursprüngliche Hoffnung erinnern, daß ich vor dem Ermittlungsbeamten das Geheimnis von Philips Auftrag würde bewahren können. Ich war zu optimistisch und zu naiv gewesen, doch wenigstens waren die Verwandten der Königin nicht in den Mord verwickelt, wodurch dem König und seiner Familie so manche Verlegenheit erspart blieb. Wenn ich zurückblicke, muß ich gestehen, daß ich viel zu neugierig gewesen bin, ein in die Welt der Intrige verirrtes Unschuldslamm. Hätte der Graf von Oxford die Invasion von St. Michael's Mount nie versucht und wäre alles andere nach Plan verlaufen, so wäre es gleichgültig gewesen. Philip wäre nunmehr in der Bretagne, der Brief des Königs hätte den Adressaten erreicht, und ich wäre wieder glücklich und zufrieden auf Wanderschaft gegangen.

Janets Stimme unterbrach den Flug meiner Gedanken. «Habt Ihr ihn sicher verstaut? Diesen Brief, der all den Wirbel ausgelöst hat?»

Wenn ich den linken Zipfel meines Wamses abtastete, konnte ich das steife Knistern des Pergaments zwischen dem Leder und dem Futter spüren. Doch ich unterließ es und nickte nur.

«Wann gibt's Abendessen?» fragte ich. «Ich habe ziemlichen Hunger.»

«Wann ist das mal nicht der Fall!» schimpfte sie freundlich. Sie tunkte den Löffel in den Topf und schmeckte ab. «Es dauert noch eine Weile, aber nicht mehr lange. Geht nach draußen und schnappt etwas frische Luft, aber geht nicht allzu weit weg. Vor allem jagt Silas Bywater nicht hinterher.»

«Tu ich nicht», versprach ich und fühlte mich auf einmal sehr erschöpft. All das, was an diesem einzigen Tag geschehen war, von der Entdeckung von Philips Leichnam bis zum zweimaligen Erdrosselungsversuch, dazu noch all die Anstrengungen zwischendurch, begann sich bemerkbar zu machen. Was machte es schon aus, wenn die Fragen, die ich Silas Bywater hatte stellen wollen, ungefragt blieben? Wenn ein geständiger Mörder für ein Verbrechen büßen mußte, das er nicht begangen hatte? Die Energie, die ich in den vergangenen Stunden aufgewendet hatte, war plötzlich aufgebraucht. In diesem Augenblick hatte ich keinen anderen Wunsch, als zu schlafen. Ich reckte meine Arme, bis die Knochen knackten, und gähnte breit.

Janet lächelte. «Ihr seid erschöpft, Bursche. Legt Euch doch hin. Ich schicke dann eins der Mädchen, um Euch Bescheid zu sagen, wenn das Abendessen soweit ist.»

«Das werde ich auch tun», sagte ich. «Ich spüre erst jetzt, wie müde ich bin. Mein Hals schmerzt immer noch.» Ich sah mich um. «Heute morgen habe ich meinen Knüppel nach dem Frühstück hier vergessen. Ich dachte, ich hätte ihn an der Tür abgestellt, aber er steht nicht mehr da. Entweder irre ich mich oder jemand hat ihn weggenommen.»

«Ich war's,» erwiderte Janet. «Er steht dort in der Ecke. Ich bin drüber gestolpert.» Mir fiel auf, daß auch sie reichlich müde und strapaziert aussah. Es war für uns alle ein Tag wie ein böser Alptraum gewesen, und mich wunderte es nicht, daß sie sich an den Küchentisch setzte und sich mit der Schürze Luft zufächelte. Sie fügte hinzu: «Vielleicht laßt Ihr ihn vorläufig hier stehen. Der Ermittlungsbeamte wird ihn sehen wollen. Das Messer haben wir neben den Leichnam in den großen Saal gelegt, doch ist es möglich, daß er beide Tatwaffen in Augenschein zu nehmen wünscht. Ich werde darauf achten, daß niemand ihn versehentlich mitnimmt. Mir ist bekannt, wie sehr ein Mann sein eigenes Schwert oder seinen Knüppel schätzt.»

Ich dankte ihr und stand auf. Meine Glieder waren blei-schwer, wie dies häufig der Fall ist bei der Aussicht auf Ruhe nach einer großen Anstrengung. Zwei kleine Küchenmäd-chen, die miteinander schwatzend und kichernd die Messer mit den Griffen aus Knochenbein und die alten Schneide-bretter fürs Brot zusammensuchten und den Tisch fürs Abendessen deckten, lächelten mir schüchtern zu, als ich an ihnen vorbeiging. An ihren bewundernden Blicken erkannte ich, daß sie mich als einen Helden sahen, der einen gefährli-chen Verbrecher enttarnt hatte. Ich war zu sehr Mensch, um es nicht vergnüglich zu finden, erwiderte ihr Lächeln und winkte ihnen zu.

Der Innenhof lag jetzt verlassen da, auch der Fuhrmann hatte seinen Karren wieder in Besitz genommen. John Groom war ebenfalls nicht mehr zu sehen, doch hörte ich, wie er im Stall unmelodisch vor sich hinpfiff. Ein Pferd wie-herte, und ich fragte mich, ob es mein Gaul oder Philips Graugescheckter war – nunmehr im Besitz Sir Peverils –, der seinen Herrn vermißte. Luke schob vermutlich noch immer in der Kapelle Wache oder war inzwischen von James abge-löst worden. Von beiden jedenfalls war nichts zu sehen. Von der Bäckerei her wehte der süße Duft der frisch gebackenen Brotlaibe herüber, die uns zum Abendessen aufgetischt wur-den. Morgen zum Frühstück gab es einen neuen Schub Brot. In der Wäscherei arbeitete niemand mehr, die Wäschefrau und ihre Helferinnen waren nach Hause ins Dorf zurückge-kehrt. Die trockenen Wäschestücke lagen gefaltet in den großen Weidenkörben und würden morgen gebügelt wer-den.

Ich durchquerte den großen Saal und stieg die Treppe zu meiner Kammer hinauf. Philips und meine Sachen lagen im-mer noch auf einem Haufen mitten auf seinem Bett, genauso wie Jeremiah Fletcher sie zurückgelassen hatte, als ich ihn überraschte. Heute abend wollte ich alles in den Satteltaschen verstauen und mich auf meine Rückkehr nach Plymouth am morgigen Tag vorbereiten. Doch im Augenblick war ich zu schläfrig, um irgend etwas anzurühren, also ließ ich alles liegen, wo es lag. Ich legte mein Wams ab, fühlte am Futter nach, das ich nicht aufgetrennt hatte, um mich zu vergewissern, daß der Brief noch dort war, streifte meine Stiefel ab und fiel erschöpft auf mein Feldbett. Augenblicke später war ich fest eingeschlafen.

Und nur Augenblicke darauf war ich wieder wach, saß kerzengerade auf meinem Bett und starrte mit offenem Mund vor mich hin. Dann schwang ich die Beine auf den Boden und zog mir mit zitternden Händen die Stiefel an, warf mir das Wams über und war schon aus der Kammer hinaus, die Treppe hinunter und über den Innenhof zum Stall unterwegs, bevor ich wieder alle Sinne bei mir hatte. Ich blickte flüchtig zur Küche hinüber, um mich zu vergewissern, daß Janet sich nirgendwo blicken ließ, und glitt in den Stall hinein zu John Groom.

Er war damit beschäftigt, die Futterballen über eine Leiter in den Heuschober darüber zu schaffen und hörte mich nicht sogleich, als ich ihn beim Namen rief. Mir gegenüber lagen eine Reihe Boxen, von denen zur Zeit nur zwei belegt waren, und zwar von meinem kleinen stämmigen Pferdchen und von Philips Graugeschecktem. Von Sir Peverils Pferden befanden sich eines auf dem Weg nach Launceston, und die übrigen waren vermutlich bei ihm in London.

«John!» rief ich dringend, legte meine Hand auf die Leiter und rüttelte so stark, wie ich mich traute.

Er hielt erstaunt inne und blickte nach unten, das Gesicht rot angelaufen vor lauter Anstrengung. «Oh, Ihr seid's», sagte er. «Helft Ihr mir, die übrigen Ballen noch hochzuschaffen?

Eigentlich hätte der Fuhrmann das erledigen müssen, aber er hat sich lieber aus dem Staub gemacht. Nach seinem dummen Streich hat er sich so sehr geschämt, daß er keinen Augenblick länger bleiben wollte.»

«Das geht nicht», entgegnete ich. «Ich muß Silas Bywater einholen. Ich brauche mein Pferd.»

Er murrte und fluchte ausführlich, doch dann gewann seine Frohnatur die Oberhand über die schlechte Laune. Er setzte seine Last auf dem Boden des Heuschobers ab und stieg die Leiter hinunter, um mein Pferd zu satteln. Er war ein langsamer, gründlicher Mann, und ich mußte meine Ungeduld im Zaume halten, da ich jeden Augenblick damit rechnete, daß Janet Overy mit einem Löffel auf eine Bratpfanne schlug, das Signal dafür, daß das Essen bald fertig war. Schließlich war ich doch aufgestiegen und fortgeritten, der Gaul tänzelte unter mir und freute sich, unsere Bekanntschaft zu erneuern. Als ich auf den Innenhof ritt, tauchten unter dem Durchgang Edgar Warden und seine Helfer auf, die ihr Tagewerk erledigt hatten und sich nun nach ihrem Abendessen sehnten. Die Miene des Gutsverwalters verfinsterte sich, als ich an ihm vorüberritt. Er zeigte jedoch keinerlei Anzeichen von Feindseligkeit, sondern bemühte sich vielmehr, etwas beschämt dreinzublicken. Ich fragte mich, ob er und Colin und Ned etwas von den Ereignissen des Nachmittags gehört und die Neuigkeiten sich in allen Bereichen des Herrenhauses verbreitet hatten.

Doch diese Überlegungen waren müßig. Zuviel anderes beschäftigte mich, vor allem die Notwendigkeit, Silas Bywater einzuholen und ihn zu zwingen, mir zu sagen, was ich von ihm erfahren wollte. Ich war mir sicher, daß nur er und ein anderer den Schlüssel zum Geheimnis von Philips Tod in Händen hielten. Mit an Sicherheit grenzender Wahrscheinlichkeit wußte ich nunmehr, wer der wirkliche Mörder war, doch ich kannte nicht sein Motiv. Während ich ritt, ging ich noch einmal im Geist die Ereignisse der beiden vergangenen Tage seit unserer Ankunft in Trenowth gestern morgen durch, und sah, daß ein deutlicheres Muster entstand. Worte waren gewechselt worden und Taten gefolgt, die allein für sich genommen nichts bedeuteten, doch zusammen ein Bild ergaben. Und ich konnte noch weiter in die Vergangenheit zurückgehen, zu einer meiner ersten Unterhaltungen mit Philip, und auch zu den Worten, die John Penryn ihm gesagt hatte.

«Da gibt es noch den Keller», hatte er erklärt. *«Keine Geister. Nur das beste Ale und der beste Wein diesseits des Tavy.»*

Philips eigene Stimme echote in meinem Kopf. *«Ich ertrage es nicht, eingesperrt zu sein. Ich bekomme Angstzustände, wenn ich mich länger in einem engen Raum aufhalten muß.»* Und dann hatte er noch erwähnt, daß er sich in seinen Alpträumen im Dunkeln angekettet sehe.

Im Dorf machte ich kurz halt, um mich zu vergewissern, daß Silas seine Reise nicht durch einen Besuch in der Schenke unterbrochen hatte, aber der Wirt hatte ihn nicht zu Gesicht bekommen. Frau Wirtin war mir allerdings eine größere Hilfe.

«Ich hab ihn vor nicht mal 'ner Stunde draußen am Gutszaun gesehen, marschierte in Richtung Süden. Sagte, der Mörder ist gefaßt, und er kann nach Plymouth zurück. War zur Fähre unterwegs, vermute ich.»

Ich dankte ihr und ritt los, wobei ich dem Gaul soviel die Zügel frei ließ, wie der holprige Weg und mein unzureichendes reiterliches Können es zuließen. Von der Landschaft, die an mir vorbeiflog, erkannte ich nur wenig wieder, da es dunkel gewesen war, als Philip und ich sie in den Stunden vor der Morgenröte am gestrigen Tag in entgegengesetzter Richtung durchquert hatten. Das Wetter war aufgeklart, je länger die Schatten am Nachmittag geworden waren, und nun gab es, im Gegensatz zum Morgen, kein Anzeichen eines aufziehenden Sturms mehr. Der Abend versprach schön zu werden, und die Hügel in der Ferne verloren sich in einem bernsteinfarben schimmernden Dunstschleier.

Ich war offensichtlich schon eine lange Weile geritten und begann mich allmählich zu fragen, ob Silas Bywater nicht aus dem einen oder anderen Grund vielleicht vom Wege ab und in eines der nahegelegenen Dörfer abgeschweift sei, als ich zu meiner großen Erleichterung aus einem Hain herausritt und ihn vier oder fünf Furchenlängen vor mir entdeckte. So laut wie möglich rief ich ihm zu, er solle auf mich warten, gab meinem Gaul die Sporen, trieb ihn vorwärts und überholte bald darauf mein verfolgtes Wild.

Sobald Silas seinen Namen hatte rufen hören, hatte er sich umgedreht und sich nach einer Möglichkeit umgesehen, wie er entkommen könnte. Doch letztlich hatte er es vorgezogen stehenzubleiben. Als ich vor ihm auftauchte, sah er mich mit herausfordernder Miene an.

«Was willst du von mir?» fragte er mit fester Stimme. «Alwyn Steward und Mistress Overy haben mir erlaubt fortzugehen, da du jetzt den Mörder gefaßt hast.» Plötzlich sah er mißtrauisch drein. «Der Ermittlungsbeamte des Sheriffs ist noch nicht da, oder doch? Hat er dich hinter mir her geschickt? Er will doch nicht etwa, daß ich zurückkehre?»

Mit einem Seufzer der Erleichterung schwang ich mich aus dem Sattel. In jenen Tagen war ich alles andere als ein glänzender Reitersmann. «In dieser Hinsicht kann ich dich beruhigen», versicherte ich ihm. «Weder Thomas Sawyer noch der Ermittlungsbeamte waren in Sicht, als ich von Trenowth losgeritten bin, obwohl sie bestimmt noch vor Einbruch der Dunkelheit eintreffen werden. Nein, nicht sie, sondern ich möchte etwas mit dir bereden. Es gibt da etwas, das ich wissen muß und das du mir erzählen kannst. Da ich auf die eine oder andere Weise schließlich doch noch an diese Information komme, kannst du es mir einfach machen, indem du meine Fragen beantwortest. Vor allem solltest du dabei nicht außer acht lassen, daß ich viel größer bin als du.»

Diesen Tatbestand erkannte er höchst widerwillig an. «Was willst du denn wissen?»

«Da hinten ist eine Hütte», sagte ich und zeigte darauf, «und da ich nach meiner Rückkehr nach Trenowth heute kein Abendessen mehr bekommen werde, schlage ich vor, daß wir die Hausfrau mal fragen, ob sie zwei erschöpften Reisenden etwas Brot, Käse und ein wenig Ale abtreten kann. Auch mein Pferd könnte eine Ruhepause und einen Schluck Wasser vertragen.»

Silas taute ein wenig auf, als er feststellte, daß ich ihm freundlicher entgegentrat, als er anfangs befürchtet hatte. «Nun gut», sagte er zustimmend und ging neben mir her. «Ebenso können wir es uns bequem machen, obwohl ich dir hier und jetzt sagen könnte, was du wissen willst, denn ich kann mir denken, warum du mir nachgeritten bist.»

Es war fast dunkel, als ich wieder in Trenowth ankam. Die Pforten zum Herrenhaus standen noch offen, und drinnen nahm ich ein geschäftiges Treiben wahr, woraus ich schließen konnte, daß die Ankunft des Ermittlungsbeamten kurz bevorstand. Man hatte reichlich Stocklaternen und Fackeln angezündet, und Alwyn, der mit seinem Amtsstab in der Hand auf der obersten Stufe vor dem großen Saal stand, hatte sein bestes, mit Pelz besetztes Gewand angelegt. Selbst diejenigen Angehörigen der Dienerschaft, die im Dorf wohnten und schon längst hätten heimgehen sollen, standen müßig im Innenhof herum und hofften, etwas von dem Drama mitzuerleben, das sich ihnen darbieten könnte. Isobel und Edgar

Warden saßen auf der Steinbank vor der Gesindeunterkunft, und John Groom, der in der Stalltür stand, kam sofort auf mich zu, sowie er mich erblickt hatte, um meinen Gaul zu übernehmen. Nur Janet Overy fehlte, und eine kurze Frage erbrachte, daß sie in der Küche tätig war, um die letzten Vorbereitungen für das Abendessen zu erledigen, das eigens für den Ermittlungsbeamten des Sheriffs aufgetragen werden sollte.

«Ihr bekommt nichts ab», informierte mich der Stallbursche. «Sie war ziemlich verärgert, daß Ihr beim Abendessen nicht da wart.»

Ich erwiderte nichts, sondern ging zur Küche und hoffte, daß ich dort Janet allein vorfinden würde. Mein Stoßgebet war erhört worden, da sie die beiden Küchenmädchen nach draußen geschickt hatte, damit sie ihr die Ankunft des Ermittlungsbeamten meldeten, sobald er in Sicht war. Als ich eintrat, drehte Janet sich halb nach mir um, da sie dachte, es seien die beiden Mädchen, doch ihre Miene verfinsterte sich, als sie bemerkte, daß ich es war.

«Wo habt Ihr denn gesteckt?» fragte sie verärgert. «Ihr solltet Euch doch auf Eurem Bett ausruhen.»

Leise schloß ich die Küchentür hinter mir. «Ich bin Silas Bywater hinterher geritten», sagte ich.

Ihre Stimme klang schriller. «Warum? Ihr habt mir doch versprochen . . .»

«Ich weiß, und es tut mir leid, daß ich mein Versprechen nicht gehalten habe. Aber, wißt Ihr, ich mußte es einfach herausbekommen. Ich wollte wissen, aus welchem Grund Ihr Philip Underdown umgebracht habt.»

19

Es entstand ein längeres Schweigen, während ich darauf wartete, daß sie diese Beschuldigung abstritt. Doch sie unterließ es. Statt dessen kam sie auf mich zu und setzte sich langsam an den Küchentisch.

«Was hat Euch zu allererst darauf gebracht, mich zu verdächtigen?»

Ich kletterte über die Bank und setzte mich ihr gegenüber. «Weil Ihr Euch zweimal verraten habt. Als ich heute am frühen Nachmittag fragte, warum Philip Underdown wohl eher von einem Fenster im oberen als vom unteren Stockwerk aus seine Schlafkammer verlassen hat, habt Ihr mir geantwortet, daß er befürchtet haben könnte, mich zu wekken, wenn er aufstand, sich ankleidete und die Treppe hinunterstieg. Doch nur weil er mich zum Schlafen *vor die Tür* geschickt hatte, konnte er an der Außenmauer herunterklettern und brauchte sich meinetwegen keine Sorgen zu machen. Ich hätte sogleich erkennen müssen, was mir erst später aufgefallen ist, daß Ihr nämlich nur von Philip selbst von dieser List erfahren haben könnt. Ich habe es Euch nicht erzählt, und ein anderer als Philip auch nicht.»

Sie starrte ihre Hände an, die sie vor sich auf dem Tisch fest ineinander verschränkt hielt. «Und wie habe ich mich zum zweitenmal verraten?»

«Ihr wart sehr müde, genauso wie ich auch. Eure Gedanken waren durcheinander und wegen all der Ereignisse vom

Tage ziemlich verworren. Ihr vermochtet nicht mehr zu trennen zwischen dem, was Ihr tatsächlich wußtet, und dem, was Ihr wissen durftet. So wußtet Ihr, daß mein Knüppel benutzt worden war, um Philip Underdown zu erschlagen, als das Messer seine Wirkung verfehlt hatte. Wiederum, nur von *ihm* könnt Ihr erfahren haben, daß es sich um meinen Knüppel handelte. Habt Ihr Euch keinen Moment lang gefragt, weshalb man ihn nicht neben seiner Leiche gefunden hat oder wie er in die Küche gekommen ist?»

Darauf hob sie den Blick und sah mir mit einem leichten Stirnrunzeln offen ins Gesicht.

«Natürlich habe ich mich das gefragt, doch wie Ihr soeben gesagt habt, gab es Dinge, die ich nicht wissen und daher auch nicht erwähnen durfte.»

«Aber Ihr wußtet doch, daß ich die Leiche noch vor Thomas Sawyer entdeckt habe?»

«Nein, das wußte ich nicht. Und ich konnte Euch nicht danach fragen, ohne den Verdacht auf mich zu lenken. Doch ich habe es vermutet. Schon viel früher, als Ihr angabt, hattet Ihr bemerkt, daß Master Underdown nicht mehr in seinem Bett lag. Ihr seid ihm nachgegangen und habt ihn tot aufgefunden. Ebenso habt Ihr bemerkt, daß er Euren Knüppel mitgenommen hatte und damit erschlagen worden war. Selbstverständlich habt Ihr ihn beiseite geschafft, damit der Verdacht nicht auf Euch fiel.» Ich nickte, und sie fuhr fort: «Glaubt nicht, daß ich Euch dies verdenke, Bursche. Jeder kluge Mann hätte es ebenso gehalten.» Sie seufzte tief. «Und dann habe ich mich dummerweise selbst verraten. Ich war hundemüde und nicht mehr fähig, einen klaren Gedanken zu fassen. Ich habe zu Gott gebetet, daß Euch mein Fehler nicht auffallen möge, doch ich wußte, Er würde mich nicht erhören. Welchen Anspruch auf Seinen Schutz habe ich denn schon? Ich habe einem Mitgeschöpf das Leben genommen.»

Sie schlug einen Moment lang die Hände vors Gesicht, dann ließ sie sie sinken. «Mein erster Fehler ist mir nicht aufgefallen, das muß ich zugeben. Ihr habt ein feines Ohr und einen klugen Verstand.»

Ich schüttelte meinen Kopf. «Ihr schreibt mir größere Fähigkeiten zu, als ich besitze. Mir ist es ebenfalls zuerst nicht aufgefallen. Sogar Euren zweiten Fehler habe ich nicht sogleich bemerkt, sondern es hat eine ziemliche Weile gebraucht, bis er zu meinem Verstand vorgedrungen ist. Falls es Euch jedoch ein Trost ist, so kann ich Euch verraten, daß ich Euch allmählich verdächtigte, mehr über den Mord zu wissen, als Ihr vorgabt.»

«Weshalb?» wollte Janet wissen. «Was habe ich falsch gemacht?»

Ich zuckte die Achseln. «Da gab es nichts Besonderes. Doch je mehr ich darüber nachdenke, um so mehr erschien mir Euer Verhalten voller Widersprüche. Erstens habt Ihr mir gesagt, daß Ihr nachts das Gut nicht verlassen könnt, weil die Tore geschlossen seien. Danach habt Ihr mir gesagt, daß jeder oder jede durch ein Fenster des unteren Stockwerks herauskomme, wenn er oder sie nur wolle. Dann wiederum habt Ihr Euch meine Annahme zunutze gemacht, daß Philip ein Stelldichein mit Isobel gehabt haben mußte, und meine Überzeugung gestützt, daß Ihr Angetrauter ein äußerst eifersüchtiger Ehemann ist, bis Ihr Gewissensbisse bekamt. Danach habt Ihr Euch nach Kräften bemüht, mich davon zu überzeugen, daß Jeremiah Fletcher der Mörder ist – was auch wirklich der Fall gewesen wäre, hätte er noch eine weitere Gelegenheit zu einem Mordversuch gehabt. Ihr habt mich davon abzubringen versucht, weitere Untersuchungen anzustellen. Und ich denke, daß nicht Alwyn Steward, sondern Ihr es wart, die darauf bedacht war, Silas Bywater weiterziehen zu lassen, bevor ich ihn allzu nachdrücklich nach der

Bedeutung des Knöterichs befragen konnte. Ich nehme an, daß Ihr bei Eurer Kenntnis der Kräuter und Heilpflanzen um seine Wirkung wißt.»

Nach einem erneuten, längeren Schweigen antwortete sie ruhig: «Ja, das wußte ich.» Sie atmete tief. «Welche anderen Fehler habe ich gemacht?»

«Eigentlich sind es keine richtigen Fehler, sondern nur kleine Dinge, die keinerlei größere Bedeutung an sich besitzen, sie im Gesamtzusammenhang jedoch gewinnen. Ihr habt zwar erwähnt, daß Ihr Euren Sohn verloren habt, jedoch nichts darüber gesagt, ob er tot ist oder nicht. Für mich lag es nahe, dies anzunehmen, doch wiederhole ich, daß Ihr es nicht gesagt habt. Und heute nachmittag, als Ihr meine Wunden versorgt habt, habt Ihr mir gesagt, daß Ihr mich mögt und hinzugefügt: ‹Mein Sohn würde so aussehen wie Ihr...› Nicht ‹hätte ausgesehen›, was bedeutete, daß er nicht mehr am Leben wäre, sondern ‹würde›, ein Wort, das andeutet, daß er mir eigentlich zwar ähneln sollte, ihn irgendein furchtbares Mißgeschick jedoch daran hindert. Und schließlich gehört nach Eurer eigenen Angabe die Zuteilung der Kammern an die Besucher in Lady Trenowths Abwesenheit zu Euren Aufgaben. Zuerst schrieb ich es nur einem Zufall zu, daß man uns in der Kammer untergebracht hatte, bis zu deren Fenster ein Rebstock hinaufwächst. Doch Ihr hattet Philip sogleich wiedererkannt, als wir beide den Innenhof betreten hatten. Ich glaube, in jenem Augenblick ist Euch der Gedanke gekommen, sich an ihm zu rächen. Euch schwebte noch kein klarer Plan vor, außer daß Euch schwante, eine zweite Möglichkeit, die Kammer zu verlassen, könnte sich irgendwie als nützlich erweisen. Stimmt das?»

Janet sah mir offen in die Augen. «Ich habe mir gleich gedacht, daß Ihr ein gescheiter junger Mann seid, nachdem ich Euch zum erstenmal gesehen habe. Aber damit tue ich

Euch Unrecht. Jetzt erkenne ich, daß Ihr noch sehr viel klüger seid, als ich anfangs angenommen habe.» Sie stand auf, ging zur Küchentür, öffnete sie und rief einer der Küchenmägde etwas zu. Nachdem sie auf ihren Platz am Küchentisch zurückgekehrt war, sagte sie: «Thomas Sawyer und der Ermittlungsbeamte sind noch nicht in Sicht. Erzählt mir deshalb, was Ihr von Silas Bywater erfahren habt.»

«Laßt mich noch weiter zurückgehen», sagte ich, «und mit meiner ersten Begegnung mit Philip Underdown am vergangenen Donnerstag beginnen.» Waren seither wirklich erst fünf Tage vergangen? Es schien mir ein halbes Leben dazwischen zu liegen. «Damals erzählte er mir – ohne sich dafür zu schämen oder zu entschuldigen – von seinem Leben vor seiner Zeit als Kurier des Königs. Er habe, neben anderen Waren, auch mit Menschenfleisch gehandelt. Und zwar mit unglücklichen, zwergenhaften Kinderkrüppeln, die niemals die normale Statur eines Erwachsenen erreichten und deren Eltern sich ihrer gerne entledigten oder in ihnen ein Mittel zu einem bescheidenen und willkommenen Wohlstand sahen. Ich habe mich gewundert, daß sein Bruder und er genug solcher Kinder auftreiben konnten, um daraus einen florierenden Handel zu machen, und darauf hat er mir erwidert, es gebe immer Mittel und Wege, wenn man sie nur kenne. Damals konnte ich mir nicht vorstellen, was er damit gemeint hatte.»

«Wißt Ihr es denn jetzt?»

«Ja, Silas Bywater hat es mir erklärt. Meine Mutter – Gott sei ihr gnädig! – hatte zwar unrecht, aber doch nicht so sehr, als sie glaubte, daß Knöterich ein Gift enthalte, das einen umbringen kann.»

«Nein», sagte Janet mit fast unhörbarer Stimme. «Nicht so sehr jedenfalls. Ein Aufguß aus Knöterich und Margeriten, in ausreichender Menge eingenommen, hemmt das Wachstum von Kindern, wodurch sie zwergenhaft klein bleiben. Ich habe die Gewißheit, daß dies meinem Sohn widerfahren ist, nachdem man ihn mir gestohlen hatte, um so mehr als ich keinen Zweifel habe, wer dafür verantwortlich war. Ich habe Euch zugehört und bitte Euch nun, mir zuzuhören, damit ich Euch die Geschichte aus meiner Sicht erzählen kann.»

Janet Overy war, wie sie sich erinnerte, seit etwa fünf Jahren verwitwet, als ihr Sohn verschwand. Wie sie uns erzählt hatte, war ihr Mann eine Woche vor der Geburt des Sohnes Hugh auf See geblieben. Er war Fischer gewesen, und da sein Boot, der einzig wertvolle Gegenstand in seinem Besitz, mit ihm untergegangen war, blieben Frau und Kind mittellos zurück. Janets harte und unermüdliche Arbeit als Näherin bewahrte beide vor dem Verhungern, doch scheute sie weder Zeit noch Mühen, wenn ihr hübsch geratener Junge sie um etwas bat, das sie ihm bieten konnte.

Von Zeit zu Zeit ging sie nach Plymouth, um jene Sachen zu kaufen, die sie nicht in ihrem kleinen Garten anpflanzen konnte, und bei einer dieser Gelegenheiten war sie Philip Underdown und dessen Bruder zum erstenmal begegnet.

«Die beiden konnte man einfach nicht übersehen», sagte sie. «Stämmig, gut aussehend, marschierten sie über die Kaianlagen, als gehörten sie ihnen, während sie die Beladung ihres Schiffes, der *Speedwell*, beaufsichtigten. Danach habe ich sie ein Jahr lang oder länger nicht mehr gesehen, und ich erfuhr, daß sie auch von anderen Häfen aus Handel trieben. Von Bristol und London aus, glaube ich. Doch schließlich kreuzten sie wieder auf.»

Von den beiden Brüdern wußte sie nicht mehr, als was sie gesehen hatte, und sie war stets zu beschäftigt, um sich länger in der Stadt aufzuhalten und zu tratschen, da sie dort nur wenige Menschen kannte. Sie hatte weder eine Ahnung davon, welche Handelsware die *Speedwell* beförderte, noch hätte sie, außer einem natürlichen Abscheu, viele Gedanken darauf verschwendet, wenn sie es erfahren hätte. Ihr kleiner Hugh war zu einem hübschen Jungen herangewachsen, der gesund war, sich gut entwickelte und nicht mißgestaltet war, wie so viele unglückliche Kinder seiner Zeit.

Und eines schönen, sonnigen Tages dann war er kurz nach seinem fünften Geburtstag verschwunden. Janet war mit Nähen beschäftigt gewesen und hatte ihren Jungen nach draußen zum Spielen geschickt, wo er sie nicht ständig stören konnte. Als sie ihn etwa eine Stunde darauf zum Abendessen rief, war nirgendwo eine Spur von ihm zu finden. Sie rief und suchte ihn, bis es dunkel geworden war, fand ihn jedoch nicht. Am Morgen darauf, sowie es hell war, weckte sie ihre Nachbarn, damit sie ihr bei der Suche halfen, doch vergebens. Hugh blieb verschwunden.

Die in Tränen aufgelöste Mutter suchte den Süden bis Plymouth ab und den Norden bis Tavistock, doch während dieser ganzen Zeit schwand immer mehr ihre Hoffnung, den Sohn jemals wiederzufinden. Und eines Tages dann traf sie einen alten, lahmen Bettler, der sich erinnerte, zwei Männer in der Nähe von Janets Dorf etwa zur Zeit von Hughs Verschwinden gesehen zu haben.

«Er erinnerte sich daran, weil es zwei Wochen nach Ostern war und die Zeit des Hocking begonnen hatte. Er hatte zwei Männer auf Pferden beobachtet, von denen einer einen blondhaarigen Jungen vor sich im Sattel festhielt. Der Junge schrie bitterlich, und der Mann brachte ihn mit einem Schlag zum Verstummen.»

Die Beschreibung der beiden Männer durch den Bettler brachte Janet sogleich auf Philip Underdown und dessen Bruder, und daher machte sie sich wiederum nach Plymouth auf. Als sie jedoch dort eintraf, erfuhr sie, daß die *Speedwell* einige Wochen zuvor mit den beiden Männern und ihrer Ladung nach Genua ausgelaufen war. Durch ihre Erkundigungen unter den Hafenarbeitern am Kai von Sutton hatte sie erfahren, daß das Schiff eine Ladung Zwerge an Bord mitführte. Diese Auskunft, so hatte sie damals angenommen, war für sie uninteressant. Erst Jahre später, nachdem sie als Haushälterin in Trenowth Manor Zuflucht gefunden und in dessen Abgeschiedenheit ihren Seelenfrieden wiedergewonnen hatte, erfuhr sie zufällig von einem umherziehenden Bettelmönch von dem Schicksal, das ihrem Sohn beschieden war.

«Er erzählte mir», sagte Janet, «von Fällen, die ihm bekannt geworden waren. Weil die Aristokraten in fast allen Ländern nach Zwergen als Dienern verlangten und das Angebot an verkrüppelten Jungen und Männern diese Nachfrage nicht befriedigen konnte, gingen die Händler dazu über, gesunde Kinder zu entführen, die sie dann monate-, ja manchmal sogar jahrelang, in dunklen Kellern in Ketten legten, wo diese halb verdursteten und reichliche Mengen von einem Aufguß aus Knöterich und Margeriten zu trinken bekamen, der ihr natürliches Wachstum hemmte. Dieser Mönch kannte sich in Plymouth aus, und ich fragte ihn, ob er gehört habe, daß man so etwas Ähnliches über die Eigner der *Speedwell* gerüchteweise verbreitete. Widerwillig bestätigte er mir dies, obwohl man keinem der beiden Brüder Underdown jemals etwas hatte nachweisen können. Und nachdem sie die Kinder entführt hatten, sperrten sie sie ein.»

«Im Keller des *Turk's Head*», warf ich ein. «Dort hielt man sie gefangen. Zweifellos ließen sich auch in London und Bristol Schenken finden, deren Wirte sich gegen einen Anteil am Gewinn gefällig zeigten.»

Wen konnte es da wundern, dachte ich, daß Schenken und Ale-Häuser einen solch schlechten Ruf hatten, wenn er so häufig gerechtfertigt war. Auch überraschte es nicht, daß man die Dorfbewohner vor den gutsherrschaftlichen Gerichten halbjährlich befragte, wer unter ihnen «häufig Tavernen besuchte». Ich mußte an eine Schenke in London denken, in der ich zwei Jahre zuvor eingekehrt war, und bei dieser Erinnerung schüttelte es mich.

Nachdem der Bettelmönch weitergezogen war, hatte sich Janet erneut nach Plymouth aufgemacht, dabei aber nur in Erfahrung bringen können, daß der jüngere der beiden Brüder Underdown gestorben war und niemand wußte, was aus dem älteren der beiden geworden war. Es schien lediglich festzustehen, daß er nicht mehr von Plymouth aus Handel trieb.

«Ich mußte mich zwingen, ihn und seinen Bruder zu vergessen. Keinerlei Zweifel hegte ich, daß tatsächlich diese beiden Männer mir meinen Buben weggenommen hatten. Gewißheit hatte ich auch darüber, was sie ihm angetan hatten. Doch einer von ihnen schmorte außerhalb meiner Reichweite in der Hölle, und der andere sollte ihm eines Tages dahin folgen. Und dann...»

«Und dann saht Ihr ihn gestern morgen im Innenhof, selbstgefällig und gesund wie das blühende Leben. Das war einfach zuviel für Euch.»

Janet nickte. «Bereits im allerersten Augenblick war ich entschlossen, ihn umzubringen. Den Rest kennt Ihr.»

«Ihr habt ihn dann zu einem Stelldichein spät in der Nacht unten am Fluß überredet.»

Sie lächelte. «Ich brauchte ihn nicht mal zu überreden. Er machte es mir nicht schwer. Beim Frühstück gab ich ihm zu verstehen, daß ich ihn mochte, und was immer Ihr auch denken mögt, Bursche, ich bin weder so alt noch so heruntergekommen, daß ein Mann mich nicht mehr attraktiv findet.» Ich errötete, weil sie mich so leicht durchschaut hatte. «Er war ein Mann, der Frauen schätzte – das lag für jemanden, der so erfahren ist wie ich, sogleich auf der Hand – und der auf Unterhaltung aus war, wenn er längere Zeit in Trenowth verbringen würde. Ich glaubte nicht, daß er Isobel belästigen würde. Er hatte sich mit Edgar gemessen, und Philip Underdown war ein Mann, dem viel an seiner heilen Haut gelegen war. Ich war daher nicht überrascht, als er gestern morgen in der Küche erschien...»

«Nachdem er mich mit der Geschichte abgewimmelt hatte, er habe jemanden vom Fenster unserer Schlafkammer aus in den Bäumen herumlungern sehen.»

«...seinen Arm um meine Taille legte und mich küßte. Wegen der Küchenmädchen spielte ich die Entrüstete, dann schickte ich sie in andere Ecken des Hauses, um Botengänge zu erledigen. Master Underdown und ich tranken zusammen Ale und kamen rasch zu einem Einverständnis – jedenfalls nahm er das an. Er war etwas verblüfft, daß ich darauf bestand, ihn außer Haus zu treffen statt in meiner behaglichen Kammer, doch gab ich an, daß Alwyn mir den Hof mache und ich deswegen nicht überrascht zu werden wünschte. Diese Lüge schluckte er ohne Widerrede und war ebenso mit meinem Vorschlag einverstanden, daß wir uns auf getrennten Wegen zum vereinbarten Stelldichein am Flußufer begaben, um zu vermeiden, daß man uns zufälligerweise zusammen sah. Ich konnte selbst durch die kleine Pforte, zu der ich den Schlüssel besaß, nach draußen gelangen, hatte jedoch vorgeschlagen, daß er, falls er dazu nicht schon zu alt oder ungeübt war, aus dem Fenster und den Rebstock hinunter kletterte. Auf diese Weise könnten wir das Risiko vermeiden, von irgendeiner schlaflosen Seele dabei beobachtet zu werden, wie wir gemeinsam den Innenhof überquerten.»

«Und selbstverständlich hat er diese Herausforderung seiner Männlichkeit angenommen.»

«Natürlich, das hatte ich nicht anders erwartet.» Janet hob die Hände und legte sie einen Moment lang vors Gesicht. Als sie sie wieder sinken ließ, sah sie aus, als wäre sie kurz vor einer

Ohnmacht. «Ich hätte mir nie träumen lassen, daß es so schwerfällt, einen Menschen umzubringen. Eines der Küchenmesser, das ich zuvor noch sorgfältig gewetzt hatte, nahm ich an mich und stellte mir vor, ich brauchte es ihm bloß in die Brust zu stoßen, um ihn zu töten. Doch das war alles andere als richtig. Als ich ankam, war er schon da. Er umarmte und küßte mich sogleich. Gott verzeih mir, ich spürte sogar eine Regung daraufhin! Ich versuchte, ihn von mir wegzustoßen, doch er schmiegte sich an mein Haar, das ich locker und unbedeckt trug, und berichtete mir, wie pfiffig er gewesen sei, als er Euch zum Schlafen vor die Tür geschickt hatte. Ich fragte ihn, warum er einen Knüppel mitgebracht habe, und er antwortete mir darauf, er fühle sich mit diesem Schutz in der Dunkelheit vor Dieben und Räubern sicherer. Jetzt weiß ich, daß er andere Feinde zu fürchten hatte.»

«Und er hat Euch gesagt, daß es mein Knüppel ist?»

«Der Knüppel? Das hat er wohl, oder woher sonst hätte ich das wissen können? Ich erinnere mich allerdings nicht genau an seine Worte. Meinen ganzen Mut mußte ich zusammennehmen, um zuzustechen. Schließlich gelang es mir, mich aus seiner Umarmung zu befreien. Ich holte das Messer aus meiner Tasche und stach zu.» Sie gab einen Laut von sich, der halb nach Schluchzen, halb nach Lachen klang. «Der Ausdruck des Erstaunens in seiner Miene war haarsträubend. Er konnte nicht glauben, was ihm geschah. Denn wie hätte er wissen können, aus welchem Grund ich ihn umbringen wollte? Er fiel auf die Knie und versuchte, das Messer aus seiner Brust zu ziehen, das bis zum Heft eingedrungen war. Blut tropfte aus seinen Mundwinkeln, aber er lebte noch. Vor Entsetzen griff ich nach dem Knüppel – Eurem Knüppel –, den er auf den Boden gelegt hatte und drosch damit, wieder und immer wieder, auf seinen Schädel ein.» Sie schauderte. «Ich war mit Blut bespritzt. Es war entsetzlich, doch ich konnte nur an meinen kleinen Jungen denken, dem man seine Mutter und sein Leben geraubt hatte, aus dem man zum Vergnügen der Edelleute in Mailand oder Florenz einen Zwerg gemacht hatte. Nachdem ich sah, daß Philip Underdown tot war, ließ ich schließlich den Knüppel fallen und rannte so schnell wie möglich in meine Kammer zurück. Dort findet Ihr zuunterst in der Truhe unter meinen anderen Sachen das blutverschmierte Kleid.» Wir starrten uns über den Tisch hinweg an. «So, nun wißt Ihr, was wirklich geschehen ist», sagte sie zum Schluß. «Was habt Ihr nun vor?»

«Ich weiß es nicht», erwiderte ich zögernd. «In meinem Innersten kann ich Euch keinen Vorwurf machen. An Eurer Stelle hätte ich vermutlich ebenso gehandelt.»

«Glaubt Ihr denn nicht, daß es unrecht ist, wenn jemand anderer, auch wenn es sich um einen geständigen Mörder handelt, die Schuld für eine Tat auf sich nimmt, die er nicht begangen hat?»

Vom Innenhof her drang ein Ruf herüber, und plötzlich war zu erkennen, daß jemand eingetroffen war. Thomas Sawyer war mit dem Ermittlungsbeamten des Sheriffs angekommen. Es wurde Zeit, nach draußen zu gehen, sie willkommen zu heißen, und ihnen zu erzählen, was wir wußten.

«Hattet Ihr», fragte ich noch, «den Strauß mit den Margeriten und dem Knöterich in unsere Schlafkammer gestellt?»

Janet stand auf und strich sich die Schürze glatt. «Ja. Ich weiß eigentlich nicht, weshalb ich es getan habe. Vielleicht wollte ich ihn nur an seine Missetat erinnern, und ihm zu verstehen geben, daß sich die von ihm zerstörten Leben nie wieder in Ordnung bringen ließen. Aber Ihr habt verhindert, daß er den Strauß gesehen hat. Wäre das nicht so gewesen, hätte er zuallerletzt vielleicht doch noch begriffen, aus welchem Grund er umgebracht worden war.»

Epilog

In all den Jahren seit damals – mehr als ein halbes Jahrhundert liegt dazwischen, das uns so viele Veränderungen beschert und unser Denken zynischer gemacht hat – habe ich mich wieder und immer wieder gefragt, ob ich recht daran getan habe, Janet Overy laufen zu lassen, wodurch sie nicht für die Folgen ihrer Tat geradestehen mußte. Bis zum heutigen Tag habe ich darauf keine Antwort gefunden. In Gottes Augen muß es nach wie vor ein Verbrechen sein, jemand anderen für die eigene Missetat leiden zu lassen, auch wenn diese Person böse ist und das volle Gewicht des Gesetzes sie wegen anderer Schandtaten getroffen hat. Dennoch brachte ich es nicht über mich, Janet wegen des Mordes an Philip Underdown anzuzeigen. Seit jener Zeit, in der ich meine eigenen Kinder in den Armen gehalten und sie zu kräftigen Erwachsenen habe heranwachsen sehen, habe ich meine damalige Entscheidung nicht einen Augenblick lang bereut. Wie es mir am Tag des Jüngsten Gerichtes ergehen wird, wenn ich schließlich vor unser aller Schöpfer trete, der die Geheimnisse in jedermanns Herz kennt, vermag ich nicht zu sagen. Werde ich härter verurteilt werden, weil ich die Wahrheit vertuscht oder weil ich nicht bereut habe? Nur Gott allein kann dies entscheiden.

Vermutlich kann ich zu meiner Entlastung vorbringen, daß ich dem Ermittlungsbeamten des Sheriffs wenigstens keine Lügen aufgetischt habe. Ich habe lediglich nicht die volle Wahrheit gesagt. Jeremiah Fletcher habe ich weiter nicht belastet, außer daß ich sein Geständnis wiederholte, er habe im Zeitraum von fünf Tagen Philip zweimal nach dem Leben getrachtet und sei als Handlanger für die Feinde des Königs tätig, also ein Verräter ebenso wie ein Mörder. Doch war es kein Vergehen des Ermittlungsbeamten, daß er den Totschlag eines königlichen Kuriers, der einen wichtigen Brief an den Herzog der Bretagne beförderte, nicht weiter untersuchte.

Janet und ich beobachteten, wie man Jeremiah Fletcher am nächsten Morgen in Ketten abführte. Wir wechselten kaum ein Wort und mieden einander nach unserer Aussprache in der Küche. Wir sagten uns kurz Lebewohl, bevor ich mit meinem geborgten Gaul nach Plymouth zurückkehrte, während Philips grauscheckiges Roß in seinem neuen Heim verweilte. Der Ermittlungsbeamte des Sheriffs versprach, einen Kurier an Simon Whitehead in Falmouth zu senden, willigte jedoch darin ein, daß ich mich selbst in die Bretagne begab, falls ich bis zum Einlaufen der *Falcon* in den Hafen von Sutton nichts Gegenteiliges gehört hatte.

Was gibt es von diesem Abenteuer noch mehr zu erzählen, als daß ich in die Bretagne reiste und den Brief König Eduards an Herzog François aushändigte? Zum erstenmal in meinem Leben überhaupt hatte ich meine Küste verlassen, und zum erstenmal sah ich Klein-Britannien, dessen Bewohner ein gemeinsames Erbe mit uns teilen und von dem unsere Insel in frühen Zeiten durch die Bezeichnung ‹Großbritannien› unterschieden wurde. Als ich einige Wochen darauf wieder nach Plymouth zurückgekehrt war, wartete mein Gaul geduldig auf mich in dem Stall, in dem ich ihn untergestellt hatte. Gemeinsam machten wir uns auf den Weg nach Exeter und zum Bischofspalast. Seiner Gnaden erstattete ich Bericht, dem Gaul sagte ich Lebewohl, ich schnappte mir mein Bündel und nahm dankbar mein freies Wanderleben wieder auf.

Monate später kam mir auf Umwegen zu Ohren, daß Männer des Herzogs von Gloucester zwei Wochen, nachdem ich Exeter verlassen hatte, dort aufgetaucht waren und nach mir suchten und der Herzog dem Bischof John Bothe zürnte, weil er mich ohne Belohnung hatte ziehen lassen. Doch in jenen weit entfernten Tagen war ich jung, frei und ungebunden, die Freiheit war mir das höchste Gut. Das Leben, für das ich mich entschieden hatte, war nicht ohne Mühen und nicht ohne Gefahren, doch war ich niemandem Rechenschaft schuldig und allein mir selbst verantwortlich.

Was den Erfolg meiner Mission betrifft, so weiß inzwischen jedermann, daß Herzog François sich zurückgehalten hat und dem belagerten Grafen Oxford auf St. Michael's Mount nicht zu Hilfe geeilt ist. Nach diesem ersten verzweifelten Ansturm auf die Festung, bei dem Sir John Arundel und zahlreiche seiner Soldaten am Fuß der Haupttreppe beim Strand erschlagen wurden, nahmen die Angriffe an Häufigkeit ab, bis schließlich der neue Sheriff Sir John Fortescue sich damit begnügte, gegen den Mount eine Land- und Seeblokkade zu verhängen, wodurch er den Grafen und seine Soldaten aushungerte und im Februar darauf unterwarf. Oxford wurde nach Calais geschickt, wo er die nächsten Jahre als Gefangener auf Schloß Hammes verbrachte. Henry Tudor und sein Onkel Jasper blieben als «Gäste» in der Bretagne.

Janet Overy habe ich nie wiedergesehen, doch während einer meiner Routen in jenem Landesteil hat jemand, der sie kannte, mir erzählt, daß sie Trenowth Manor ziemlich plötzlich verlassen habe, um nach Rom zu pilgern, und von dort nicht mehr zurückgekehrt sei. Manchmal taucht sie in meinen Träumen als verlorener, melancholischer Geist auf, der in Italien von einer Stadt zur anderen wandert und ewig nach einem arg verstümmelten und verkrüppelten Mann sucht, der einst ihr hübscher Sohn gewesen ist. Dann wache ich unter Tränen auf, die an meinen Wangen hinunterlaufen, und wünschte, Philip und ich wären nie in Trenowth Manor aufgetaucht, und sie hätte ihr zerrüttetes Leben in Frieden weiterführen können.

Die Rosenkriege 1455–1485

Die Rosenkriege waren der Abgesang des mittelalterlichen Englands. In ihnen gipfelte und endete die Magnatenanarchie, die das Land nicht zur Ruhe kommen ließ. Die Voraussetzung für den Zerfall des Reiches in regionale Machtsphären hatte Eduard III. geschaffen, als er für seine Söhne die Herzogtümer Lancaster, York, Gloucester und Clarence schuf, die anfangs nur der königlichen Familie zugedacht waren, dann aber durch Heirat und Erbgang sich mit anderen Magnaten-Familien vereinigten, bis einige von ihnen an Macht und Reichtum die Krone übertrafen. Durch das Patronagesystem mit «livery and maintenance» bildeten sich regionale Privatarmeen, die nur den großen Lokalmagnaten gehorchten, deren Streitigkeiten sich infolgedessen auf alle Landstriche ausdehnten.

Die Anarchie der Marken griff auf die Nachbargebiete über, und die lokalen Fehden verknüpften sich mit den streitenden Gruppen an Hof und Regierung. Da die Magnaten von Kardinal Beaufort und Humphrey von Gloucester bis zu den Baronen und Rittern sich zudem an Wollexport und Handelsmärkten beteiligten, strebten sie nach Einfluß auf die Handelspolitik und auf die Städte und Märkte; sie setzten ihre Freunde in die lokalen Ämter und drückten ihre Kandidaten bei den Wahlen durch. Die großen Familien brachten dabei ihre Scharen livrierter Yeomen ins Spiel und gruppierten sich schließlich um die zwei Lager von York und Lancaster, der weißen und der roten Rose, deren Kampf das Land fast 30 Jahre in Atem hielt und zeitweilig wie 1459 bis 1461 und 1470 bis 1471 in einen allgemeinen Krieg sich steigerte.

Niemand vermochte die Lokalmagnaten zu kontrollieren. Die Percys und Nevilles beherrschten Nordengland; die Herzöge von Norfolk und Suffolk waren die Herren in Ostanglien, und das Wort des Herzogs von York galt in Teilen von Mittelengland und Wales als Gesetz. Niemand wagte, einen Livery-man anzuklagen oder gar zu verurteilen. Im Jahre 1455 plünderte der Earl von Devon mit einem Heer von 5000 Mann die Kathedrale von Exeter, und später setzte der Herzog von Norfolk mit 3000 Mann und eigener Artillerie seine Ansprüche auf das Schloß von Caister durch. Der König wagte nicht, sich diese selbstherrlichen Magnaten zu Feinden zu machen. Am meisten litten darunter die kleineren Landeigentümer, die Handelsleute und Ritter, die im Unterhaus vertreten waren. Dagegen fanden die unteren Schichten dabei häufig Beschäftigung und Unterhalt.

Schlimmer war noch, daß die englische Soldateska von Frankreich zurückströmte und das Land unsicher machte. Einer ihrer Anführer, Jack Cade, landete 1450 mit anderen Soldaten an der Südküste und entflammte in Kent, Sussex, Essex und London eine verzweifelte Rebellion. London öffnete ihm die Tore. Er hielt hier Gericht über den alten Lord Treasurer und ließ ihn exekutieren. Die Londoner waren entsetzt über die Gewalttaten Jack Cades, der nach einem allgemeinen Gnadenspruch des Königs seine Scharen entließ, dann aber gefaßt und getötet wurde.

Danach schien Ruhe einzutreten. Im Oktober 1453 gebar die Königin einen Sohn Eduard; Heinrich gründete die beiden Colleges von Eton und Cambridge. Aber das Ende des Krieges im gleichen Jahr und der ausbrechende Wahnsinn des Königs, der in völlige Lethargie versank, änderten die Lage.

Der Herzog Richard von York wurde Protektor und begann, mit fester Hand Verwaltung und Rechtswesen zu ordnen. Die unerwartete Genesung des Königs beendete sein kurzes Protektorat, und die Feinde von York sammelten sich um den König. Vor die Wahl gestellt, zu fliehen oder zu kämpfen, wählte Richard den Kampf. Er rief die Scharen der entlassenen Soldaten unter sein Banner, verband sich mit Richard Neville, Earl von Warwick, und anderen yorkistischen Lords und rückte gegen London. In der Schlacht von St. Albans im Mai 1455 maßen sich die Anhänger der weißen und roten Rose. Der gefangene Heinrich wurde von Richard geschont und behielt seine Krone, aber die Regierung gelangte in die Hand der Yorkisten.

Dagegen wollte die Königin Margarete ihrem Sohn den Thron retten und hob in den Lancaster-Ländern des Nordens Truppen aus. Sie schlug 1460 überraschend die feindlichen Truppen. Der Herzog von York wurde getötet, der Earl von Salisbury enthauptet und der Earl von Warwick zurückgeschlagen. Bei St. Albans trafen sich König und Königin; das Haus Lancaster schien gerettet. Aber der Sohn Richards, Eduard Herzog von York, sammelte in Wales ein Heer, vereinigte sich mit Warwick und schlug das Lancaster-Heer am 29. März 1461 bei Towton Moor. Die gefangenen Lords wurden hingerichtet; Heinrich und Margarete flohen zur schottischen Grenze. Der 19jährige Eduard von York zog nach London, beanspruchte als Nachkomme Eduards III. den Thron und wurde im Juni 1461 in Westminster gekrönt. Mit ihm begann die Wiederherstellung der königlichen Autorität.

Margarete entfaltete 1463 im Norden des Landes erneut das Banner von Lancaster, wurde wiederum geschlagen und floh nach Frankreich. Ihr Gatte fiel in die Hand Eduards und wurde in den Tower gesperrt, wo er in wachsender Umnachtung dahindämmerte. Von ihm drohte Eduard kaum Gefahr. Aber sein mächtigster Bundesgenosse Richard Neville, Earl von Warwick, verwandt mit allen führenden Familien Englands und Vorkämpfer der Sache von York, beanspruchte die erste Rolle in der Politik und bereitete die Heirat Eduards mit einer französischen Prinzessin vor.

Aber der junge König heiratete insgeheim Elisabeth Woodville und ließ ihren Anhang an seinen Hof kommen. Der gekränkte Warwick zog seine Gefolgsleute insgeheim zusammen und ergriff den König 1469 überraschend bei Northampton. Damit waren Eduard als Gefangener im Schloß zu Middleham und Heinrich VI. im Tower seiner Gewalt ausgeliefert. Damals kam sein Spitzname «the Kingmaker» auf. Aber er wagte nicht, selbst nach der Krone zu greifen, und rang Eduard lediglich das Versprechen ab, den Anhang der Woodvilles zu entlassen und sich nur auf die hochgeborenen Ratgeber zu stützen. Er unterstrich seine Forderung mit der Exekution des Vaters und des Bruders der Königin. Aber im März 1470 erhob Eduard Anklage gegen ihn wegen Hochverrats; Warwick entkam nach Frankreich. Hier nahm er Partei für die Lancaster-Königin Margarete von Anjou und deren Sohn Eduard. Mit französischer Unterstützung landete er im September 1470 in England und rief nun Heinrich VI. zum König aus. Eduard trat ihm mit Heeresmacht entgegen; bevor es zum Kampf kam, gingen seine Magnaten unerwartet zum Feind über. Eduard entkam mit knapper Not und fand in Burgund Zuflucht, das auf seiten Yorks stand. Die Hansa unterstützte ihn gegen Zusicherung weiterer Privilegien. Im Frühjahr 1471 landete er wieder in Yorkshire, zog nach Süden und traf bei Barnet nördlich von London auf das Heer Warwicks. Im trüben Dunst eines Apriltages fand dessen Macht ihr Ende. Er selbst wurde auf der Flucht gefangen und getötet. Mit ihm fiel der letzte Vertreter jenes machthungrigen Magnatentums, dessen Ehrgeiz und Verblendung das Land in Selbstzerfleischung und Anarchie gestürzt hatten.

Ein letzter Waffengang war nötig, da Margarete mit dem Prinzen von Wales am Tage der Schlacht von Barnet in England gelandet war. Am 3. Mai 1471 wurde das Heer der roten Rose bei Tewkesbury geschlagen, Prinz Eduard getötet und seine Mutter gefangengenommen. In derselben Nacht, als Margarete den Tower betrat, starb Heinrich VI., angeblich an Melancholie. Margarete wurde von ihrem Vater losgekauft und verbrachte den Rest ihres Lebens in ihrer Heimat Anjou.

Nun erst konnte Eduard seine Herrschaftsordnung festigen. Zu den Besitzungen des Hauses York fügte er die Gebiete von Lancaster und anderer ehemaliger Gegner. Die Krone wurde mächtigster Landeigentümer und besaß schließlich ein Fünftel des englischen Bodens. Er schaltete die Krone in den Woll- und Zinnhandel ein und beteiligte sie an den Gewinnen. Die Commons begrüßten die Stärkung der Kronmacht. Sie bewilligten ihm auf Lebenszeit das Schiffs- und Pfundgeld (tonnage and poundage). Eduard hütete sich, zu große Forderungen an sie zu stellen. Unter seiner Herrschaft berief er nur sechs Parlamente. Die beiden Häuser kamen lediglich bei außerordentlichen Gelegenheiten zusammen wie etwa 1474, als er den Krieg gegen Frankreich erklärte und trotz seines patriotischen Appells nur widerwillig eine Finanzhilfe erhielt. Er nahm sogleich das Friedensangebot des französischen Königs an, das ihm gegen den endgültigen Verzicht auf die englischen Thronansprüche eine beträchtliche Geldzahlung und eine Jahrespension zusprach. Er sicherte der Hansa im Vertrag von Utrecht 1474 als Dank für ihre Hilfe Handelsprivilegien zu. Statt über das Parlament suchte er über die wohlhabenden Schichten «benevolences» als freiwillige Abgabe durchzudrücken, deren Verweigerung den einzelnen schlecht möglich war, da das Wohlgefallen des Königs für Geschäft und Ämterbeschaffung unentbehrlich war. Eduard räumte mit der Zeit die Schuldenlast der Krone weg, und das Land erfreute sich zunehmend des lange entbehrten Friedens. Aber schon 1483 starb Eduard IV. und überließ den Thron seinem zwölfjährigen Sohn Eduard V. Damit verdunkelte sich wieder der Himmel.

Henry Tudor, Earl von Richmond, mütterlicherseits ein Nachkomme Eduards III. über die Beauforts aus der dritten Ehe des John von Gaunt, gedachte erneut das Banner der roten Rose von Lancaster auf englischem Boden aufzupflanzen, während die Nobilität in Eduard V. die Chance zur Erhaltung ihrer Stellung sah. Dazwischen stand der Onkel des jungen Königs als Protektor des Königreiches, Richard von Gloucester, der selbst nach der Krone strebte. Die schreckliche Zeit der Kindschaft Heinrichs VI. und das Schicksal des damaligen Protektors Humphrey von Gloucester standen ihm vor Augen. Er schickte Eduard mit seinem Bruder in den Tower, wo sie umgebracht wurden. Richard krönte sich im Juli 1483 selbst zum König. Sogleich nahm er die Zügel fest in die Hand, stellte die Effektivität der Gerichtshöfe wieder her und zwang die Magnaten unter die Ordnung von Recht und Verwaltung. Aber im April 1484 starb sein einziger Sohn, und ein Jahr später landete Henry Tudor bei Milford Haven in Wales und beanspruchte den Thron im Namen von Lancaster. Am 22. August 1485 fand die letzte Schlacht der Rosenkriege bei Bosworth statt, wobei nicht mehr die Macht der Krone, sondern nur noch der Kronenträger in Frage stand. Richard erschien mit der Krone auf dem Haupt, willens, alles auf eine Karte zu setzen. Der Sieg Henry Tudors und der Tod Richards waren das Ergebnis des Tages. Noch auf dem Schlachtfeld wurde Henry die in einem Dornbusch gefundene Krone aufs Haupt gesetzt. Richard III.

ging als das verbrecherische Ungeheuer in die Tudor-Historie ein, das vor Kinder- und Verwandtenmord nicht zurückgeschreckt sei. Von diesem Makel konnte ihn die neue Forschung nur teilweise befreien.

Mit Bosworth hatte der Bürgerkrieg sein Ende gefunden. Die Nobilität war dezimiert. Im letzten Parlament vor den Rosenkriegen (1454) saßen 53 Peers, im ersten Parlament Heinrichs VII. aber nur noch 18. Einige waren im Exil; bei vielen Familien lebten nur noch die jüngeren Söhne; einige Familien vornehmsten Geblüts aber waren verschwunden wie die Mortimer, Mowbray, Bohun und vor allem Plantagenet. Der neue König umgab sich mit Gefolgsleuten niederer Herkunft wie Sir Thomas Lovell, Sohn eines Alderman von Norwich, Edmund Dudley, einem Squire, Sir Edward Poynings, dem Sohn des Schwertträgers von Jack Cade, und Richard Empson, dem Sohn eines Siebmachers. Das Ende des Magnatenanarchismus war gekommen und der Grund zu einer starken Monarchie gelegt, die mit Eduard IV. sich angekündigt hatte und in den Tudors zum Gipfel gelangte. Ihre erste Grundlage waren die fast souveränen Machtgebiete der größten Familien, die der König planmäßig zu einer überragenden Hausmacht vereinigte und die ihn zum Magnaten über ein Fünftel des gesamten Bodens machten.

Glossar

GEOFFREY CHAUCER (ca. 1343–1400): Bedeutendster englischer Dichter des Mittelalters. Sein bekanntestes Werk, die «Canterbury Tales», verbindet durch eine Rahmenhandlung die Erzählungen von Pilgern auf dem Weg zum Schrein des Thomas Becket in Canterbury.

EXEQUIEN: Totenfeierlichkeiten der katholischen Kirche.

FARTHING: Engl. Münze, in Kupfer einen Viertelpenny wert; der «goldene Farthing» entsprach etwa zwei Shilling, also 24 Pence.

POSSE COMITATUS (lat: posse = können, comitatus = Gesellschaft, Zug): Vom Sheriff zusammengestellter Hilfstrupp der über fünfzehnjährigen Männer einer Grafschaft, die zur Bekämpfung von Verbrechen, Niederschlagung von Aufständen etc. antreten.

HOCKING oder Hocktide: Am zweiten Montag und Dienstag nach Ostern eingehaltene Feiertage.

KOSCHENILLE: Aus der Koschenillelaus gewonnener roter Farbstoff.

Stammtafel der Häuser York und Lancaster

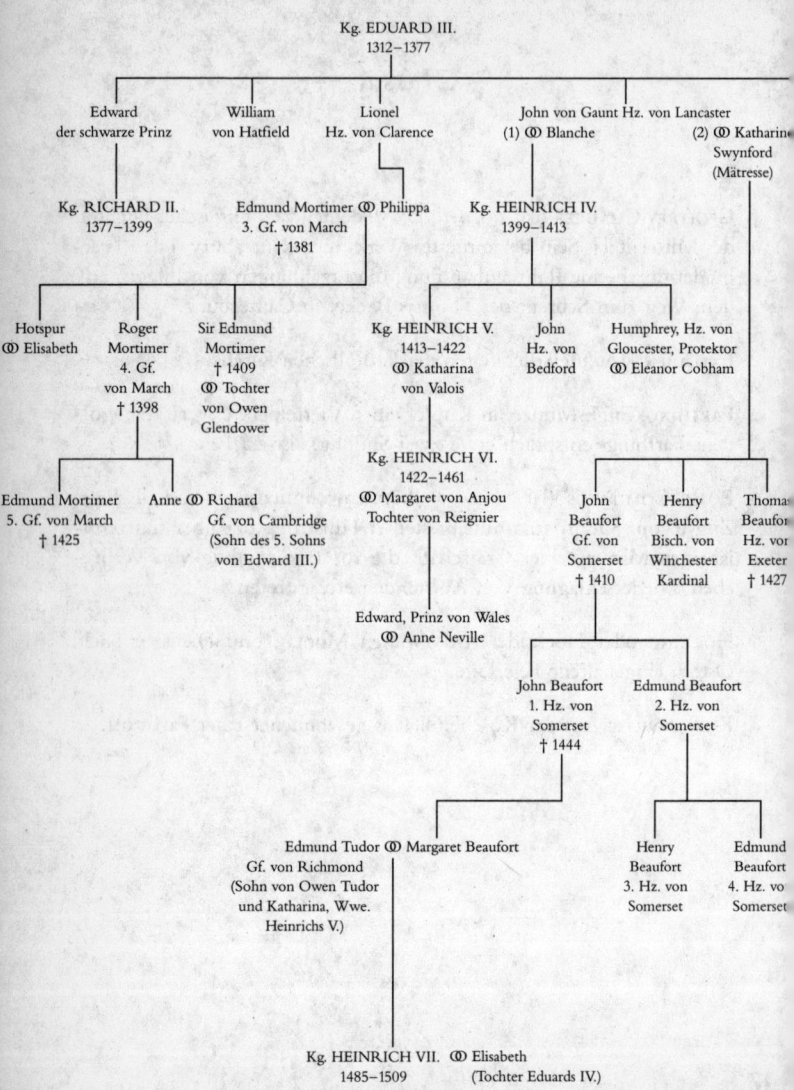

Kg. EDUARD III.
1312–1377

Edward
der schwarze Prinz

William
von Hatfield

Lionel
Hz. von Clarence

John von Gaunt Hz. von Lancaster
(1) ⚭ Blanche
(2) ⚭ Katharine
Swynford
(Mätresse)

Kg. RICHARD II.
1377–1399

Edmund Mortimer ⚭ Philippa
3. Gf. von March
† 1381

Kg. HEINRICH IV.
1399–1413

Hotspur
⚭ Elisabeth
† 1398

Roger
Mortimer
4. Gf.
von March

Sir Edmund
Mortimer
† 1409
⚭ Tochter
von Owen
Glendower

Kg. HEINRICH V.
1413–1422
⚭ Katharina
von Valois

John
Hz. von
Bedford

Humphrey, Hz. von
Gloucester, Protektor
⚭ Eleanor Cobham

Edmund Mortimer
5. Gf. von March
† 1425

Anne ⚭ Richard
Gf. von Cambridge
(Sohn des 5. Sohns
von Edward III.)

Kg. HEINRICH VI.
1422–1461
⚭ Margaret von Anjou
Tochter von Reignier

John
Beaufort
Gf. von
Somerset
† 1410

Henry
Beaufort
Bisch. von
Winchester
Kardinal

Thomas
Beaufort
Hz. von
Exeter
† 1427

Edward, Prinz von Wales
⚭ Anne Neville

John Beaufort
1. Hz. von
Somerset
† 1444

Edmund Beaufort
2. Hz. von
Somerset

Edmund Tudor ⚭ Margaret Beaufort
Gf. von Richmond
(Sohn von Owen Tudor
und Katharina, Wwe.
Heinrichs V.)

Henry
Beaufort
3. Hz. von
Somerset

Edmund
Beaufort
4. Hz. von
Somerset

Kg. HEINRICH VII.   ⚭ Elisabeth
1485–1509   (Tochter Eduards IV.)

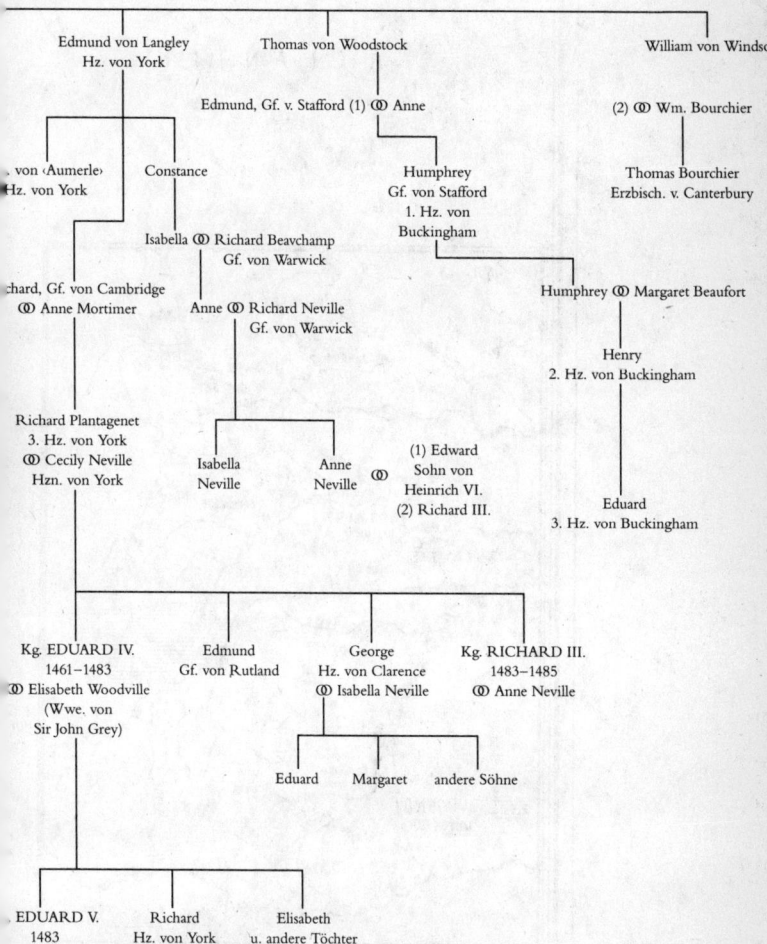

Edmund von Langley
Hz. von York

Thomas von Woodstock

William von Windsor

Edmund, Gf. v. Stafford (1) ⚭ Anne

(2) ⚭ Wm. Bourchier

von ‹Aumerle›
Hz. von York

Constance

Humphrey
Gf. von Stafford
1. Hz. von
Buckingham

Thomas Bourchier
Erzbisch. v. Canterbury

Isabella ⚭ Richard Beavchamp
Gf. von Warwick

chard, Gf. von Cambridge
⚭ Anne Mortimer

Anne ⚭ Richard Neville
Gf. von Warwick

Humphrey ⚭ Margaret Beaufort

Henry
2. Hz. von Buckingham

Richard Plantagenet
3. Hz. von York
⚭ Cecily Neville
Hzn. von York

Isabella
Neville

Anne
Neville

⚭

(1) Edward
Sohn von
Heinrich VI.
(2) Richard III.

Eduard
3. Hz. von Buckingham

Kg. EDUARD IV.
1461–1483
⚭ Elisabeth Woodville
(Wwe. von
Sir John Grey)

Edmund
Gf. von Rutland

George
Hz. von Clarence
⚭ Isabella Neville

Kg. RICHARD III.
1483–1485
⚭ Anne Neville

Eduard   Margaret   andere Söhne

EDUARD V.
1483

Richard
Hz. von York

Elisabeth
u. andere Töchter

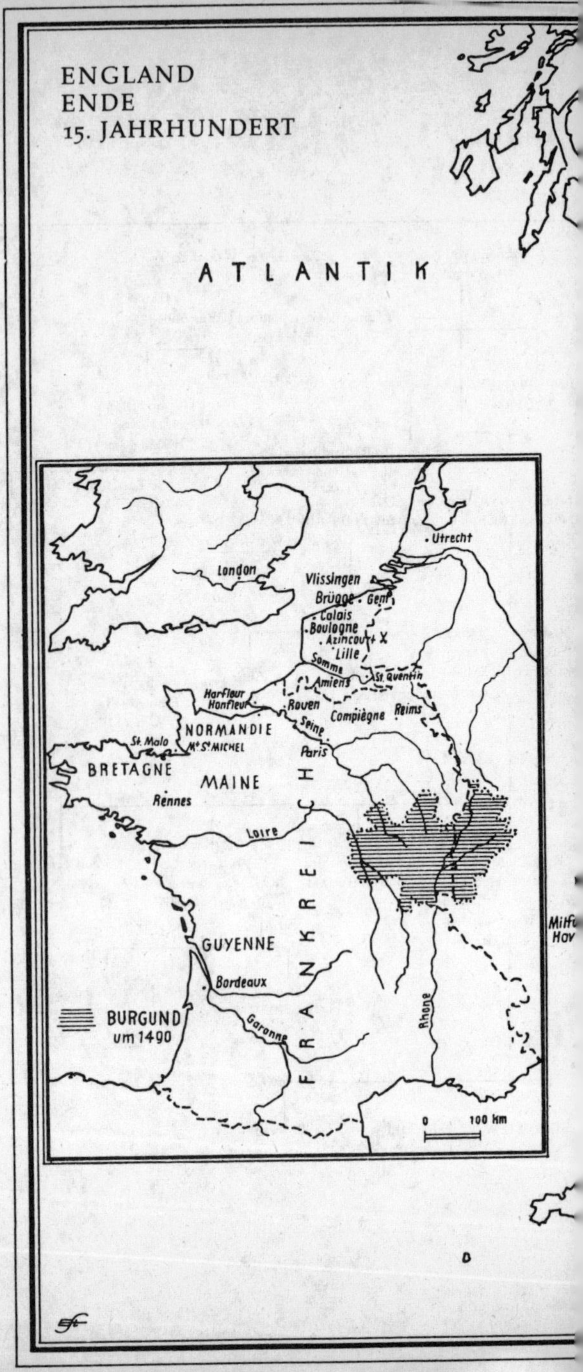

ENGLAND
ENDE
15. JAHRHUNDERT

ATLANTIK

Utrecht

London

Vlissingen
Brügge· Gent
·Calais
·Boulogne
·Azincourt + X
'Lille
Somme
Amiens   St Quentin
Harfleur
Honfleur·   Rouen
Compiègne Reims
Seine
NORMANDIE
St Malo M⁺ S⁺ MICHEL
Paris
BRETAGNE   MAINE

Rennes

Loire

F R A N K R E I C H

GUYENNE

Bordeaux

Rhone

≡ BURGUND
  um 1490   Garonne

Mitt.
Hav

0   100 km

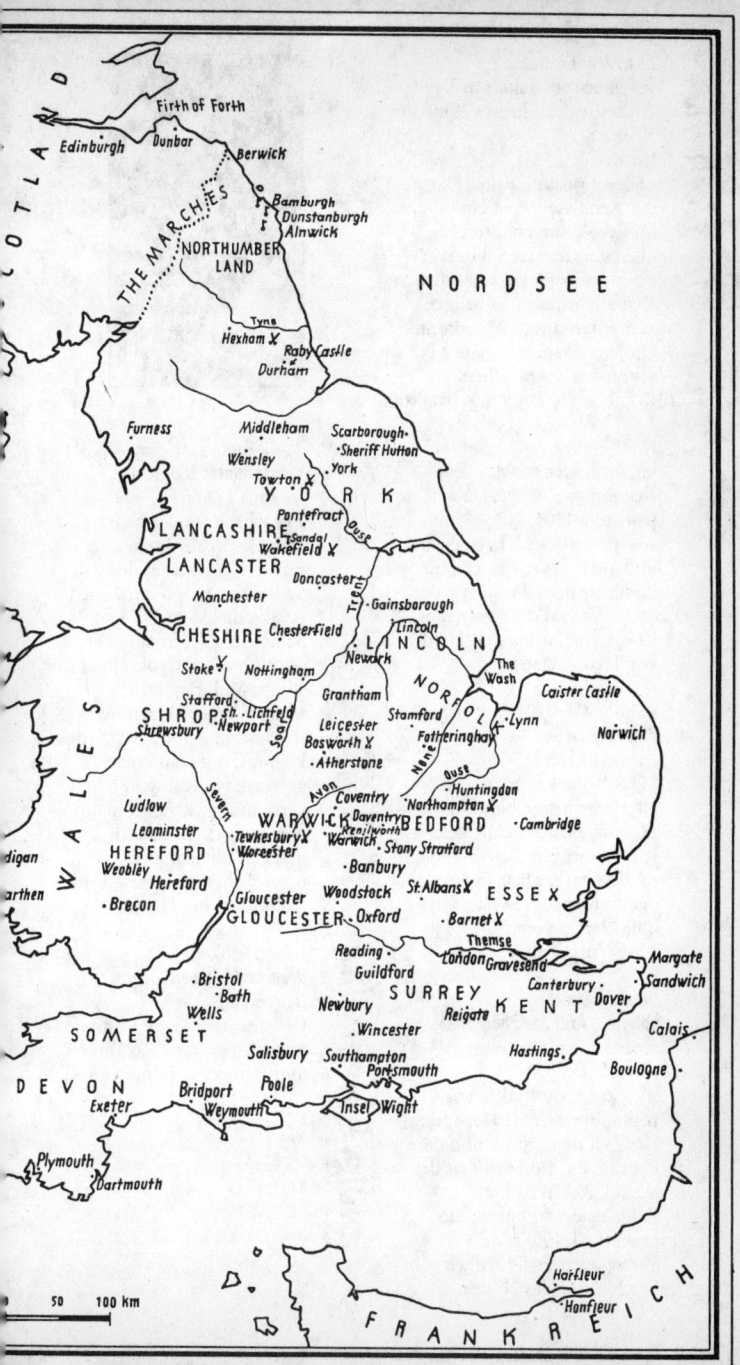

Historische Romane

Dorothy Dunnett
Die Farben des Reichtums Der
Aufstieg des Hauses Niccolò
Roman
(rororo 12855)
«Dieser rasante Roman aus
der Renaissance ist ein
kunstvoll aufgebauter,
abenteuerreicher Schmöker
über den Aufstieg eines armen
Färberlehrlings aus Brügge
zum international anerkann-
ten Handelsherrn – einer der
schönsten historischen
Romane seit langem.» Brigitte

Josef Nyáry
Ich, Aras, habe erlebt... *Ein
Roman aus archaischer Zeit*
(rororo 5420)
Aus historischen Tatsachen
und alten Legenden erzählt
dieser Roman das abenteuerliche Schicksal des Diomedes,
König von Argos und Held
vor Trojas Mauern.

Pauline Gedge
Pharao *Roman*
(rororo 12335)
«Das heiße Klima, der
allgegenwärtige Nil und die
faszinierend fremdartigen
Rituale prägen die Atmosphä-
re diese farbenfrohen Romans
der Autorin des Welterfolgs
‹Die Herrin vom Nil›.» The
New York Times

Pierre Montlaur
Imhotep. Arzt der Pharaonen
Roman
(rororo 12792)
Ägypten, 2600 Jahre vor
Beginn unserer Zeitrechnung.
Die Zeit der Sphinx und der
Pharaonen. Und die Zeit des
legendären Arztes und
Baumeisters Imhotep. Ein
prachtvolles Zeit- und
Sittengemälde der frühen
Hochkultur des Niltals.

T. Coraghessan Boyle
Wassermusik *Roman*
(rororo 12580)
Ein wüster, unverschämter,
barocker Kultroman über die
Entdeckungsreisen des
Schotten Mungo Park nach
Afrika um 1800. «Eine
Scheherazade, in der auch
schon mal ein Krokodil Harfe
spielt, weil ihm nach
Verspeisen des Harfinisten
das Instrument in den Zähnen
klemmt, oder ein ärgerlich
gewordener Kumpan fein
verschnürt wie ein Kapaun
den Menschenfressern
geschenkt wird. Eine
unendliche Schnurre.» Fritz
J. Raddatz in «Die Zeit»

John Hooker
Wind und Sterne *Roman*
(rororo 12725)
Der abenteuerliche Roman
über den großen Seefahrer
und Entdecker James Cook.

rororo Unterhaltung